Anja Hauer
MEHR LEBENSKRAFT, LEICHTIGKEIT UND ERFOLG
DURCH HUMAN DESIGN

Anja Hauer

MEHR LEBENSKRAFT, LEICHTIGKEIT UND ERFOLG DURCH

HUMAN DESIGN

Die ganzheitliche Persönlichkeitsanalyse für mehr Selbsterkenntnis

Danke

*An alle, die meinen Weg begleiten
und mir immer wieder aufs Neue dazu
verhelfen, ich selbst zu werden.*

»Starte die Reise zurück zu dir.
Für eine Zukunft,
die dir entspricht,
für ein Leben,
das dein Leben ist.«

Inhalt

Zu diesem Buch 9

Vorwort 13

Was ist Human Design? 17
Das Multi-Tool der Selbsterkenntnis 18
    Wofür kann das Human Design genutzt werden? 18
    Wie ist das Human Design entstanden? 21
    Die Elementsynthese – was im Human Design zusammenfindet . . 22
    Der Human Design Bodygraph und seine Entstehung 25
    Das Human-Design-Experiment – ein stufenweiser Prozess 29
    Der achtsame Umgang mit Human Design 32
    Elemente des Human-Design-Charts 34

Der Typ – deine Grundenergie im Leben 39
Deine Basisenergie 40
    Die fünf Typen im Human Design 40
GENERATOR: Die Energie der sprudelnden Lebenskraft 43
Deine Kreativität hält das Leben im Fluss 44
    Typbeschreibung, Strategie, Merkmale und Besonderheiten . . . 44
MANIFESTOR: Die Energie der Einzigartigkeit und Freiheit 66
Deine Visionen verändern die Welt 67
    Typbeschreibung, Strategie, Merkmale und Besonderheiten . . . 67
MANIFESTIERENDER GENERATOR: Die Energie der Vielfalt
und Lebenslust 88
Du inspirierst und treibst uns an 89
    Typbeschreibung, Strategie, Merkmale und Besonderheiten . . . 89
PROJEKTOR: Die Energie und Führung der neuen Welt 106
Du bringst Licht ins Dunkel und führst uns weise 107
    Typbeschreibung, Strategie, Merkmale und Besonderheiten . . . 107
REFLEKTOR: Die Energie des weisen Bewusstseins. 124
In dir erkennen wir uns 125

Typbeschreibung, Strategie, Merkmale und Besonderheiten 125
Die fünf Typen im Zusammenwirken 148
    Ein perfektes Team: Auf dem Volleyballfeld 148
    Unusual Business: In klassischen Unternehmen 149

Die sieben Autoritäten im Human Design 153
Deine Autorität: So triffst du Entscheidungen 154
    Emotionale Autorität: Klarheit durch das Auf und Ab der Gefühle . . 154
    Sakrale Autorität: Das Klicken der Bauchstimme 157
    Milz-Autorität: Der Urinstinkt als flüsternder Kompass 160
    Herz-Autorität: Dein Herz schlägt höher für deine Wünsche . . . 163
    Selbst-Autorität: Über Sprechen die Richtung erkennen 165
    Mentale Autorität: Entscheidungen durch Fühl-Dialog 167
    Lunare Autorität: Durchleben des Mondzyklus für nachhaltige
    Entscheidungen 171

Die sechs Linien und zwölf Profile im Human Design 173
Die Linien in deinem Profil: Wie lebst du deine Eigenschaften? . . . 174
    Die sechs Linien im Überblick 179
Profile im Human Design: Dein Sonnenmantel 189
    Die zwölf Profile im Überblick 189

Die neun Zentren im Human Design 201
Deine Fähigkeiten und deine Wahrnehmung der Welt 202
    Definierte und undefinierte Zentren 202
    Wurzel: Das Zentrum des Antriebs 206
    Sakral: Zentrum der Lebenskraft und Energie 208
    Emotion: Zentrum der Gefühle und emotionalen Bedürfnisse . . . 210
    Herz: Zentrum der Willenskraft 213
    Selbst: Zentrum für Identität und Richtungsweisung 215
    Milz: Zentrum der Intuition und Sensitivität 218
    Kehle: Zentrum des Ausdrucks 220
    Verstand: Zentrum der Information und des Bewusstseins . . . 222
    Krone: Zentrum für Ideen und Eingebungen 224

Die 36 Kanäle im Human Design	229
Die Energie in deinen Adern	230
Kanäle verbinden Zentren	230
Die 64 Tore im Human Design	247
Die Potenziale unserer Genetik	248
Die wichtigsten Energien und Gaben aller Tore	248
Die Grundelemente im Zusammenspiel und weitere Elemente	261
Adele: Ihre Elemente im Human-Design-Chart	262
Analyse des Charts	262
Weitere Elemente im Human Design	267
Kurzüberblick – was dein Chart noch zeigt	267
Allgemeine Fragen zum Human Design und Ausblick	272
Das Human Design: Fragen und Antworten	272
Nachwort	285
Anhang	286

Zu diesem Buch

von Dr. Diplom-Psychologin Ilona Bürgel

Plötzlich war alles klar für mich. Nicht ICH war falsch, sondern meine Strategie. Ich hatte mich ein Leben lang an den falschen Werten orientiert, an Werten, die nicht zu mir, nicht zu meiner Grundstruktur passen. Das war die Offenbarung meines ersten Human Design Readings.

Doch noch mal von vorn. Als die Frage der Berufswahl anstand, wollte ich etwas für Menschen tun, und zwar durch meine ganz eigene Art. Letzteres konnte ich damals nicht begründen und habe es niemandem erzählt. Ich wählte Psychologie als Studienfach. Es hat bis jetzt gedauert, dass ich mir erklären kann, warum ich damals genau dem richtigen Gefühl gefolgt bin.

Da du nun dieses Buch gefunden hast, wird es dir helfen, den Weg zu deinem optimalen Leben abzukürzen.

Hätte es dieses Buch schon früher gegeben, wäre es für meine Entwicklung sehr hilfreich gewesen. Es liegen nämlich insgesamt fast 40 Jahre Ausbildung und Berufsleben hinter mir. Nach meinem Psychologiestudium bin ich in die Wirtschaft gegangen und nach 15 Jahren im Management habe ich mich als Psychologin selbstständig gemacht. All die Jahre über habe ich sehr viel investiert, um so zu werden, wie ich meinte, richtig zu sein. Vieles davon habe ich erreicht. Gleichzeitig hatte ich jedoch das deutliche Gefühl, dass etwas in meinem Leben nicht stimmt. 2020 gingen mit der äußeren Krise der Pandemie weitere Umbrüche in meinem Privat- und Arbeitsleben einher. Zu meinem großen Glück entdeckte ich das Human Design.

Das Human Design wird es auch dir ermöglichen, für dich passendere Entscheidungen zu treffen.

Für mich begann damit ein neuer Weg. Seit einem Jahr begleitet mich Anja feinfühlig dabei. Ich habe Schritt für Schritt meine Strategie geändert. Doch nicht mehr, um anders und besser zu sein, sondern um so zu sein, wie ich angelegt bin.

So zu leben, dass die Energie- und Freudebilanz stimmen. Nicht alle Antworten haben mir gefallen. Sie entsprachen nicht immer meinem Wunschbild von mir. Sie passten jedoch besser zu mir. Das Human Design gibt klare Richtlinien für konkrete Schritte, was dir besser oder schlechter bekommt, was dir leichter oder schwerer fällt.

Der Coaching- und Persönlichkeitsentwicklungsmarkt ist inzwischen unüberschaubar groß. Unternehmen bieten Mentoring an, Krankenkassen Psychotherapie. Auch ich habe ganz viel getestet, weil ich das Beste für mich herausfinden und an meine Klienten weitergeben wollte. War es vor einigen Jahren noch ein Makel, zum Psychologen oder Coach zu gehen, gehört es inzwischen immer mehr dazu. Weil uns unser Leben ganz anders fordert, als wir es vorhersahen und als wir vorbereitet wurden. Die Spanne reicht von Verhaltenstherapie über Kinesiologie bis hin zu Hypnose oder systemischen Verfahren.

Du findest sehr viel, was dir guttut und dich weiterbringt. Eine wichtige Frage wird dabei jedoch oft nicht gestellt: Tut dir dein »Wohin« gut?

Unsere Motivation führt oft in die Irre. Wir denken, dass mit uns etwas nicht stimmt, weil wir nicht das erreichen und nicht so sind, wie es uns als wünschenswert beigebracht wurde. Weil wir nicht dem Bild von uns entsprechen, das wir übernommen haben. Und so glauben wir, irgendjemand müsse es nur richten, am besten wir selbst. Heute schlage ich dir eine andere Motivation vor: Beschäftige dich mit dir, weil du gut für dich sorgen und das für dich beste Leben leben möchtest.

Ein Leben nach deinem Human Design ist im Übrigen auch die ideale Voraussetzung für Beziehungen. Wenn wir mit uns im Reinen sind, gelingen sie alle.

Meine beruflichen Spezialgebiete wurden sehr schnell die Positive Psychologie und die Glücksforschung – die ich deshalb schätzte, weil sie individuellem Glück und Wohlbefinden den Weg ebneten. Es ging nun nicht mehr vorwiegend um Krankheiten, Probleme und Defizite, sondern darum, die Menschen zu ermutigen, einen Glücksanspruch an ihr Leben zu stellen. Sie bekamen Werkzeuge an die Hand, um selbst für ihr Glück sorgen zu können. Genau das tut auch das Human Design, nimmt aber noch einen weiteren Aspekt hinzu. An der Glücksforschung gab es zunehmend Kritik, sie erzeuge einen neuen Druck: »Nun müssen wir nicht nur tüchtig, sondern auch noch glücklich sein.« Und noch stärker: Wir seien selbst dafür verantwortlich, wenn wir das Glücklichsein nicht erreichen. Doch keiner kann immer nur angenehme Gefühle haben, auch unangenehme gehören zum Leben. Das eine geht nicht ohne das andere. Die neueste Forschung spricht daher von einem »psychologisch reichen Leben«. Dies integriert und bejaht alle Arten von Emotionen und Erlebnissen als Grundlage für unsere ganz individuelle Entwicklung und Erfüllung.

Kein Konzept ermutigt aus meiner Erfahrung so deutlich zur Bejahung des eigenen Seins wie das Human Design.

Was immer du für dich tust: Wähle dich als deinen Maßstab. Ich wünsche dir Beharrlichkeit auf dem Weg zu dir. Denn es wird Widerstand geben. Eine der größten Triebkräfte für uns Menschen ist der Wunsch, dazuzugehören. Die ältesten Areale im Gehirn springen an, wenn wir fürchten, verstoßen zu werden – egal ob von der Familie, von Kollegen oder Nachbarn. Selbst wenn wir uns zu einer Randgruppe zählen, gehören wir dennoch zu einer Gruppe. In der Zeit der Menschwerdung war es ein Todesurteil, von seiner »Horde« verstoßen zu werden, denn ein Überleben allein war damals unmöglich. Genau das fühlen wir noch heute und tun deshalb fast alles, um so zu sein wie andere. Das Human Design bietet beides: Grundtypen werden mit zahlreichen Einflussfaktoren kombiniert und damit sehr individuelle Designs aufgezeigt.

Wir finden gleichzeitig, wenn uns das wichtig ist, Halt in der Zugehörigkeit zu einem Grundtypus.

Die Zeiten werden garantiert nicht ruhiger, vorhersagbarer oder gar immer so sein, wie wir das gern hätten. Worauf du jedoch immer zählen kannst, das bist du. Deine eigene Art des Seins. Egal, was geschieht, du hast immer dich. Je besser du dich kennst, umso besser kannst du für dich sorgen. Je besser du für dich sorgst, umso wohler fühlst du dich mit dir. Je wohler du dich mit dir fühlst, umso besser wird dein Leben.

Heute, 40 Jahre nach meiner Berufswahl, weiß ich dank Human Design, warum ich damals dem Gefühl gefolgt bin, mich für die Psychologie zu entscheiden: weil ich eine Projektorin mit emotionaler Autorität bin. Ich habe mein Design entdeckt, habe es angenommen und lebe es jeden Tag ein bisschen mehr. Alles, was ich bis hierher getan habe, fügt sich zu einem neuen Ganzen zusammen. Dies hat dazu geführt, dass ich mich immer wohler mit mir fühle. Das wünsche ich dir von Herzen ebenso.

Deine Ilona

Dr. Ilona Bürgel ist Autorin, Coach und Referentin für Positive Psychologie

Vorwort

Meine tiefste Überzeugung ist es, dass wir für einen gesellschaftlichen Wandel in erster Linie einen Bewusstseinswandel brauchen. Einen Wandel, der in unserem Inneren beginnt.

Um diesen inneren Wandel, der die Kraft hat, die Welt zu verändern, geht es in diesem Buch. Es geht darum, deine Möglichkeiten, deine Gaben und deine Herzenskraft, die du in die Welt tragen darfst, wiederzuentdecken und wie einen Schatz zu heben. Wir dürfen die Augen aufmachen und anfangen zu sehen, wer wir sind. Wir dürfen unsere Rollen, Mäntel, Konditionierungen, Blockaden und Muster ablegen, die uns nicht dienen, nicht zu uns gehören und uns hemmen, unser Leben nach unseren Regeln zu gestalten.

Denn was wir sind in unserer ursprünglichsten Form, ist das, was unsere Erde, unsere Wirtschaft, unser Klima, unsere Nächsten und vor allem wir selbst am meisten brauchen.

Für eine neue Welt brauchen wir in meinen Augen die innere Entwicklung, wir brauchen Raum für Diversität, Persönlichkeit, wir brauchen wieder mehr Gefühl, wir brauchen Liebe, Annahme, Akzeptanz und echte Toleranz für uns und andere. Wir dürfen uns selbst besser verstehen lernen. Für alle, die bereit sind, bei sich anzufangen, schreibe ich dieses Buch als verständliche Einführung in das Human Design, das die Kraft hat, ein wertvoller Sichtbarmacher für uns zu sein.

Als mir das Human Design begegnete, war ich fasziniert, wie genau und stichhaltig es beschreiben konnte, was ich spürte, aber nicht benennen konnte. Es begeisterte mich und lieferte gleichzeitig Ansätze, die mir im ersten Moment nicht gefielen. Es zeigte mir meine Schattenseiten auf. Warum ich so oft anecke und wieso ich mich in meinem Wesen immer sehr verletzt und nicht gesehen fühlte. Warum ich dazu neigte, mich unterzuordnen, und die Verantwortung für mein Leben immer wieder abgab. Warum meine Prägungen und Konditionierungen mich dazu brachten, süchtig nach Anerkennung durchs Leben zu rennen, aber ich dabei immer erschöpfter und leerer wurde. Es zeigte mir auf, warum es gerade für mich essenziell ist, meinen Weg zu gehen, und warum es purer Egoismus ist, seine Gaben nicht in die Welt zu tragen. Es bestärkte mich, dass mein innerer Ruf niemals falsch war, ich nur die ganze Zeit versuchte, das Leben anderer zu leben, nicht meines. Gleichzeitig merkte ich, dass dieses komplexe System sehr technisch und in vielen Teilen (ver)kompliziert und mit wenig Gefühl vermittelt wird. Ich beschloss, das Human Design »fühlbar und einfach« zu machen – für jeden, der Interesse daran hat, mehr über sich zu erfahren.

Ich stellte fest, dass unsere Gesellschaft hauptsächlich von der Überzeugung geprägt ist, dass wir alle »manifestierende Generatoren« sein sollten – aber kein einziger Mensch das in seinem Kern wirklich ist. Diese Erkenntnis, wer man im Kern ist, für sich zu erlangen, legt Unmengen an Potenzial und Überlagerungsschichten unseres Wesens frei. Ich glaube, dass die Tiefe und Komplexität des Human Design in kein Buch dieser Welt passt, geschweige denn, dass wir es bereits allumfassend verstehen. Nicht umsonst studieren Human-Design-Analysten dieses System über viele Jahre in seiner Essenz. Und trotzdem ist es an der Zeit, dieses ganzheitliche Tool verständlicher und in seinen Grundzügen einfacher zugänglich zu machen, einen schnellen Einstieg zu bieten. Denn das Human Design hat die undogmatische Kraft, dich dir wieder näherzubringen, sodass du dir auf einer tieferen Ebene begegnen und dich verstehen kannst. Es kann dir ein Wegweiser und Begleiter sein, um dein Potenzial zu sehen und den Platz in deinem Leben wieder einzunehmen, der für dich bestimmt ist. Der Platz, an dem dein Wesen sich voll entfalten kann. Mein Antrieb für dieses Buch ist die Frage »Wie würde sich die Welt verändern, wenn jeder seinen Typ, seine Strategie und Autorität kennen würde?«

Das Human Design führt uns zu friedvolleren Beziehungen in Partnerschaft, Berufsleben, Elternschaft sowie mit uns selbst und erinnert uns an unseren Kern. Denn wir alle verdienen ein Leben, das wir genießen – in jedem Moment und nicht nur im Urlaub. Wir brauchen den Mut, der Sicherheit auch mal den Rücken zu kehren, um wieder vertrauen zu lernen. Wir dürfen in uns Sicherheit finden und uns selbst lieben. Wir brauchen die Rückkehr zu unseren Wurzeln als Mensch. Wir brauchen den Mut, wieder WIR sein zu dürfen und uns aus gesellschaftlichen, veralteten Dogmen zu lösen. Wir brauchen die Verbindung zu unserer Intuition, unserem Herzen. Wir brauchen das Bewusstsein, dass niemand von uns »falsch« ist, dass jeder mit seinen Stärken und Schwächen wertvoll, gut genug, wichtig und sehr besonders ist – mit der Aufgabe, die er hat, in dem wundervollen Körper, den er besitzt, auf dieser paradiesischen Erde. Das Human Design kann als punktueller

Begleiter eingesetzt werden, ist aber auch dazu da, um ganz, ganz tief zu tauchen und es zum Wegweiser des gesamten künftigen Lebenslaufs zu machen.

Dieses Buch ist für alle, die spüren, dass unsere Welt sich verändern darf. Für alle, die bereit sind, bei sich anzufangen und dadurch grundlegend etwas zu verändern. Für alle, die ihrer Lebenskraft, Leichtigkeit und dem Erfolg in ihrem Leben wieder Raum geben wollen.

In Liebe, Anja (5/1er-Manifestorin)

»*Das Human-Design-System ist kein Glaubenssystem.*
Es ist nicht erforderlich, dass man an irgendetwas
glaubt. Es sind keine Geschichten und es ist
keine Philosophie.

Es ist ein konkreter Atlas für die Natur des Seins,
eine Landkarte des eigenen genetischen Codes.
Diese Fähigkeit, die Mechanik unserer Natur im
Einzelnen in so einer Tiefe aufzeigen zu können,
ist offensichtlich tiefgreifend, weil es unsere
gesamte Natur in all ihren Feinheiten offenbart.

Human Design öffnet die Tür zur Selbstliebe,
zu einer Liebe zum Leben und einer Liebe zu anderen
durch VERSTEHEN.«

Ra Uru Hu (Begründer des Human Design)

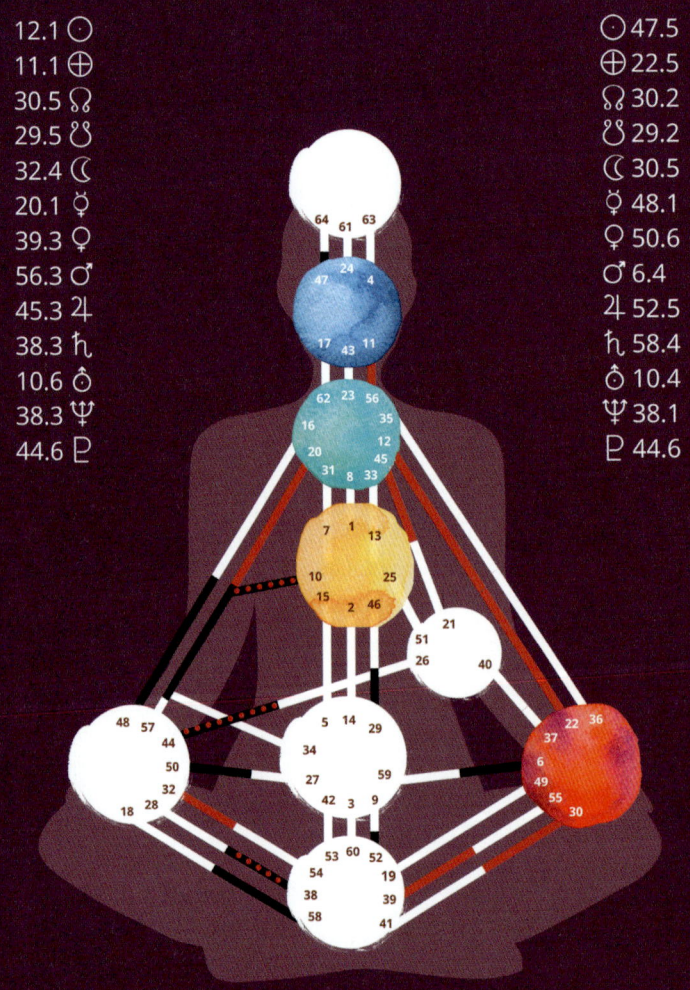

WAS IST HUMAN DESIGN?

Das Multi-Tool der Selbsterkenntnis

Ich bezeichne das Human Design gern als Multi-Tool der Selbsterkenntnis oder als holistische Persönlichkeitsanalyse, die Körper, Geist, Seele und deinen Energiekörper sichtbar macht. Es bereitet dir den Weg zur Selbstwahrnehmung und Stärkung deiner Einzigartigkeit, deines Flows und deines Wegs, die Dinge im Leben anzugehen. Das Human Design wird auch »individueller Bauplan des Lebens« oder »Schlüssel zu deinem individuellen Gencode« genannt. Es wird außerdem bezeichnet als:

- Erfahrungswissenschaft,
- Wissenschaft der Differenzierung,
- Synthese aus Wissenschaft, alten Lehren und Spiritualität,
- holistische Persönlichkeitsanalyse,
- genetischer/energetischer Abdruck eines Menschen,
- Fenster zu deiner Natur,
- Sternenstaub, aus dem du gemacht bist.

Wofür kann das Human Design genutzt werden?

Klassisch betrachtet, ist das Human Design ein Abbild deiner individuellen Energie, in dem man stundenlang lesen könnte, welches Design und welche Aufgaben und Stärken bereits vom Zeitpunkt deiner Geburt an in dir liegen. Den sogenannten Bodygraphen, der dies darstellt, kannst du ganz einfach auf einschlägigen Internetseiten (Tipps dazu im Anhang auf Seite 286) berechnen lassen. Dafür musst du nur Geburtsdatum und -ort eingeben und bekommst eine Grafik mit allen Angaben, die in diesem Buch detailliert erklärt werden. Genauso wie es dir erzählt, was dein Indikator dafür ist, nicht in deiner Kraft zu sein. Es zeigt dein Wesen in seiner Ganzheit auf oder eben, wer du im Kern – jenseits von Prägung, Erziehung, Trauma, Blockaden und Einfluss von außen – bist. Das Human Design ist in seiner Komplexität und Ganzheit nicht in einem Satz zu beschreiben. Es ist vielmehr ein Gesamtverständnis für den Bauplan des Lebens, der desto greifbarer wird, je mehr du dich mit dem Thema beschäftigst, indem du die einzelnen Elemente deines Charts nachvollziehst und deine Energie in dein Leben integrierst. Das Human Design vereint alte Lehren und wissenschaftliche Erkenntnisse in einem lesbaren Bodygraph, auch das »Chart« genannt. Mithilfe dieses Bodygraphs sind wir in der Lage, in unserem Gencode, unserer Energie zu lesen und Details über uns selbst zu erkennen und ins Bewusstsein zu holen. Mit jedem Schritt, den wir uns besser verstehen, wächst unser Verständnis für die Menschen in unserem Umfeld und für das Geschehen in der Welt. Das Human Design ist ein wertvolles Tool, um:

- die Wahrnehmung für die eigene Energie und die eigenen Talente zu schärfen und zu leben,
- sichere und konsistente Entscheidungen zu treffen,
- Konflikte in Beziehungen zu Kind, Partnern, Kollegen und Freunden zu verstehen und zu lösen,
- den Energiefluss deines Körpers und die Symptome, die durch »feststeckende Energie« auftreten, zu verstehen,
- die eigene Wirkung auf andere (Aura und Charisma) zu erkennen,
- deinen persönlichen Lebensweg und dir gegebene Talente nachvollziehen zu können,
- deine größere Aufgabe, dein Lebensthema zu erkennen,
- dir Schattenthemen und Konditionierungen aufzuzeigen, die dich daran hindern, DU zu sein.

Das Human Design kann uns, richtig angewendet, zu folgenden Dingen führen:

- friedvolleren Beziehungen,
- richtigem Einsatz unseres Potenzials,
- unseren Purpose und unsere Bestimmung zu leben,
- der Annahme unserer Qualitäten,
- der Integration unserer Schattenthemen,
- der Verwirklichung der eigenen Persönlichkeit/Energie,
- der kompletten Dekonditionierung des Wesens.

Die Anwendungsmöglichkeiten sind wirklich endlos. Ich liste einige hier auf, damit du eine Vorstellung von der Ganzheitlichkeit dieses Systems bekommst. Vielleicht wirst du inspiriert, erfahren zu wollen, was dein Design ist und wie es dein Leben verändern kann.

Human Design kann genutzt werden zum:

- Erkennen und Verstehen der eigenen Persönlichkeit und Energien,
- Erkennen der Dynamiken in einer Partnerschaft und der Lernthemen zwischen den Partnern,
- Erkennen der Energien und Persönlichkeit des Kindes und seiner Lernthemen im Gesamtfamiliensystem,
- Erkennen und Sichtbarmachen von Dynamiken und Stärken in Teams, Businessteams und Unternehmen,
- Erkennen und Sichtbarmachen deiner eigenen Art, zum Beispiel im Marketing, deiner Mutterschaft/Vaterschaft, in deiner Ernährung, deinem Beruf, deinem Business,
- Erkennen von Transiten im Leben (Wendepunkte) und dazugehöriger Zusammenhänge,
- Schaffen von Bewusstsein für die individuellen Herangehensweisen auf Lebenswegen,
- Schaffen von Bewusstsein für die Andersartigkeit von Menschen im eigenen Umfeld und friedvollen Lösen von Streitereien und Konflikten,
- Anwenden im Kontext der Persönlichkeitsentwicklung, der psychologischen Beratung.

Das Human Design eignet sich als »Schaufenster« für fast jede Lebensfrage im privaten oder beruflichen Bereich und stellt immer deinen Kern, dein Wesen und deine Essenz in den Mittelpunkt der Betrachtung. Darum wird es heute bereits in folgenden Bereichen benutzt: in der Persönlichkeitsentwicklung, im Recruiting, in Businessanalysen, in der Teamanalyse, in der psychologischen Beratung und bei Therapieverfahren, in der mentalen Arbeit, beim Coaching, in der ganzheitlichen Medizin, in Bioanalyseverfahren, in Embodiment-Programmen und bei vielem mehr.

Wie ist das Human Design entstanden?

Das Human Design ist im Januar 1987 von Alan Krakower (Ra Uru Hu) gechannelt und im Nachgang synthetisiert, also zusammengefasst und man könnte sagen »übersetzt«, worden. Ra Uru Hu sagt, dass er bis dato zwar ein bewusster, aber kein spiritueller Mensch, sondern eher ein Businessmensch (Physiker) war, der es sich dann zur Lebensaufgabe machte, das Human Design als System der Erkenntnis zu verbreiten. Er beschreibt den Abend, an dem er das Human Design »gechannelt und empfangen« hat, als den Moment, in dem seine alte Persönlichkeit gestorben ist. Seither nannte er sich Ra Uru Hu, was übersetzt wird mit den englischen Worten »Doorcloser of a time«. Er sprach häufig davon, dass er die Zeit des »Unbewusstseins« damit abschließe.

Aber wie ist das Human Design zu ihm gekommen? Er ging mit seinem Hund am Abend spazieren, als ihn eine Stimme rief, die ihm die folgenden acht Tage und acht Nächte das Human Design übermittelte. Nach der ersten Begeisterung vernichtete er alle Materialien aus Angst vor der Reaktion anderer Menschen auf ihn und seine Erkenntnisse. Er befürchtete, für verrückt gehalten und abgelehnt zu werden. Ra Uru Hu war ein 5/1er-Manifestor: Je mehr du in dieses Buch einsteigst, desto mehr wirst du verstehen, was diese Bezeichnung bedeutet, warum gerade für ihn der Gedanke an die Ablehnung so schmerzhaft war und warum er dann glücklicherweise doch den Drang hatte, alles nach außen zu tragen. Denn genau das tat er, indem er sich auf das Human Design einließ und immer tiefer in die Erkenntnisse um den eigenen Typ und seine Strategie eintauchte. Er widmete sein Leben fortan dem Human Design, der Weitergabe des Wissens und dem Erforschen der wissenschaftlichen Zusammenhänge.

Eine Lehre, die uns alle betrifft

In den ersten Jahren des Bekanntwerdens des Human Design setzte Ra Uru Hu auf eine Art »Schocksprache«, die die Menschen damit konfrontierte, dass sie an ihrem Leben vorbeileben, indem sie ihr Design nicht erfüllen. Diese Art und Weise des Lehrens befindet sich gerade im Umbruch hin zu einer Sprache, die das System als Erfahrungswissenschaft etabliert und mit den Methoden der gewaltfreien Kommunikation sowie der systemischen Gesprächsführung arbeitet. Heute wird das Human Design als universelle Weisheit deklariert und besitzt keine Wissenshoheit. Die Synthese aus dem Jahr 1987 wurde von Ra Uru Hu immer weiterentwickelt und ergänzt. Er forderte die Menschen, die ihm folgten, immer wieder dazu auf, ihn zu hinterfragen und ihn nicht als Guru zu betrachten. Bis heute ergänzen und vereinfachen berufene Menschen das Human Design, um es in der Welt als universelle Lehre zu etablieren.

Eines seiner größten Anliegen war die Nutzung des Human Design für unsere Kinder und unsere Elternschaft, um »eine solide Grundlage für die Zukunft der Menschheit zu errichten«.

Die Elementsynthese – was im Human Design zusammenfindet

Das Human Design verbindet auf bisher nie da gewesene Weise unterschiedliche alte Lehren, universelles Wissen und moderne wissenschaftliche Erkenntnisse in einem lesbaren Bodygraph (siehe ab Seite 25) miteinander. Die Verknüpfung dieser Lehren erhielt Ra Uru Hu in seinem Channeling, weswegen ich dir einen kurzen Einblick in die einzelnen Elemente gebe. Die Grundelemente des Human Design sind die folgenden.

Astrologie – unser Design

Astrologische Aspekte sind die planetaren Energien und Neutrinos, die uns prägen, uns zum »Leben erwecken« und eine einmalige Signatur mitgeben für dieses Leben. Bereits 500 Jahre vor Christus wurden die ersten stichhaltigen astrologischen Lesungen gemacht, die bis heute alle einen Wahrheitsgehalt in sich tragen. Was als mystisch erscheint, wurde bereits wissenschaftlich nachgewiesen, denn die Ladung von Neutrinos wirkt auf den menschlichen Körper ein (siehe auch das Kapitel über die wissenschaftlichen Grundlagen des Human Design ab Seite 272).

Chakrenlehre – unsere Energiezentren

Diese rund 5000 Jahre alte indische Lehre beinhaltet das Wissen darum, dass wir Energiezentren im Körper – unter anderem entlang der Wirbelsäule – haben, die den Körper mit einer feinstofflichen Energieebene verbinden. Im Human Design werden unsere zentrierten Energiebereiche auf neun anstatt sieben Zentren wie in der traditionellen Chakrenlehre weiterentwickelt. Wir können aus den Energiezentren im Bodygraph ableiten, was wir in die Welt geben und wie wir die Welt wahrnehmen. Die Energiezentren im gesunden Zustand nähren unseren Körper und gleichsam die Welt.

KERNELEMENTE IM HUMAN DESIGN

Astrologie

Die Astrologie verbildlicht Planetenenergien und Aktivierungen, durch die wir geprägt wurden. Wir erfahren, welche Energie uns unser Leben lang begleitet, wofür wir diese brauchen und warum wir diese individuelle Neutrino-Prägung erhalten haben.

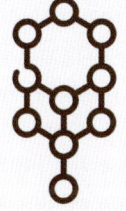

I Ging

Die 64 Schriftzeichen des I Ging oder I Ching werden auch als Genschlüssel und binärer Code des Seins bezeichnet. Hier finden wir unsere Persönlichkeitsausprägungen wie Gaben, Talente und Schattenthemen. Sie spiegeln die 64 Basentripletts unserer DNA-Stränge wider und finden sich ebenso in den Toren des Human Design.

Kabbala

Das Wissen der Kabbala um die 32 Pfade der Weisheit und Lebenswege findet sich in den Kanälen des Bodygraphs wieder und gibt uns Auskunft über unsere Lebensaufgaben, unsere Lebenswege und die Energie, die in unseren Adern fließt.

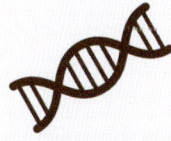

Genetik/Epigenetik

Die energetische Prägung unserer Welt, Familiensysteme und Zellen können mithilfe der 64 Genschlüssel näher betrachtet werden, um das eigene Wesen und Handeln besser zu verstehen.

Chakrenlehre

Die Chakrenlehre bereichert uns um das Wissen unserer Energiezentren, die im Bodygraph abgebildet sind. Wie spüre ich die Welt und was gebe ich in die Welt? Wie fließt die Energie in meinem Körper im gesunden Zustand?

Kabbala – Pfade der Weisheit und Energie des Lebens

Die Kabbala ist gemeinhin als »jüdische Geheimschrift« bekannt, wurde aber laut Channeling bereits vor über 5000 Jahren gechannelt, als allgemeingültiges Wissen auf die Erde gebracht und fand später seine Manifestation im Judentum. Die Kabbala findet sich in Teilen ebenfalls in unseren Zentren, aber hauptsächlich in den Kanälen wieder. Die Energie, die in unseren Adern fließt, und die Lebenswege, die wir einschlagen, werden dadurch sichtbar gemacht. Im Lebensbaum der Kabbala, der dem Human Design zugrunde liegt, stehen die Hauptzentren für die Bereiche des »Bewusstseins«. Die Verbindungskanäle werden in der Kabbala als 32 »Pfade der Weisheit« oder »Lebenswege« genannt. Das Human Design besitzt bereits 36 mögliche Kanal-Energien, die unterschiedlich ausgelebt werden können und unser Dasein prägen.

I Ging – unsere entschlüsselte Genetik

Das chinesische »Buch der Wandlungen« besteht aus 64 Schriftzeichen, die aus jeweils sechs Linien dargestellt werden. Als »Weisheits- und Orakelschrift« ist das I Ging die Grundlage für alle 64 Tore, die wir im Human Design finden, und für alle sechs Linien, die wiederum die Tore mit ihrer Energie besonders prägen. Diese 64 Schriftzeichen wurden im Human Design interpretiert und die Informationen hinter den Schriftzeichen geben uns heute Aufschluss über unsere Gaben, unser Verlangen und unsere Schattenthemen. Das I Ging wird heute als erster binärer Code der Welt bezeichnet, in dem sich alles Wissen verbindet. Wusstest du, dass unsere DNA genau 64 Codons (Basentripletts) abbilden kann und diese Entschlüsselung als »genetischer Code« gefeiert wurde? Ist das Zufall?

Epigenetik und Prägungen im Human Design

Das Konzept der Epigenetik wurde erst seit 2022 dem Human Design hinzugefügt. Es beschreibt, welche äußeren Faktoren ein Gen zeitweilig beeinflussen und es verändern oder aktivieren können. Die 64 Tore als »Genschlüssel« im Design können damit dieser epigenetischen Prägung unterliegen. Der epigenetische Teil im Human Design sind die 64 Karma Keys (Doppeltoraktivierungen im gleichen Planeten), die uns tiefgreifende Umfeldprägungen durch Familiensysteme, Ahnenreihen und gesellschaftliche Werteprägungen über Jahrhunderte erkennen lassen. Diese Prägungen wiederum verändern unser Sein und unser Verhalten.

Genetik – die Gaben und Schatten unserer Persönlichkeit
Die Genetik findet im Human Design ebenfalls ihren Platz und Hintergrund in den 64 Toren. Richard Rudd entwickelte über acht Jahre die tiefgreifende Bedeutung und Wirkung der 64 Tore – oder wie er sie nennt: Gene Keys – weiter und stellte uns damit die Entschlüsselung unserer »höheren Bestimmung« zur Verfügung.

Der Human Design Bodygraph und seine Entstehung

Der Eckpfeiler im Human Design ist der lesbare Bodygraph, der auf deinen genauen Geburtsdaten (Datum, Jahr, Uhrzeit und Ort) beruht, durch den wir überhaupt erst in der Lage sind, uns selbst »auszulesen« und unseren genetischen und energetischen Code zu entschlüsseln. Aufgrund deiner Geburtsdaten wird deine Körpergrafik – der Bodygraph – erstellt; diesen findest du sowohl auf den Umschlagseiten des Buches und in einer tieferen Erklärung ab Seite 248. Dein individueller Bodygraph zeigt die Aktivierungen an, die du erhalten hast, die also zu dem Zeitpunkt und an dem Ort vorherrschten, an dem du geboren wurdest. Diese astrologischen Komponenten erhalten aber erst durch die Synthese und »Übersetzung« mit alten Weisheitslehren wie dem I Ging, der Kabbala und des Chakrensystems eine Bedeutung, die wir verstehen können. So lassen sich Rückschlüsse ziehen auf die Essenz und die Energie, die du bist. Diese Synthesen brachte Ra Uru Hu in seinem Channeling des Human Design zusammen, sodass wir erstmalig in der Lage sind, unsere Energie zu begreifen.

In der Abbildung auf Seite 27 siehst du, wie die Prägung beziehungsweise Aktivierung unseres Codes geschieht. Es gibt zwei Momente, die essenziell sind für unsere Prägung: den Moment der unbewussten Prägung (im Graph rot dargestellt) und den der bewussten Prägung (schwarz dargestellt).

Die bewusste Seite
Im Human Design entsteht die Hauptprägung unserer bewussten Anteile zum Zeitpunkt unserer Geburt durch den »Beschuss« von Neutrinos. Neutrinos sind nach den Photonen die häufigsten Teilchen im Universum. Sie entstehen beispielsweise, wenn kosmische Strahlung auf die Erdatmosphäre trifft, bei Kernre-

aktionen in der Sonne oder auf der Erde in Kernkraftwerken. Diese Strahlung setzt sich unter anderem zusammen aus den unterschiedlichen energetischen Frequenzen der Planeten, die uns umgeben – deswegen ist ein großer Teil des Human Design die Astrologie.

Unsere Erde und unsere Körper stehen dauerhaft unter dem Einfluss von Neutrinos (hauptsächlich den Sonnen-Neutrinos). Zum Zeitpunkt unserer Geburt (dem ersten Moment außerhalb des Körpers unserer Mutter) sind wir das erste Mal diesen Neutrinos bewusst ausgesetzt. In diesem Moment erfolgt die Prägung mit den jeweilig vorherrschenden kosmischen Strahlungen (zu 70 Prozent von der Sonne, da diese der Erde am nächsten ist). Man kann sich das vorstellen wie eine einzigartige Sternenstaubsignatur, die selbst bei Menschen, die zur selben Uhrzeit und am selben Ort geboren wurden, unterschiedlich ist, weil Sekunden dazwischenliegen.

Die bewusste Seite (oder Sonnenseite) sind also alle Anteile, die du bewusst wahrnimmst. Du findest diese und die im Folgenden beschriebenen Bestandteile in der Elementargrafik auf Seite 35 oder auf der hinteren Umschlagseite innen. Man sagt, die bewusste Seite ist dein Kostüm, in dem du dich am liebsten zeigst. Die Prägung dieser Seite (rechte Planetendarstellung) erfolgt exakt zum Zeitpunkt deiner Geburt. Diese Elemente finden wir auf der rechten Seite in unserem Bodygraph.

Die unbewusste Seite
Deine unbewusste Seite wird genau 88 Tage vor deiner Geburt geprägt. In diese Prägung fließen deine unbewussten Anteile ein. Etwa 70 Prozent dieser Prägung sind genetisches Erbe und die epigenetischen Prägungen deiner Vorfahren, die du zu diesem Zeitpunkt von deiner Mutter übertragen bekommst. Deshalb ist ein Großteil der Human-Design-Arbeit auch in der Epigenetik und Genetik zu finden. Die unbewussten Anteile sind für uns nicht immer sichtbar. Es ist das Kostüm, in dem dich andere sehen, jene Dinge, die andere an dir wahrnehmen. Wenn dir zum Beispiel jemand sagt, dass du »ein Brot schmierst wie dein Vater« oder du »handelst wie deine Mutter«, du das aber nicht bewusst wahrnimmst, dann ist deine unbewusste Seite gemeint. Diese Elemente finden wir auf der linken Seite in unserem Bodygraph.

WIE ENTSTEHT DER BODYGRAPH?

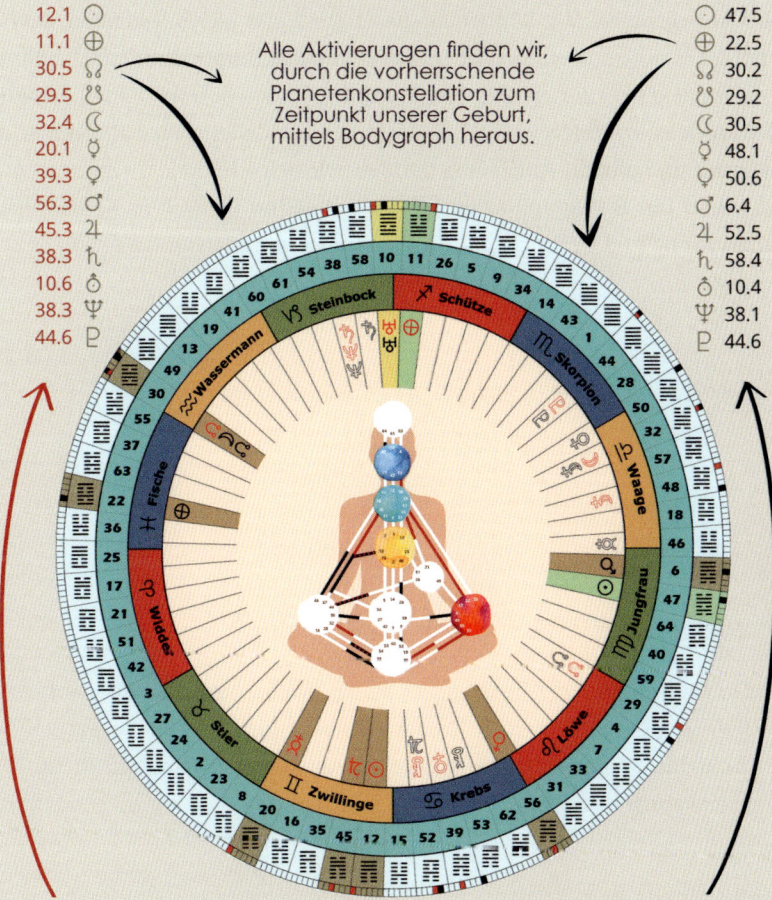

Das Human Design entsteht durch individuelle Neutrino-Aktivierungen und epigenetische Faktoren, die im Bodygraph lesbar werden. Mithilfe der Astrologie, des I Ging, der Chakrenlehre und der Kabbala können wir diese Aktivierungen interpretieren und ihre Bedeutung für unsere Persönlichkeit definieren.

Alle Aktivierungen finden wir, durch die vorherrschende Planetenkonstellation zum Zeitpunkt unserer Geburt, mittels Bodygraph heraus.

Alle roten Elemente im Graph beschreiben unsere Designseite. Diese Nuancen der Persönlichkeit nehmen wir häufig unbewusst wahr.

Alle schwarzen Elemente im Graph beschreiben unsere Persönlichkeitsseite. Diese Nuancen der Persönlichkeit nehmen wir häufig bewusst wahr.

Dein individueller Bodygraph

Aus diesen bewussten und unbewussten Aktivierungen entsteht dein individueller Bodygraph. Stell es dir so vor, als ob bestimmte Aktivierungen entscheiden, wie du einzigartig zusammengesetzt bist aus einem Baukasten mit Millionen Möglichkeiten. So individuell, dass dein Bodygraph keinem anderen gleicht.

Ein Human-Design-Chart, das zu 70 Prozent einem anderen ähnelt, wird alle 40 000 Jahre geboren. Wir können an dieser Stelle also gleich festhalten, dass wir uns gar nicht mit anderen Menschen, Lebenswegen, Empfindungen, Handlungsweisen vergleichen können. Die Körpergrafik gibt Einblicke in deine Persönlichkeits-, Körper- und Energiestruktur, deckt deine individuellen Fähigkeiten und Stärken auf und gibt dir Aufschluss darüber, wie deine Energie im optimalen Zustand fließt. Der Bodygraph zeigt, wie du mit deiner Umwelt in Kontakt trittst, kommunizierst und welche Dinge du aufnimmst und nach außen gibst.

Der individuelle Bodygraph entsteht durch:

- Geburtsdatum,
- Uhrzeit (möglichst genau),
- Geburtsort.

Wie komme ich an meinen Bodygraph?

Du findest auf den Umschlagseiten des Buches verschiedene Links, unter denen du dir deinen Bodygraph kostenfrei erstellen kannst. Ich empfehle dir, den Graph zum Lesen dazuzunehmen, damit du eintauchen kannst in deine individuellen Themen.

Das Human-Design-Experiment – ein stufenweiser Prozess

Ich habe im Human-Design-Experiment mit mir selbst und in Gesprächen mit Analysten, Ausbildern, Coaches und Klienten festgestellt, dass wir einen stufenweisen Prozess durchlaufen, wenn wir uns näher mit dem Human Design beschäftigen und tiefer einsteigen. Ich erkenne, dass in all diesen Stufen eine gewisse Magie und Erkenntnis über die eigene Person, das eigene Wesen liegt, und möchte deshalb nicht vorgeben, dass jeder alle Stufen durchlaufen »muss«, um für sich geniale Aha-Momente zu haben und auf seinem Lebensweg weiterzugehen. Das Human Design kann als punktueller Begleiter eingesetzt werden, ist aber auch dazu da, um ganz, ganz tief zu tauchen und es zum jahrelangen Wegweiser zu machen.

Es geschieht einfach, je weiter ich den Weg gehe. Es ist automatisch da, je mehr ich mich selbst zulasse und erkenne.

Der Erkenntnisprozess im Human Design läuft in vier Stufen ab, die sich für mich aufteilen in »Wissen verstehen« und »Erkenntnisse integrieren und leben« – bis hin zu dem Punkt, an dem ich zu einem großen Teil mein Potenzial in diesem Leben ausleben kann.

Je länger man im Human-Design-Experiment steht, desto besser versteht man seine Körpermechanismen und was es bedeutet, auf eine bestimmte Weise zu handeln.

Stufe 1 und Stufe 2: Bewusstwerdung – Verstehen mit dem Verstand

In den ersten beiden Stufen erlebe ich oft große, strahlende Augen und den Wow-Effekt. Was deutlich zeigt, dass die Menschen sich durch das Human Design erkennen und in einer Tiefe gesehen fühlen. Dieses bewusste Erkennen und Verstehen löst meist einen Perspektivwechsel aus und man beginnt, den Blick auf sich und die Menschen in seinem Umfeld zu ändern. Hier ein paar Sätze, die ich nach dem Erstkontakt mit dem Human Design gehört habe:

»Es ist, als ob einem jemand die Erlaubnis dafür gibt, dem inneren Ruf endlich zu folgen, den man irgendwie immer weggedrückt hat.«

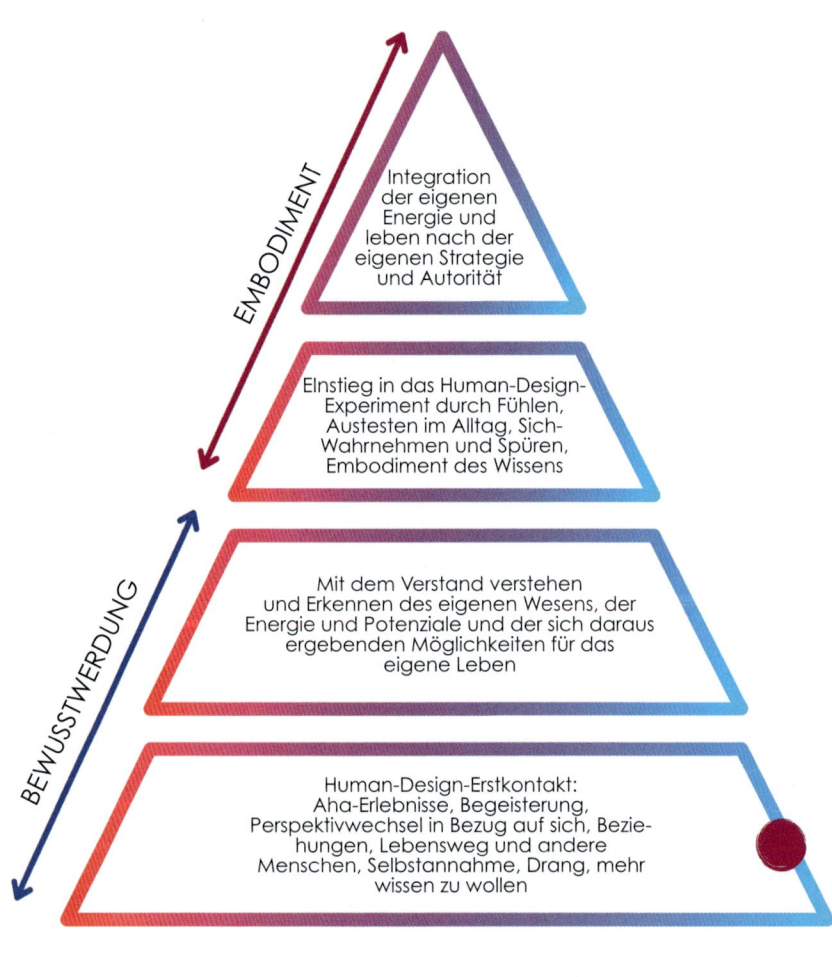

»Es bestärkt, dass man zu keiner Zeit falsch war mit dem, was man ist. Es zeigt mir, dass ich keinem helfe, wenn ich nicht authentisch lebe, sondern mich anpasse.«

»Es macht einfach nur ständig klick, klick, klick. Als ob die Schatulle der Erkenntnis offen stünde und auf einmal alle Puzzleteile an ihren Platz fallen und ich meinen Lebensweg und alles, was nicht funktioniert hat, verstehe.«

Die beiden ersten Stufen sind komplett verstandesbasiert, weil wir Wissen aufnehmen, erfassen und unsere Erkenntnisprozesse mit dem Kopf durchlaufen. Oder einfach gesagt: Wir verstehen.

Hier passiert Erkenntnis-Magie im Kopf, die unter anderem zu folgenden Dingen führt:
- friedvollere Beziehungen (beruflich und privat),
- Annahme und Akzeptanz anderer Menschen,
- Ausstieg aus der Schleife des Vergleichens,
- Erkenntnis der Einzigartigkeit eines jeden Menschen,
- Einsatz des persönlichen Potenzials,
- Klarheit über eigene Handlungen und Wirkweisen,
- Verständnis, Milde und Mitgefühl für sich und andere.

Stufe 3 und Stufe 4: Experiment, fühlen und leben der Erkenntnisse

Die Stufen 3 und 4 im Experiment sind die Bereiche, in denen wir das Wissen »zum Leben erwecken«, tief unsere Energie integrieren und annehmen. Das bedeutet, dass wir bewusst anfangen, uns, unser Handeln, unsere Art, Entscheidungen zu treffen, unser Ausleben von Emotionen und vieles andere mehr zu beobachten. Gleichsam beginnt man, auf seine Körpermechanismen (zum Beispiel sakrales Klicken als Generator, siehe ab Seite 157) zu hören und verstärkt dem zu folgen, was unser Körper- und Energiesystem uns sagt. Der Verstand rückt immer mehr in den Hintergrund und bekommt eine beobachtende Funktion. Er hat Sendepause und das Fühlen und das Erleben treten ab jetzt in den Vordergrund.

Das Experiment Human Design startet jetzt auf Körperebene, und genau dort ist es möglich, uns von erlernten Mustern, Blockaden, Glaubenssätzen zu lösen und damit zu dekonditionieren (siehe Seite 277 f.). Wir tauchen immer mehr in das

Gefühl unserer Essenz ein, in das Gefühl, wir zu sein, und beginnen schrittweise, wahrhaftig zu leben.

Hier passiert Energie-Magie im Körper und Sein sowie Tiefentransformation, und das führt zu:
- Leichtigkeit im Sein,
- tiefem Vertrauen in die eigenen Körper- und Energiemechanismen,
- natürlicher Angebundenheit,
- Erfolg durch das Leben der eigenen Energie,
- »automatischem Ablegen« aller unbrauchbaren Muster und Glaubenssätze,
- sich in sich sicher und zu Hause zu fühlen,
- Balance der persönlichen Kraft und Energie,
- tiefem Zugang zum Körpergefühl,
- Erweiterung des Strahlens oder Magnetismus,
- Transformationsprozessen in den Bereichen Beruf, Umfeld, Partnerschaft, Lebensweise.

Der achtsame Umgang mit Human Design

Mir sind folgende Dinge wichtig zu erwähnen, bevor wir tiefer einsteigen:

Du bist nicht dein Chart!
Du bist viel mehr als das, kannst das Chart aber prima benutzen, um mehr über dich zu erfahren. Wir leben und erfahren unser Leben. Eine ständige Analyse und das Festhalten an Fakten können dich auch daran hindern, aktiv zu leben. Deswegen wähle die Dosis des Wissens weise – du »erchartest« nicht dein Leben, du lebst es!

Die Annahme der Elemente liegt bei dir.
Wenn du mit etwas in diesem Buch nicht in Resonanz gehst, dann ist das okay. Die Verantwortung, etwas nachzufühlen, liegt bei dir. Finde deine Wahrheit über dich innerhalb all der Möglichkeiten dieser Welt, denn dafür sind wir hier.

Human Design soll ermächtigen, nicht »schubladisieren«.
Das Human Design soll dich in keine Schublade stecken oder dir dein Leben kom-

plizierter machen – im Gegenteil, es soll ermächtigen und dir den Weg ebnen, der Mensch zu sein, der du wirklich bist. Versuche also, aus der Bewertung herauszutreten; keine Eigenschaft, die hier beschrieben ist, ist besser oder schlechter als eine andere.

Entdecke deine ureigensten Elemente und Talente

Im Human Design wird nichts bewertet. So ist jeder Typ mit den Elementen, die er mitbringt, enorm wichtig für die Gesellschaft und die Entwicklung der Erde. Es gibt keinen »besseren« Typen oder einen, der effizienter ist. Jeder ist auf seine Art wertvoll und wichtig. Herauszufinden, wie man seine Elemente und Talente so nutzen und einbringen kann, dass sie sich voll entfalten, ist unter anderem eine Aufgabe des Human Design.

Es gibt im Human Design keine »Optimierungspotenziale«. An deinem perfekten Design muss nichts optimiert werden. Es gibt lediglich Lernthemen und Lernbereiche. Je mehr wir uns dessen bewusst sind, desto besser können wir die Lernaufgaben annehmen, bewusst angehen und alte Konditionierungen auflösen, die dem Leben unseres Designs und damit Leichtigkeit und Erfolg im Weg stehen.

Zu deiner Essenz gehört weit mehr als das Wissen um deinen Typ, deine Strategie oder Autorität, und doch sind es wichtige Elemente für den Einstieg in das Thema. Diese drei Elemente bilden die Basis für alle anderen Details, die du erkennen und dann bewusst ausleben kannst.

All das Wissen hilft dir nicht, Veränderung zu erwirken, wenn du das Experiment nicht ausprobierst. Ich muss mich ja auch zum Joggen aufraffen, damit ich mich danach in Balance fühle. Das bloße Wissen darum wird keine Veränderung im Körper herbeiführen. Also nimm dir, was du brauchst, und geh los in dein ganz eigenes Experiment.

Das Human Design ist in deinem Leben, damit es dir Leichtigkeit und Erkenntnis bringt und dich nicht in Schubladen steckt. Wie tief du in dieses Wissen und Experiment einsteigst, liegt in deiner Hand und Verantwortung.

Elemente des Human-Design-Charts

Tauchen wir nun tiefer in die einzelnen Elemente ein! Die verschiedenen Elemente, die wir im Chart oder Bodygraph finden, haben alle eine essenzielle Bedeutung für dich und dein Wesen. Eine Erklärung der Elemente und welches Detail unserer Persönlichkeit dadurch sichtbar wird, findest du hier. Dargestellt sind sie in der vorangestellten Grafik, auf der alle Elemente für dich eingezeichnet sind.

Hinweis: Die gängigen Chart-Rechner lesen dir automatisch Typ, Strategie, Autorität und Profil aus, wenn du deinen Bodygraph erstellen lässt (siehe meine Beispielgrafik). Die Komplexität aller Definitionen eines Bodygraphen auslesen zu können, erfordert umfangreiches Wissen. Ich möchte es dir hier zum Reinschnuppern so einfach wie möglich machen und dich nicht mit Details abschrecken, die du dir natürlich jederzeit aneignen und damit tiefer ins Thema eintauchen kannst. Aber für den Moment erkläre ich dir so einfach wie möglich, was die Elemente bedeuten, die du in deinem automatisch generierten Chart findest. Nachfolgend findest du eine kurze Übersicht, bevor ich in den folgenden Kapiteln ausführlicher werde.

Energietyp: Deine Grundenergie, Interaktion mit der Umwelt

Dein Energietyp (Generator, Manifestor, manifestierender Generator, Projektor, Reflektor) beschreibt deine Grundenergie und wie du mit deiner Umwelt interagierst. Es gibt aktuell fünf Typen im Human Design. Dein Energietyp ergibt sich aus der Darstellung deiner undefinierten und definierten Zentren und wird in jedem Chart-Generator automatisch ausgegeben, sodass du deinen Grundtyp sofort kennst.

Strategie: Deine Kommunikation mit anderen

Die Strategie ist eine Intelligenz oder Mechanik in deinem Körper, die dir zeigt, ob etwas richtig oder falsch für dich ist. Dieser Strategie folgend, ist es dir möglich, dein Potenzial bestmöglich einzusetzen, um Harmonie in dir und mit allen dich umgebenden Menschen zu finden. Deine Strategie entsteht mit deinem Grundtyp (Energietyp). Sie richtet sich nach deinem Energietyp und ist im Bodygraph nicht direkt ablesbar, sondern eine Folge deiner Grundenergie.

ELEMENTE IM BODYGRAPH

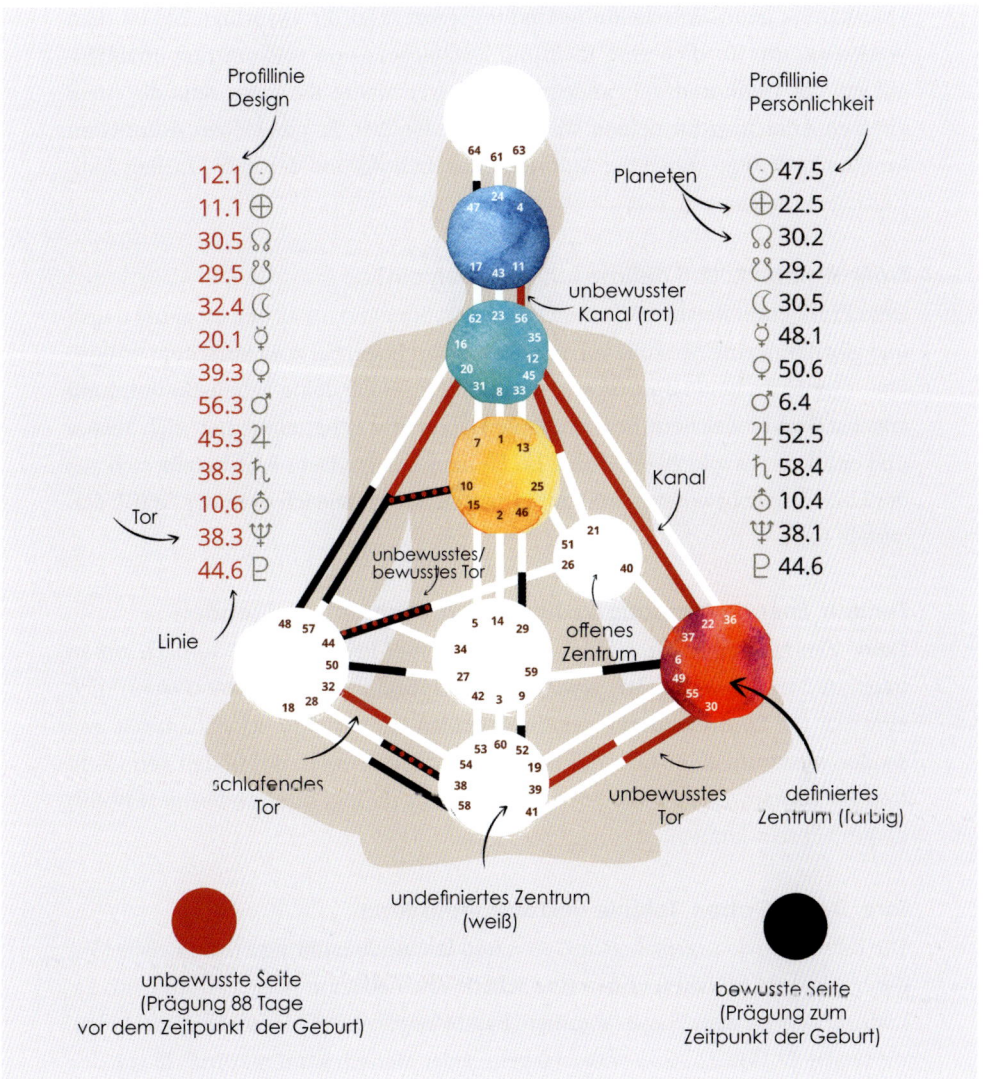

Autorität: Wie treffe ich Entscheidungen?

Deine Autorität zeigt dir, wie du am besten Entscheidungen triffst und welche »Mechanik« beim Entscheidungsfindungsprozess in dir anspringt. Sie ist dein Werkzeug, um für dich eine Richtung festzulegen, und vollkommen unabhängig von der Logik und Verstandesebene. Dieser innere Kompass zeigt dir einen direkten Ausschlag für deinen Weg an, zu jeder Zeit. Es gibt sieben Autoritäten im Human Design. Auch die Autorität entsteht aufgrund der individuellen Aktivierungen im Chart.

Profil: Welche Rollen nehme ich im Leben ein?

Dein Profil (zum Beispiel 5/1) zeigt dir deinen Sonnenmantel, den du gerne trägst, und gibt damit eine Art Rolle vor, mit der du dein Potenzial zum Vorschein bringst. Hier kannst du herausfinden, wie du mit dieser Rolle deine Lebensbestimmung angehst und in welchem Bereich deine Gaben und Schattenthemen sich zeigen und entfalten. Es gibt zwölf Profile im Human Design. Dein Profil ergibt sich aus der Linie deiner bewussten und unbewussten Sonne, wie ich es in der Grafik dargestellt habe.

Zentren: Energie empfangen, fühlen, wahrnehmen und senden

Deine Zentren zeigen dir, welche Elemente deiner Persönlichkeit du nach außen trägst und in die Welt gibst, sowie deine Empfindungen für alles, was auf dich einwirkt. Die Zentren empfangen die Energien anderer und deiner Umwelt und senden wiederum deine Energie an andere und die Umwelt. Wir finden neun Zentren im Human Design, die entweder definiert (farbig) oder undefiniert (weiß) dargestellt sein können.

Tore: Deine Gaben, Talente und Schattenseiten

Die Tore zeigen dir gezielt, welche Gaben und Talente du mitbringst (zum Beispiel Tor der Logik, des Anführers) und welche Schattenthemen (zum Beispiel Dominanz, Fanatismus) bei dir zum Tragen kommen. Es gibt insgesamt 64 Tore im Human Design, die unsere 64 Genschlüssel widerspiegeln. Jeder Mensch kann maximal 26 von den 64 Toren aktiviert haben, was wiederum Aufschluss über seine Persönlichkeit gibt. Ein Tor (wie in der Grafik dargestellt) findest du hinter einem Planetensymbol, zum Beispiel Tor 12 auf der unbewussten Seite in der Sonne. Die aktivierten Tore siehst du im Bodygraph dann als farbiges Element, etwa als einen Strich, der von einem Zentrum abgeht. Dabei können sich zwei Tore immer zu einem Kanal verbinden.

Kanäle: Energie in deinen Adern

Die Kanäle beschreiben, welche Energie in deinen Adern fließt (zum Beispiel Kanal des Materialisten, Mutter-Teresa-Kanal). Zwei Tore verbinden sich immer zu einem Kanal und haben eine prägende Energie für deine Persönlichkeit. Es gibt insgesamt 36 Kanäle im Human Design.

Linien: Wie und wo du deine Gene auslebst

Die Linien im Human Design beschreiben dein individuelles Ausleben deiner genetischen Faktoren. Tore zeigen dir, wie dadurch dein Blick auf die Welt ist, wie du interagierst und in welchem Umfeld du dieses Gen perfekt ausleben und/oder transformieren kannst. Es gibt sechs Linien im Human Design. In der Grafik siehst du, dass ich das Tor 47.5 in der 5er-Linie auslebe, welches im Planeten Sonne auf der bewussten Seite steht.

> Wenn du dich für die weiteren Elemente und deren Bedeutung interessierst, blättere ans Ende des Buches zum Teil »Allgemeine Fragen zum Human Design und Ausblick« ab Seite 272; dort habe ich alle weiteren Elemente des Human Design aufgelistet, die aber vorerst irrelevant sind, um deine Basis zu verstehen.

Zusammenfassung

Wir finden im Human Design:

- 5 Grundtypen: Grundenergie
  mit Strategien – Kommunikation mit der Welt
- 7 Autoritäten: innerer Kompass für Entscheidungen
- 12 Profile: Rollen im Leben
- 9 Zentren: Energie senden (geben), empfangen (fühlen)
- 36 Kanäle: Energie in deinen Adern
- 64 Tore: Genschlüssel mit Talenten, Gaben, Schatten
- 6 Linien: wie und wo du deine Gene auslebst

Über all diese Aspekte erfährst du in den folgenden Kapiteln mehr.

DER TYP – DEINE GRUNDENERGIE IM LEBEN

Deine Basisenergie

Dein Grundtyp zeigt dir auf, wie du in Interaktion mit anderen trittst. Er sagt nichts über deine Persönlichkeit aus, sondern ist die Zusammenfassung deiner Basisenergie. Nur mit dieser Basisenergie entfalten sich alle anderen Potenziale in deinem Leben. Dein Grundtyp ist wie ein Tortenboden – er hält alle anderen Elemente in dir zusammen und ist das Fundament für alles andere, was an Belag darauf kommt. Dieser Tortenboden entscheidet auch – je nach Form –, wie du gesehen wirst und wie sich deine Gesamterscheinung ausdrückt, um im Bild zu bleiben: Cupcake oder Schwarzwälder Kirschtorte. Wobei wir hier gleich festhalten, dass alle Typen unheimlich geschmackvoll, anmutig und lecker sind und es kein »schlechter« oder »besser« gibt. Du verstehst, was ich meine? Der Grundtyp zeigt dir:

- deine Art der Kommunikation,
- wie du auf andere wirkst,
- was die Aufgaben deines Typs in der Gemeinschaft sind,
- welcher Indikator sich dir zeigt, wenn du achtsamer mit dir und deiner Energie umgehen solltest,
- welchen Grundschmerz im Leben du mitbringst.

Der Grundtyp ist das wichtigste und erste Element des Basic Human Design, denn darauf baut alles auf. Erinnere dich an die Torte, die ohne Boden einfach nur ein großer, bunter Haufen Belag ist. Dein Grundtyp gibt dir Stabilität und eine ganz eigene Art, die Welt zu sehen und mit ihr zu interagieren.

Die fünf Typen im Human Design

Das Human Design unterscheidet uns Menschen bisher in fünf Energietypen. Diese Unterscheidung dient nicht dazu, uns in eine Schublade zu stecken, sondern anzunehmen, dass jeder Mensch absolut einzigartig ist und deswegen anders handelt, als wir handeln würden. Der Typ entsteht aufgrund der Aktivierungen verschiedener Zentren im Bodygraph. Und er orientiert sich an seiner Fähigkeit, energetisch zu initiieren, zu manifestieren, zu generieren oder eben nicht, und sorgt dafür, dass jeder Typ eine besondere Aufgabe im Gesamtgefüge der Welt hat.

Diese fünf Energietypen sind:
- Generator,
- Manifestor,
- manifestierender Generator,
- Projektor,
- Reflektor.

Im Jahr 2014 analysierte das Jovian Archive insgesamt 4,5 Millionen erstellte Charts weltweit und kam zu folgender prozentualer Typenverteilung:

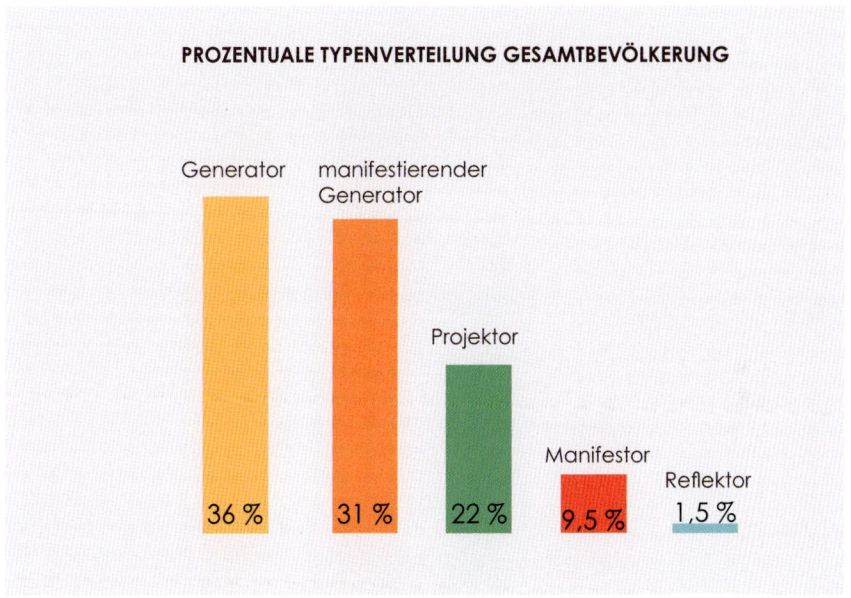

Aus der oben stehenden Tabelle wird die weltweite Verteilung der Energietypen in Prozent ersichtlich: Etwa 67 Prozent weisen ein Generator- oder manifestierender Generator-Profil auf, während 22 Prozent Projektoren sind. Die Manifestoren machen rund 9,5 Prozent aus und die Reflektoren sind als kleinste Gruppe mit 1,5 Prozent vertreten. Warum diese Verteilung wichtig für unser gesellschaftliches Gesamtgefüge ist, erfährst du im folgenden Kapitel über die einzelnen Typen.

Und jetzt tauche ein in die Individualität der Typen.

> »Your time is limited,
> so don't waste it,
> living someone else's life.
> Don't let the noise of other opinions
> drown your own inner voice.«
> – *Steve Jobs*

Deine Kreativität hält das Leben im Fluss

Typbeschreibung, Strategie, Merkmale und Besonderheiten

Generatoren sind die Kraftquelle unserer Welt und unser Zugang zu schier unendlicher Lebensenergie. Sie machen etwa 36 Prozent der Weltbevölkerung aus und sind so angelegt, dass sie in Leichtigkeit mit dem Fluss des Lebens fließen können, sofern sie ausnahmslos dem folgen, was sie begeistert und ihnen Freude bereitet. Sie sind in der Lage, in einen echten Flow-Zustand zu gelangen und große Verantwortung spielend leicht zu tragen, wenn sie ihrer starken inneren Stimme vertrauen und folgen. Ich nenne den Generator auch gern:

- den Dranbleiben-Könner und Durchzieher,
- den Master des Flow und der Synchronizität,
- die sprudelnde Quelle der Kraft und Lebensenergie,
- den Spezialisten in seinem Bereich.

Die Kraftquelle des Generators: Freude

Das wichtigste Merkmal des Generators ist sein definiertes Sakralzentrum. Dieses Motorzentrum versorgt den Generator mit einem dauerhaften Zugang zu Kraft und Energie. Ist dieser Motor einmal gezündet, dann läuft er ohne Unterlass. Dieser Antrieb steht einzig den beiden Typen Generator und manifestierender Generator zur Verfügung. Für diese Motorkraft gilt: Je mehr ich meiner Freude folge, desto mehr nähre ich mich selbst und mein Motor kann mit voller Kraft laufen.

Die Initialzündung: JA oder NEIN der Sakralstimme

Der Generator hat zwar einen On-Knopf, aber leider keinen Off-Knopf. Entscheidet der Generator, dass er etwas tun möchte, und sagt zu einer Sache Ja, dreht er den Schlüssel in der Zündung um und setzt Energie frei. Ein klares Ja zu einer Frage oder einer Handlung, das der Generator aus voller Freude setzt, gibt dem Motorzentrum einen enormen Impuls, der sich so leicht nicht mehr stoppen lässt. Für den Generator ist es wichtig zu verstehen, dass dieses Ja oder Nein absolut keine Verstandesentscheidung ist, sondern aus seiner sakralen Stimme, seinem Bauchgefühl, seiner inneren Wahrheit oder durch die Beobachtung seines Körpers kommt. Das Wahrnehmen dieser Entscheidung ist oft nicht ganz leicht, da diese Stimme häufig eher ein leises, wohliges Brummen sein kann oder ein gutes Gefühl, das vom lärmenden Kopf und seinen Vernunftgründen überlagert wird. Hier gilt es, achtsam zu sein, denn der Unterschied zwischen Verstand und dieser inneren sakralen Stimme ist, dass Letztere immer zum Besten für das eigene System und die Lebensaufgabe handelt.

Die sakrale innere Stimme ist tief verbunden mit unserer Seelenintuition und frei von gesellschaftlichen Denkmustern, Glaubenssätzen, Ängsten und Blockaden, denen unser Verstand unterliegt. Unser Verstand kann beispielsweise aus Loyalitätsgründen, Schuld, Mitleid oder Pflichtgefühl entscheiden, aus Erfahrungswerten oder nach dem Abwägen von Pro- und Kontra-Argumenten. Der Verstand kann schnell zu einem Druckwerkzeug werden, das Denkmuster übernimmt, das uns als Kindern mitgegeben oder durch gesellschaftliche Konventionen vermittelt wurde. Auch deswegen ist er nicht dafür bestimmt, die Entscheidungen für den Generator zu übernehmen. Die sakrale Stimme ist hier unschuldiger und weiß es schlicht besser. Auf sie zu hören, ist die Aufgabe des Generators, wenn er mit seiner inneren Wahrheit und Bestimmung in Kraft treten möchte.

So funktioniert die Sakralstimme

Eine kurze Frage: Gibt es Situationen in deinem Leben, in denen dein Bauchgefühl von Beginn an da war, du es gehört, aber weggedrückt und übergangen hast? Und gab es den Moment – Monate oder Jahre später –, in dem du festgestellt hast, dass dein Bauchgefühl eigentlich von Beginn an richtig war? Dass eine Skepsis da war, mit einer Person zu arbeiten, eine Person zu lieben, eine Entscheidung zu treffen, Dinge für andere zu tun, den Job anzunehmen, der doch nicht passte?

Wenn du eine dieser Fragen bejahst, dann hast du deine heilige sakrale Stimme gehört. Die für dich und deinen Weg spricht. Die erst leise und dann lauter ruft, um dir Widerstand und Frust zu ersparen. Wichtig zu wissen: Die sakrale Stimme meldet sich nur etwa drei bis fünf Sekunden lang, wenn du eine Einladung oder einen Impuls erhältst. Bereits kurz danach fängt der Verstand an zu plappern, abzuwägen, Argumente zu bringen. Die Wahrnehmung dieses Moments ist der Schlüssel. Für die Initialzündung deines Kraftmotors ist es unerheblich, ob dein Ja aus dem Verstand oder aus der sakralen Stimme kommt – er springt an und läuft. Wenn dein Ja aber nicht deinem Design entspricht oder aus einem Widerstand heraus entsteht, dann wird dein Motor stocken, langsamer werden und irgendwann nur noch vor sich hin tuckern. Er wird nicht ausgehen, aber die sprudelnde Energie, die du als Generator fühlen willst und zum Leben brauchst, ist auf einmal ein unbefriedigendes Rinnsal geworden. Nicht ohne Grund wird das Sakralzentrum Burn-out-Zentrum genannt, denn hier schwindet nicht nur die Lebensenergie, sondern auch deine Freude.

Wenn dein Ja hingegen aus der Sakralstimme kommt, dann läuft dein Motor rund. Wenn du ausnahmslos und kompromisslos deiner Freude folgst, wird dein Motor nicht tuckern, sondern dich mit pulsierender, vibrierender und mitreißender Kraft versorgen. Und diese Kraft nährt nicht nur dich. Sie bringt auch Menschen in deinem Umfeld in Bewegung. Du musst dir vorstellen, dass die Aura eines jeden Menschen zwischen 20 und 70 Meter umfasst und die Energie, die wir leben und tragen, andere beeinflusst, antreibt oder abstößt. Ist der Motor des Generators also am »Generieren«, kommen die Auren anderer Menschen mit dieser Antriebskraft in Berührung.

Die magnetische Aura

Ist der Motor des Generators gestartet, sendet er buchstäblich Magnetwellen aus, die andere Menschen wie in einem Sog zu ihm ziehen. Die magnetische Aura, die Ausstrahlung oder das Charisma, das andere Menschen wahrnehmen, sorgen dafür, dass genau die Menschen zu dir finden, die du brauchst. Die Stärke dieser Anziehungskraft richtet sich nach deiner Freude, die du spürst, und natürlich auch danach, ob du eine Entscheidung aus einem »Ich muss«- oder einem »Ich will«-Gefühl heraus triffst. Die Menschen in deinem Umfeld spüren durch deine Aura, wie sehr du dich einbringst, dir selbst, deinem Projekt oder deiner Aufgabe gegenüber. Sie spüren, ob du aus einem Zwang oder Mangel heraus handelst. Und am Ende ist es genau dieses Flow-Gefühl, mit dem sie durch dich belebt werden möchten.

Der inneren Stimme Gehör schenken

Praxisbeispiel: Generatorin 5/1, sakrale Autorität, Frau (42 Jahre alt)
Eine Frau, die kürzlich in die Selbstständigkeit als Familienberaterin gestartet war, kontaktierte mich. Ihr Anliegen war es herauszufinden, ob es Blockaden in ihr gibt, die verhindern, dass Klienten zu ihr kommen, weil sie keinerlei Anfragen bekam. Jeder Schritt, den sie ging, um das zu ändern, fühlte sich schwer an. Ich fing an, mit ihr zu arbeiten, und mithilfe ihres Human Design fanden wir heraus, dass sie aus den falschen Gründen und Idealen einem Berufsweg folgte und sich ihren eigentlichen Wunschberuf (Körpertherapie für Kinder und Babys) verwehrte. Die innere sakrale Stimme, die sagte, dass sie am menschlichen Körper arbeiten will, meldete sich zum ersten Mal, als sie 16 war. Sie verließ sich aber auf eine für sie sicherer klingende Ausbildung zur Wirtschaftspsychologin. Ein Burn-out mit 39 Jahren brachte sie zum Umdenken und sie recherchierte, wie sie ihren Beruf mit intuitivem Tanz koppeln könnte, um körperbasierter zu arbeiten. Die innere Stimme war also wieder da. Doch sie entschied sich wieder für den Weg, den ihr der Verstand einflüsterte: »Man braucht ja eine fundierte Ausbildung, ich kann noch nicht genug.« Ihr Motor lief, trotz Befreiungsschlag in die Selbstständigkeit, weiter auf Sparflamme und war in keiner Weise magnetisch, eher kurz vor dem nächsten Burn-out. Sie sendete aus, wie sie sich fühlte. Sie war nicht in Freude und angetrieben von pulsierender Lebensenergie – sie war halbherzig dabei und übertönte ihre innere Wahrheit, weil sie sich den Erwartungen der Eltern, der Freunde und des Partners verpflichtet fühlte. Das Verständnis über ihren Typ, die kollektive Aufgabe der Generatoren (sich aus dem Sklaventum zu befreien) und ein einfaches Befragen ihrer inneren Stimme bestärkten sie, ihr Businessprofil zu ändern und endlich ihrem Wunsch zu folgen. Als die neue Website mit dem Konzept »Kinderleicht – Körpertherapie und Mentalkurse für Kids von 0 bis 14« online ging, erhielt sie nach zwölf Stunden die ersten Kursbuchungen. Sie war magnetisch durch das, was sie endlich auslebte und fühlte.

GENERATOR-STRATEGIE

Der Generator wartet, um auf das Leben zu antworten.

Der Generator erhält eine Einladung von einer anderen Person wie »Hast du Lust mit mir essen zu gehen?«.

Der Generator erhält eine Einladung durch etwas, das er hört, liest, sieht, spürt. Er nimmt wahr, dass dadurch in ihm etwas passiert.

Der Generator nimmt seinen sakralen Klick (seine Bauchstimme) wahr, spürt genau hin und folgt dieser inneren Weisheit.

Das klare JA wirft den Motor im Generator an, weil er seiner Freude folgt, und er geht los.

Strategie: Die Reaktion als Zündungsmoment des Motors

Der Generator ist in seiner Grundenergie so angelegt, dass er reagiert und eine Entscheidung für Ja oder Nein trifft. Er macht nicht den ersten Schritt. Er wartet auf den »Ruf«, um dann so richtig loszulegen. Im klassischen Human Design wird dies als seine Strategie bezeichnet. Er bekommt also eine Art Einladung, auf die er reagieren kann, indem er seinen Motor anschaltet. Diese Einladung muss man sich etwas weiter gefasst vorstellen; sie reduziert sich nicht auf die konkrete Frage eines anderen Menschen wie zum Beispiel »Möchtest du mit mir essen gehen?«. Der Generator kann durch seine Wahrnehmung Einladungen jeglicher Art erkennen. Eine solche Einladung kann sein:

- ein Gedanke, den er in einem Buch liest,
- ein Lied, das er im Radio hört,
- ein Zeichen der Synchronizität (Wolkengebilde, Feder et cetera),
- gesprochene Worte anderer Menschen,
- schriftliche und mündliche Einladungen oder ein Telefonat,
- Fragen, die an ihn gerichtet werden,
- Themen, die immer wieder präsent sind, etwa durch Werbung, Schilder, Geschichten im Bekanntenkreis.

Diese Einladungen stellen für den Generator eine Art Tür dar und sind Hinweise, um seiner inneren Stimme zu folgen. Er steht vor einer Tür und darf entscheiden, ob er sie öffnet oder nicht. Die Tür wird ihm als »Einladung« geboten, seine Bauchstimme ist die Antwort. Ein Generator ist ständig umgeben von diesen Türen, wenn er seine Wahrnehmung schärft. Er muss keine dieser Türen bewusst suchen, denn sie treten dann in sein Leben, wenn er sie durch sein Inneres anzieht. Die größte Herausforderung für einen Generator besteht aber zweifelsohne darin, darauf zu vertrauen, dass der Ruf oder die Einladung wirklich kommt. Was, wenn er sie nicht hört? Was, wenn er sie fehlinterpretiert? Diese Ungewissheit und Angst können den Generator verunsichern und blockieren. Und damit wiederum macht er es seinem Umfeld schwer, die Einladung auszusprechen. Der Generator darf sich an der Stelle ermächtigen, eine Einladung als diese zu verstehen und ihr zu folgen.

> »Es ist nicht so, dass die Regeln deines Typs von dir verlangen, einer verdammt riesigen Liste von Dingen zu folgen, die du tun musst. Es ist nicht so, als wäre man in einem Raumschiff. Es ist nur eine kleine Sache. Und du siehst, dass es funktioniert, denn es ist wahr. Und es ist nicht das, was ich sage. Es ist, was ich weiß. Es ist, was die Wissenschaft bestätigt hat. Es geht darum, was die Leute, die damit experimentiert haben, ihre Strategie zu leben, bestätigen: dass sie wahr ist. Es funktioniert.«
>
> – *Ra Uru Hu, Begründer des Human Design*

Frust und gestaute Energie als Indikator für Veränderung

Der Generator hat wie jeder andere Typ einen einzigartigen Indikator, der ihm zeigt, dass er entgegen seiner Energie, seiner Strategie oder seines Weges lebt. Es ist das Gefühl von Steckenbleiben, Frust, Nicht-vorwärts-Kommen, keinen Flow spüren, Schwere. Dieser Indikator – er wird auch als das Nicht-Selbst oder Not-Self-Thema bezeichnet – zeigt dir ganz simpel auf, dass deine pulsierende Lebensenergie nicht frei fließen und zirkulieren kann. Immer dann, wenn du das Gefühl hast: »Hier stockt es, und das frustriert mich«, bekommst du das Zeichen, etwas zu ändern. Dieses Gefühl entsteht nur, wenn wir nicht aus vollem Bauch heraus Ja oder Nein zu etwas sagen und unsere Strategie ignorieren. Der innere Widerstand, der sich schleichend einstellt, löst dieses Stocken deines Motors aus. Das kann sogar so weit gehen, dass du dich körperlich nicht mehr wohlfühlst, weil deine Energie blockiert ist und keinen Weg, kein Ventil findet zu fließen. Dieser Zustand kann eintreten, wenn wir massiv versuchen, eine andere Typenenergie zu leben oder zu sein. Dein Energiesystem zeigt dir dann deutlich, dass das eine Zeit lang gehen mag, aber du auf Dauer nicht dein höchstes Potenzial freisetzt. Nutze diesen Indikator als Zeichen dafür, dass du hier etwas ändern darfst, und finde einen Weg, deine Energie in die richtigen Bahnen zu lenken.

Häufige Glaubenssätze und Konditionierungen von Generatoren

Wir alle haben unsere Glaubenssätze – Muster, die wir uns früh angeeignet haben, damit es uns leichter fällt, uns in der Welt zurechtzufinden und für uns eine Art »Autobahn mit Leitplanken« zu entwickeln, auf der wir uns bewegen können. Diese Konditionierungen übernehmen wir für unser Leben. Glaubenssätze sind nur zu zehn Prozent durch unseren Verstand erkennbar und erklärbar. Ganze 90 Prozent unserer Glaubenssätze werden durch das Unterbewusstsein hervorgeholt, wenn wir sie benötigen. Achtung: Ein Glaubenssatz ist an sich nichts Schlechtes. Er kann jedoch limitierend wirken, wenn er veraltet und deinem Leben nicht mehr zuträglich ist. So übernehmen wir beispielsweise viele Glaubenssätze von unseren Eltern und Lehrern bereits aus der Kindheit, lösen diese aber im Erwachsenenalter nicht auf, wenn wir die Verantwortung für unser Leben übernehmen dürfen. Die Generatoren teilen häufig ähnliche Glaubenssätze und Erfahrungen, da es eine gemeinschaftliche Aufgabe ist, sich daraus zu lösen. In vielen Human Design Readings und mit diversen Ausbildungsmaterialien habe ich die häufigsten Glaubenssätze zusammengetragen, die natürlich nicht abschließend sind. Aber die folgende Übersicht mag dem Wiedererkennen und Verständnis dafür dienen, was die Herausforderungen für Generatoren sind und was sie unbewusst daran hindern kann, sich die eigene Energie zu erlauben.

Diese Glaubenssätze können lauten:
- Ich muss noch mehr tun, um gesehen und anerkannt zu werden.
- Ohne mich läuft es nicht.
- Ich mache nicht genug.
- Ich darf nicht Nein sagen.
- In der Gesellschaft ist nur dieser Weg anerkannt.
- Ich muss anders sein, damit man mich lieben kann.
- Ich bin noch nicht gut genug (erst, wenn ich Punkt X erledigt habe).

Mehr über die Glaubenssätze und wo diese sichtbar werden, erfährst du im Kapitel über die Zentren (ab Seite 201).

Herausforderung für Generatoren: Druck

Für den Generator ist es wichtig zu wissen, ob er sich Druck macht oder ob ihm Druck gemacht wird. In seiner Wahrnehmung kommt es ihm oft so vor, dass Erwartungen, die Meinung, das Weltbild anderer ihn unter Druck setzen, Dinge tun zu müssen. So entstehen Stress und eine Verpflichtung anderen gegenüber, die nicht aus ihm selbst rührt. Als Generator kannst du dich in Druck- und Stresssituationen immer fragen:

- Wer hat hier gerade den Druck?
- Was passiert, wenn ich den Druck rausnehme?
- Geht die Welt unter, wenn ich die Dinge heute nicht mehr erledige?
- Was passiert, wenn ich Nein sage?
- Kann das jemand anderes machen?

Eine gute Methode, um wahrzunehmen, ob du eigenen oder fremden Druck spürst, ist der Distanztest. Spürst du Druck, Unruhe oder Stress, wenn bestimmte Menschen in deiner Nähe sind? Ist der Druck auf einmal weg, wenn du an einem anderen Ort bist? Fühle in dich hinein, dann bekommst du eine Antwort. Finde ebenfalls heraus, warum dieser Druck sich auf dich überträgt (zum Beispiel durch Glaubenssätze). Im Idealfall bist du nämlich kein Druckschwamm, sondern kannst gut den Druck anderer von deinem unterscheiden. Andererseits ist der Generator in der Lage, nicht nur Druck zu spüren, sondern diesen anderen weiterzugeben. Der Generator darf verstehen, dass er ein hohes Tempo und Arbeitspensum bewältigen kann, wenn er mit Begeisterung bei der Sache ist, aber andere Typen bei seinem Tempo nicht immer mithalten können. Gerade als Führungskraft oder Elternteil mit Generator-Energie ist es wichtig zu verstehen, was andere Typen brauchen, wie sie leben, was ihr Rhythmus ist. Mit diesem Verständnis gelingt es ihm wunderbar, andere Menschen in Bewegung zu bringen und positiv zu motivieren.

Der Generator darf Nein sagen – als Entscheidung für sich

Vor allem darf der Generator erkennen, dass nicht die Welt auf seinen Schultern allein lastet. Generatoren nehmen sich dieses Gefühls gern an, um gebraucht zu werden. Es fällt ihnen schwer, Dinge liegen zu lassen, krank zu sein oder Nein zu sagen, wenn sie keine Kapazitäten und Ressourcen haben.

Darum bist du hier, lieber Generator!

Neben dem persönlichen Lebensweg und der Aufgabe, die durch das individuelle Chart eines jeden Menschen definiert sind, hat die Gruppe der Generatoren gemeinschaftliche, sogenannte kollektive Aufgaben zu lösen. Mithilfe ihrer Energie können sie Leichtigkeit und Heilung in die Welt bringen und kollektive Wunden, Denkmuster und »veraltete Dogmen« auflösen.

Grenzen setzen und Selbstermächtigung betreiben

Der Generator wird im Laufe seines Lebens häufig damit konfrontiert, Nein sagen zu müssen, um seine Grenzen zu wahren und seine innere Stimme nicht zu übergehen. Er darf lernen, dass ein Nein zu einer Sache oder Person immer ein Ja zu sich ist. Zuweilen aber lässt sich der Generator zu Dingen verpflichten, die gegen seine Natur gehen. Sehr schnell sagt er einfach Ja und gibt seine ganze Energie in Dinge, die ihn am Ende nicht nähren. Oft geschieht dies aus falscher Loyalität oder wird begründet mit »Der hat für mich aber das und das gemacht«, »Ich muss das jetzt tun«, »So muss man das machen«, »Ich bin verantwortlich dafür«. Das Wichtigste ist aber zu verstehen, dass jedes empfundene Nein eine Selbstermächtigung ist und die Energie dorthin lenkt, wo sie wirklich hingehen soll und etwas bewirken kann. Durch diese täglichen Selbstfürsorge-Neins werden die Strukturen des Sklaventums auf unserer Erde unterhöhlt, die aktuell noch sehr stark spürbar sind. Viele Arbeitnehmer fühlen diesen Zwang täglich, wenn sie beruflich nicht ihrer Freude folgen. Der Generator darf anerkennen, dass er mit seiner Energie ein Umsetzer und sicher ein perfekter Arbeiter ist, aber er darf sich aus dem Konstrukt lösen, eine bloße Arbeitsbiene zu sein, die durch andere befehligt oder bestimmt wird. In der aktuellen Zeitqualität geht es nicht um Einschränkungen oder Dinge, die ich nicht darf, sondern darum, in die Selbstermächtigung zu kommen und das zu tun, was mir und meiner Lebensfreude entspricht. Speziell für den Generator gilt es, sich aus den Vergleichen zu lösen und Selbstfürsorge zu betreiben.

Sich aus dem Herzen verpflichten und dem Fühlen vertrauen

Der Generator als wahrnehmendes und reagierendes Wesen ist hier, um sich von Herzen zu verpflichten. Das bedeutet, dass er sehr gut wahrnimmt, welche Impulse, Anfragen, Ideen, Gedanken, Projekte ihn umgeben. Mit seiner positiven Ja Reaktion auf diese Einladungen folgt er dieser Sache von Herzen. Alle Generatoren dürfen aufs Neue wählen und dabei erkennen, ob sie sich von Herzen verpflichten oder aus anderen Beweggründen Entscheidungen treffen. Denn nur die positive Kraft der inneren Stimme wird den Generator mit sprudelnder Lebensenergie tragen und den Motor freudig arbeiten lassen.

Der Generator darf mit seiner wunderbaren Energie die Menschen unterstützen, wieder fühlende Wesen zu werden, die ihren Verstand als Werkzeug nutzen, ohne ihm die Führung des Lebens zu überlassen. Dazu hat der Generator seine sakrale Stimme, die er fühlen, spüren und hören kann. Der Körper des Generators zeigt ihm beim genauen Hinhören, ob die innere Weisheit ein Ja oder Nein fordert. Da wir als Menschen wieder lernen dürfen, dieser Weisheit zu vertrauen und unsere Verantwortung im Leben nicht an höhere Instanzen abzugeben, sondern selbst in die Hand zu nehmen, bedeutet es, dass jedes Vertrauen und Gespür für deine Wahrheit andere ermächtigt, in ihr Vertrauen zu kommen.

Das Leben leicht und freudvoll im Fluss halten

Der Generator hat – in einer falschen Selbstbeschreibung als »Arbeitsbiene« – abgespeichert, dass er im Leben hart schuften muss, um etwas zu erreichen. 50 bis 60 Stunden Arbeit pro Woche und ein Leben für die Karriere oder das Unternehmen sind keine Seltenheit. Die Aufopferung für Familie oder Arbeitgeber ist etwas beinahe Alltägliches für Generatoren. Der Generator darf aber erkennen, dass er der einzige Typ ist, der die Energie hätte, dieses Lebensmodell zu verwirklichen, wenn er seiner Freude folgt. Aber er muss es keinesfalls tun, um erfolgreich, erfüllt und glücklich zu sein. Generatoren müssen ihre Energie in Bewegung bringen. Das bedeutet aber, dass jeder Generator seinen ganz persönlichen, erfüllenden Weg finden darf. Diese Dogmen aufzubrechen und dabei seiner inneren Stimme zu folgen, ist für das Kollektiv wichtig, um in die Selbstwirksamkeit zu kommen.

Generatoren sind hier, um das Leben für uns alle im Fluss zu halten und uns vorzuleben, wie wir uns diesem Fluss des Lebens und der Natur hingeben können. Ihre starke Verbindung zur Natur und ihr göttliches Urvertrauen zeigen uns vor allem eines: die Annahme des Jetzt. Egal, ob der Fluss voll oder trocken ist, ob er schnell fließt oder plätschert, ob Fische in ihm leben oder er sich sogar einen neuen Weg bahnen muss – der Fluss fließt unaufhörlich weiter, genau wie das Leben.

Die unbändige Fließkraft des Generators sorgt dafür, dass die Welt nicht in Stillstand und somit Tod versinkt. Die Energie des Generators nährt alles, was blühen soll.

Der Schmerz des Generators

Ein innerer Schmerz, den viele Generatoren fühlen, ist, dass sie sich nicht mehr spüren und nicht wahrnehmen, was richtig für sie ist. Dieser Schmerz liegt begründet in den Systemen, in denen wir aufwachsen. Dem Generator-Kind wird oft ein Weg vorgegeben, sodass es nicht herausfinden kann, was es eigentlich möchte. Es fügt sich einfach, denn als Kinder glauben wir, dass dem zu folgen, was andere tun und sagen, uns überleben lässt. So wird die innere Stimme leiser und die Kreativität verstummt schließlich. Dieser Schmerz zeigt sich im Erwachsenenalter immer dann, wenn man das Gefühl hat, dass zwar das Leben äußerlich schön und gut ist, aber die innere Flamme nicht nährt. Generatoren neigen dazu, absolute People Pleaser zu sein, es anderen also immer recht machen zu wollen. Gestützt wird dieses Verhalten von der Erziehung in unserem System, in dem wir lernen (nicht selten durch Strafe und Liebesentzug), dass wir nur liebenswert sind, wenn wir gehorchen. Dies zu erkennen, ist für den Generator wichtig, und er kann sich die folgenden Fragen stellen:

- Wo befriedige ich die Bedürfnisse anderer, aber bin unglücklich?
- Was fühlt sich als Pflicht in meinem Leben an?
- Habe ich Angst davor, dass andere mich nicht gernhaben, wenn ich etwas nicht oder anders mache, als sie es wünschen?

Der Generator ist zwar der, der auf das Leben und die Menschen reagiert und Dinge prima umsetzen kann, aber nur, wenn er das wirklich fühlt. Erzogen wurde er aber meist als gehorsamer Pflichterfüller. Der innere Kampf, der dadurch in ihm brodelt, ist spürbar und kann sich in Erschöpfungszuständen, emotionalen Ausbrüchen oder Passivität und Lustlosigkeit äußern.

Was kannst du in diesem Fall tun? Beginne, deine Bauchstimme wiederzuerwecken und zu tun, was dir Freude schenkt. Übe dich im Grenzenziehen und löse Aufopferungszustände friedlich auf. Beginne, dich wieder an die erste Stelle im Leben zu setzen, und wisse, dass dein Glück nicht davon abhängig ist, was du leistest oder wem du es recht machst.

Meine Bitte an Generatoren
Warte nicht nur auf physische Einladungen, über die du stolperst und die dein Verstand als solche bestätigt, um loszugehen. Schärfe deine Wahrnehmung im Hinblick auf Impulse, die aus morphischen Feldern direkt zu dir kommen, und nimm diese Einladungen an, denn sie erreichen dich nicht ohne Grund.

Denke zurück an Carl Gustav Jung, den Begründer der Analytischen Psychologie. Es gibt eine Art kollektives Bewusstsein, auf das Menschen unabhängig voneinander Zugriff haben. Einfach formuliert bedeutet es, dass eine Person in den USA eine Idee, einen Gedanken initiieren kann und dich dieser Impuls über das kollektive Bewusstsein erreicht. Dazu müsst ihr beide euch nicht kennen oder voneinander wissen. Aber du erhältst einen Impuls, eine neue Tür öffnet sich…

Wir wissen, dass es einem Generator schwerfallen kann, das Gesetz des Reagierens anzunehmen und auf den Ruf zu vertrauen. Und einem Generator zu befehlen, dass er nur reagieren darf, gehört für mich in den Bereich der negativen Psychologie. Vielmehr möchte ich das Bewusstsein dafür schärfen, welche Kraft und Schönheit in dem mitunter erlösenden Wahrnehmen und Reagieren liegen können. Ein Generator muss sich nicht gefangen fühlen in der Mühle des Wartens.

Es ist nicht selten, dass Generatoren ihr halbes oder ganzes Leben eine andere Energie leben, als ihre Essenz es vorgesehen hat. Ich stelle aber immer wieder fest, dass für viele meiner Generator-Klienten genau das nötig war, um ihre Energie zu erkennen oder um den tiefen inneren Ruf endlich wahrzunehmen. Es war ein Teil ihres persönlichen Begreifens und Aufwachsens, ein Teil des Seelenweges, entgegen ihrer Energie zu leben, teilweise leidvolle Erfahrungen zu machen, auszubrennen oder mit Frustration – dem Nicht-Selbst-Thema des Generators – konfrontiert zu sein.

Die Energie des Generators – Zusammenfassung
Lieber Generator, du bist das Wasser des Lebens. Du fließt wie ein Fluss oder Gebirgsbach dorthin, wohin dein Flow dich trägt, dahin, wo es sich gut anfühlt.

Ohne das Wasser, das uns fruchtbares Land beschert, würde nichts und niemand existieren. Denn erst deine Belebung der Dinge macht sie wirklich standhaft, stabil und unglaublich fruchtbar. Wenn dein Staudamm gesprengt wurde und dein Wasser, deine Energie zu fließen beginnt, dann wässerst du Rinnsale, Flussbetten und sogar Seen. Dieses einmal angeschobene Wasser sucht danach, weiterzufließen und Furchen auszufüllen, aufzuladen mit seiner Kraft. Du machst aus einem Schlammpfad, den der Manifestor eingetreten hat, eine Oase der Schöpfung und Fruchtbarkeit, denn du füllst alles aus mit deiner fließenden und lebendigen Energie.

Du bringst sprichwörtlich das Leben in die Dinge, überall da, wo der manifestierende Generator und der Manifestor einen Spaten in die Erde gestoßen haben. Ohne dich würden diese Furchen vertrocknen und kein Leben erblühen. An dir laben sich Menschen, Tiere und Pflanzen und kommen durch deine Energie in ihre Lebenskraft. Sie trinken von dir und dein Wasser im Körper der anderen bewegt das Blut in den Adern.

Sei dir deiner Stärke und Bestimmung gewahr
Ich weiß, es ist schwer zu erkennen, wann dein Energieschwall losbricht. Aber genau darin liegt deine Stärke, dann dorthin zu fließen, wo du dich wohlfühlst. Vielleicht fließt du manchmal als ruhiger Bach und in anderen Zeiten als Sturmflut, aber du fließt und hältst das Leben für alle unentwegt in Bewegung. Wir alle brauchen dich zum Leben. Ohne dich wäre das Leben sehr karg, eine vertrocknete Einöde mit vielen Wegen, die aber keiner füllt oder geht. Auch der Projektor und Reflektor haben wenig zu tun, wenn sie keine Landkarte der aktuellen Flüsse und Energien überblicken können; sie blickten ohne dich auf karges Land, auf Wüste.

Lieber Generator, wenn dein Staudamm nur einen kleinen Riss hat, dann merkst du, dass zwar ein Schwapp Wasser fließt, er aber nicht die Kraft hat, einen ganzen Fluss zu füllen. Dieser Schwapp versiegt, wenn kein Wasser hinterherkommt, weil dein Staudamm, dein Bauchgefühl nicht fühlt, dass es bereit ist, voll hineinzugehen. Du weißt, was passiert, wenn du mit einer Sturmflut über ein Feld jagst und versuchst, den Wasserweg zu lenken oder neue Flüsse zu erschaffen – es fällt schwer. Denn du bist für das Fließen hier, nicht für das Graben der neuen Flusswege. Deine Kraft versiegt sehr schnell und dein Wasser sickert in die Erde, wenn du versuchst, mit aller Kraft einen neuen Weg des Flusses zu bestimmen. Wenn man dir als Kind nicht erlaubt hat, dir deinen Fluss auszusuchen, den du füllen willst, dann kann es sein, dass es dir schwerfällt, heute den richtigen zu wählen.

Lass los und fließe mit dem Leben; dort, wo es dich hinzieht, gehörst du hin. Dort bist du richtig.

Nutze deine Kraft zum Fließen, damit du uns alle belebst. Fließe dorthin, wo es dich hintreibt und wo dein Wasser gebraucht wird. Versuche, darauf zu achten, wann der Punkt an dem Staudamm mit Leichtigkeit bricht und eine dauerhafte und fließende Energie freisetzt.

Du bist das Wasser zum Leben.

Verständnis durch Human Design

Die folgende Klientengeschichte aus meiner Praxis verdeutlicht die Generator-Energie in der Partnerschaft von Tom (Generator, Profil 1/3, sakrale Autorität) und Melissa (Manifestorin, 5/1, emotionale Autorität).

Als die beiden mich aufsuchten, stand die Beziehung an einem Wende- beziehungsweise Kipppunkt und sie baten mich um Unterstützung mithilfe des Human Design. Melissas Beschreibung war ungefähr so: »Es laugt mich aus, mit Tom zusammen zu sein. Er muss ständig etwas tun und erleben und ich will am Wochenende einfach Ruhe und Entspannung. Er versteht nicht, warum ich seinen Sport nicht mitmache, länger schlafe und mal allein sein will. Er macht heute dies und morgen das und fängt so viele Dinge an, die er nicht zu Ende bringt, das macht mich mürbe. Manchmal habe ich das Gefühl, er lässt die Dinge liegen, um mich zu ärgern. Ich habe das Gefühl, dass er vor Zweisamkeit flüchtet, indem er fast jeden Tag Sport macht. Wenn ich ihn frage, was er essen will, kommt ewig keine Antwort – es scheint so, als wisse er gar nicht, was er will, ich erlebe nur Desinteresse.«

Im näheren Gespräch mit Tom stellte sich heraus, dass er das Gefühl habe, dass Melissa keine Lust habe, mit ihm Dinge zu unternehmen – sie habe zu oft Nein gesagt. Er fühlte sich dadurch abgelehnt und würde sich zurücknehmen. Er glaubte sogar eine Zeit lang, dass Melissa einfach faul sei und er eine andere Partnerin brauche.

Die Lösungsansätze:
- **Verständnis für die sakrale Entscheidung des Generators**
  Melissa stellt Tom Ja/Nein-Fragen und gibt Ideen vor, sodass er direkt antworten kann. Möchtest du Fisch essen? Nein! Möchtest du Lasagne essen? Ja! So kommt die Manifestorin ins Initiieren und Tom ins Antworten. Und keiner hat mehr das Gefühl, dass der andere desinteressiert ist.
- **Verständnis für die sakrale Power bei Tom**
  Für Melissa war wichtig zu verstehen, dass Tom unbändige Energie hat, die er in sich generiert, und damit kaum Pausen braucht. Dass er sich und damit seine Energie mit Sport bewegen muss, um gesund und ausgeglichen zu sein, hat sie verstanden und sieht es nicht mehr als Flucht aus der Beziehung.
- **Das Nein als Generator nicht persönlich nehmen**
  Tom hat verstanden, dass das »Nein, ich will nicht mit« seiner Freundin eine Art der Selbstfürsorge ist und keine Abwertung seiner Person oder der gemeinsamen Zeit bedeutet. Jetzt kann er entspannt Dinge allein unternehmen, ohne sich dabei schlecht zu fühlen.
- **Verständnis bei Tom für den Rhythmus des Manifestors**
  Manifestoren brauchen längere Erholungsphasen und viel Zeit mit sich allein, sonst laugen sie schnell aus. Tom hat verstanden, dass Melissa nicht faul ist oder desinteressiert, etwas zu erleben, sondern dass sie diese Ruhephasen einfach braucht. Der Kompromiss lautet: Einen Tag am Wochenende bekommt Melissa für sich und am anderen Tag machen die beiden etwas zusammen.
- **Verständnis über das 1/3-Profil von Tom als experimentierender Forscher**
  Der Gamechanger war das Verständnis darüber, dass Tom mit seiner dauerhaften Energie und seinem Experimentierprofil die Dinge gar nicht zu Ende machen muss, sondern sie anfängt, um Erfahrungen zu sammeln. Für ihn ist das Anfangen und Ausprobieren wichtig. Er macht das also nicht, um Melissa zu ärgern, sondern aus seiner Natur heraus. Hier lautet der Kompromiss: Er hat eine Werkstatt bekommen, so bleibt die Wohnung experimentierfrei und er lässt dort nichts mehr herumliegen.

Eckpfeiler für Lebenskraft und Leichtigkeit als Generator

Die folgenden Stichpunkte können dir helfen, deine Generator-Energie in dein Leben zu integrieren und sie auszuleben:

- Folge deiner Strategie, zu reagieren, und nimm Einladungen wahr.
- Schärfe deine Sinne für deine individuellen Einladungen.
- Erinnere dich daran, dass das Leben ein Fluss ist und man in der Natur nicht scheitert, sondern nur wächst.
- Vertraue auf deinen sakralen Klick und die Zeichen deines Körpers; es ist deine Körperintelligenz, die spricht.
- Prüfe genau, was oder wem du dich in Freude verpflichtest und an welcher Stelle du dich »opfern« würdest.

Was ist für den Generator-Körper wichtig?

- Körperliche Bewegung – für den Generator eignet sich Bein- und Ausdauersport, weil er einen langen Atem hat und die aufgestaute Sakral-Energie über die Beine abfließen kann.
- Der Generator kann mit bewusster Atmung seine Energie lenken, fremden Druck wieder abgeben und sich ins Gleichgewicht bringen. Es eignen sich zum Beispiel Atemübungen, Meditation oder Yoga, um die Energie ins Fließen zu bringen.
- Den Körper wahrnehmen, der dir durch Symptome signalisiert, dass du nicht im Gleichgewicht bist, zum Beispiel durch Kopfschmerzen, Ziehen, Jucken, Stechen im Körper, Unruhe im Magen bei angestauter Energie.

Was sind Indikatoren dafür, dass Lebenskraft verloren geht?

- Müdigkeit, Erschöpfung, Elanlosigkeit bis hin zum Burn-out.
- Passivität.
- Lustlosigkeit, es »gerade so durch den Tag schaffen«.
- Unruhiger Schlaf, der nicht erholsam erscheint.
- Schwere und Traurigkeit.

Was bringt dem Generator Leichtigkeit?

- Der Mut, Nein zu sagen und die eigenen Grenzen zu wahren.
- Aufgaben, die ihn nicht mit Freude erfüllen, abzugeben.
- Die eigenen Ressourcen zu kommunizieren, damit er kreativ sein kann.

- Verstehen, dass er magnetisch ist, wenn er im Flow ist, für sich sorgt und so das anzieht, was er braucht.
- Verstehen, dass der Generator das Hier und Jetzt repräsentiert und ihm Grübeleien über Vergangenheit und Zukunft nicht zuträglich sind.
- Vertrauen, dass er die Last des Initiierens einfach abgeben darf.
- Ein Nein von anderen nicht als Abwertung der eigenen Person zu verstehen.
- Seine Anziehungskraft zu leben und spielerisch zu nutzen.

Beruf und Arbeit
- Der Generator kann ohne Unterlass arbeiten, aber nur, wenn er sich aus Freude einer Sache verpflichtet. Er sollte immer achtsam mit sich sein und Bewegung in seinen Alltag integrieren.
- Generatoren sind ideale Facharbeiter, Spezialisten in ihrem Bereich.
- Sie sind tatkräftige Unternehmer und Selbstständige, wenn sie eine höhere Sache – etwa eine Methode oder ein Produkt – gefunden haben, der sie sich mit einem großen Ja zuwenden.
- Der Generator als Führungskraft sollte darauf achten, dass er seinen Motor zum Motivieren und Mitreißen nutzt und nicht, um Druck aufzubauen und Stress zu erzeugen.
- Der Generator muss nicht hart arbeiten, er darf spielen und fließen und seiner Freude folgen.
- Stell deinen Kollegen, Kunden oder Klienten Fragen, sodass du auf die Antworten reagieren kannst.
- Erlaube dir, in dem Bereich Geld zu verdienen, der dich erfüllt.
- Positioniere dich sehr klar mit deinem Berufsbild oder deinem Tun, damit du deinem Streben nach Spezialistentum und Exzellenz gerecht werden kannst.

Wie gehen andere am besten mit dem Generator um?
- Sie stellen ihm Ja/Nein-Fragen.
- Sie kommunizieren, wenn sie viel Druck wahrnehmen.
- Sie geben ihm Freiräume für seine Kreativität und lassen ihn in seinem Fluss »generieren«, wenn er loslegt.
- Sie geben ihm Freiräume, seine Energie zu bewegen (zum Beispiel Sport).
- Sie verstehen, dass er aktiver und oft getriebener ist als andere Typen.
- Sie laden ihn ein, wenn sie seinen Motor nutzen wollen und Antriebskraft brauchen.

Wie geht man mit Generator-Kindern um?

- Generator-Kinder sind aktive Energiebündel; ermögliche deinem Generator-Kind Bewegung und die Freiheit, zu wählen, was es spielen, basteln oder entdecken möchte.
- Zu wenig körperliche Bewegung kann zu Energiestau und Frust beim Generator-Kind führen – achte darauf, dass das Kind die Möglichkeit hat, zu toben oder der Bewegung nachzugehen, die es braucht.
- Lade es ein und bringe es auf Ideen, gemeinsam etwas zu machen.
- Akzeptiere, wenn dein Kind aufgrund seines Bauchgefühls keine Lust mehr hat oder Nein sagt – es ist nicht persönlich gemeint.
- Lebe deinem Kind vor, was es heißt, Grenzen zu setzen und Nein zu sagen; nur so kann es das von dir lernen.
- Stell deinem Kind Ja/Nein-Fragen und versuche, es nicht zu überreden mit »Wir könnten ja eventuell, wenn du magst...«.
- Übe mit deinem Kind, die sakrale Reaktion kennenzulernen, und frage es direkt nach dem Ja oder Nein, wie sich das anfühlt oder anhört – manche Kinder brummen wirklich ein »Mmmhh...«.
- Wenn dein Kind das Emotionszentrum definiert hat (siehe Kapitel der Zentren ab Seite 201), dann gib ihm Raum für seine Emotionen und unterdrücke diese nicht. Zeig ihm, wie es die Emotionen rauslassen kann (Wutkissen, Stampfen, Wurfkiste).
- Ein Generator-Kind reagiert sensibel auf Strafen oder Aussagen wie »Wenn du nicht kommst, gehe ich allein«. Das suggeriert ihm, dass seine Bedürfnisse falsch sind. Finde einen Kompromiss und sei für dein Kind da.
- Unterstütze deinen Teenie/jungen Erwachsenen, seinen eigenen Weg zu gehen, etwa wenn es um die Berufswahl geht – gib auf Nachfrage Rat, aber zwinge ihn oder sie nicht in eine Richtung. Du kannst hier Fragen stellen, die deinem Kind helfen, eine Richtung zu finden.

So wirkt der Generator auf andere Menschen

Ein Generator wirkt:

- anziehend und einladend,
- offen und ehrlich,
- seine Freude wirkt ansteckend und mitreißend,
- für andere gut lesbar und greifbar,

- grüblerisch oder auch sprunghaft, wenn er seiner Freude nicht kompromisslos folgt,
- zu aktiv, weil er einfach gerne macht,
- hibbelig und unausgeglichen, wenn er seine Energie nicht körperlich bewegt,
- als habe er Kraft für alles und jeden,
- scheint keine Erholung zu brauchen,
- beleidigt, wenn er ein Nein persönlich nimmt.

Beziehung zu anderen Typen

Generator und Generator
- Ihr könnt euch gegenseitig motivieren und einladen.
- Gemeinsame Unternehmungen sind eher aktiv und nicht Chillen am Strand.
- Achtet darauf, euch nicht gegenseitig Druck zu machen.
- Nehmt ein Nein des anderen nicht persönlich.
- Ihr habt schier endlose Energie, wenn das Ja zu einer gemeinsamen Sache da ist.
- Fließt mit eurer Freude und genießt das Jetzt.

Generator und manifestierender Generator
- Lass dich einladen vom manifestierenden Generator.
- Nimm wahr und akzeptiere, dass der manifestierende Generator ein bunter Blumenstrauß ist, der oft Dinge anfängt, aber sie nicht zu Ende bringt.
- Akzeptiere das schnelle Tempo des manifestierenden Generators; wenn du eingeladen bist, kannst du problemlos mithalten.

Generator und Manifestor
- Lass dich vom Manifestor einladen und ein Feuer in dir entfachen.
- Stell dem Manifestor W-Fragen: »Was möchtest du?«, »Wo möchtest du hin?« et cetera.
- Berücksichtige, dass der Manifestor viele Pausen braucht und nicht deine Durchhaltekraft hat.
- Berücksichtige, dass der Manifestor seine Energie nicht zwingend so viel bewegen muss wie du.
- Du kannst dem Manifestor Motorkraft und Antrieb geben, wenn er es braucht und gerade wenig Kraft hat.

- Akzeptiere, dass der Manifestor öfter neue Ideen und Richtungen im Leben wählt.
- Berücksichtige, dass du nicht so schnell sein musst wie der Manifestor in hoher Energie – folge deinem Tempo.

Generator und Projektor
- Gib dem Projektor deine ungeteilte Aufmerksamkeit, wenn er spricht oder sich mitteilen möchte (oder sag ihm, wann du Zeit dafür hast).
- Zeig ihm, dass du ihn wertschätzt, indem du ihn einlädst, dabei zu sein, oder ihn nach seiner Meinung fragst.
- Verstehe, dass der Projektor am besten reflektiert, wenn er Dinge aussprechen kann – du darfst gern sein Vehikel zur Selbsterkenntnis sein.
- Gib dem Projektor Freiräume, in seiner Energie zu sein.
- Verstehe, dass der Projektor nicht zum Machen und Umsetzen hier ist und dies in keiner Weise Faulheit, Unwille oder Kraftlosigkeit darstellt.

Generator und Reflektor
- Vertraue auf ihn und seine Wahrnehmung.
- Er spiegelt dich in deinem Sein; nimm es nicht persönlich, sondern als hilfreichen Hinweis für deine Person.
- Gib dem Reflektor Freiraum, allein zu sein.
- Der Reflektor hat nicht deine Antriebskraft, du kannst ihn aber gut mitziehen und in Bewegung bringen, wenn notwendig.
- Folgt gemeinsam der kindlichen Freude und spielt, holt die inneren Kinder raus.
- Sorge für freudige Überraschungsmomente im Alltag.

Erfolg als Generator stellt sich ein, wenn ...

- du auf deine innere Bauchstimme hörst und den Verstand auf stumm schaltest,
- du deiner Freude aktiv folgst,
- dein Umfeld inspirierend für dich ist,
- du deinen Bereich des Expertentums findest und aktiv gestaltest,
- du mit Druck weise umgehen kannst und anderen keinen Druck machst,
- du deine persönlichen Grenzen kennst und diese kommunizierst,
- du in einen Schaffens-Flow kommst und dadurch magnetisch wirst für andere Menschen,
- du darauf vertraust, dass dein Inneres dich aus einem bestimmten Grund führt,
- du an erster Stelle in deinem Leben stehst,
- du deine Bedürfnisse klar kommunizierst.

MANIFESTOR
Die Energie der Einzigartigkeit und Freiheit

INITIATOR UND VISIONÄR
Impulsgeber für die Welt

Deine Visionen verändern die Welt

Typbeschreibung, Strategie, Merkmale und Besonderheiten

Manifestoren sind die Visionäre und Impulsgeber unserer Welt und machen etwa neun Prozent der Weltbevölkerung aus. Sie tragen die Fähigkeit in sich, blitzschnell Impulse geben und neue Ideen entwickeln zu können. Kurz: Manifestoren haben die Idee, Pyramiden zu bauen, werden diese aber nicht planen oder gar selbst errichten. Sie entzünden den Funken bei den richtigen Menschen und entfachen somit ein Feuer durch ihre Begeisterung in anderen. Manifestoren sind absolut freiheitsliebende Menschen, die sich nur entfalten können, wenn sie sich frei fühlen in dem Bereich, in dem sie arbeiten und leben. Ich nenne den Manifestor auch gern:

- den Meister der Ideen und Zündfunken,
- die mitreißende Kraft der Veränderung,
- den provozierenden Trigger,
- Menschen, die Veränderung einleiten,
- Neudenker, Hinterfrager, Andersmacher.

Die Kraftquelle des Manifestors – seine Impulse

Der Manifestor ist ein absoluter Impulse-König. Das bedeutet, im Unterschied zu anderen Typen ist er in der Lage, beim Spaziergang durch den Wald Impulse zu empfangen, Ideen zu haben oder Gedankenkonstrukte so weit zu spinnen, dass daraus tiefgreifende, visionäre Ideen für die Welt entstehen. Nehmen wir als Beispiel das Auto. Wenn wir uns ein Auto vorstellen, das einen Zündschlüssel braucht, der umgedreht wird, woraufhin ein Zündfunke im Motor zustande kommt, dann wäre der Manifestor und seine Idee, sein Impuls genau dieser Zündfunke, der andere buchstäblich unter Strom setzt, in Bewegung bringt, anzündet. Der eine so gravierende Wirkung mit seinen Ideen und seinen Gedanken ausübt, dass andere loslegen können. Diese Kraftquelle, die der Manifestor besitzt, ist wichtig für unsere Welt, da wir durch ihre Impulse vorwärtskommen und uns weiterentwickeln können. Die Visionen, Gedanken und Ideen, die ein Manifestor im Inneren hat, ohne etwas dafür tun zu müssen, sind unbedingt notwendig. Deswegen nennt man den Manifestor auch Visionsgeber.

Der Weg, seine Energie nach draußen zu tragen: Sprechen

Die Besonderheit bei Manifestoren ist, dass sie eine sogenannte Motor-Kehl-Verbindung haben. Das bedeutet, ihr Kehlzentrum, also der Bereich, über den sie sprechen und ihre Stimme nach außen tragen, ist verbunden mit einem direkten Motor im Chart. Das kann zum Beispiel das Emotions- oder Herzzentrum sein. Das Besondere daran ist, dass diese Art emotionales Sprechen den Manifestor in die Lage bringt, Menschen mitreißen und begeistern zu können. Das bedeutet, der Manifestor spricht mit ihnen größtenteils auf der Herz-Ebene oder in der Emotion. Andere Menschen sind wie gebannt, wenn er spricht, und starren ihn an, hören ihm zu, sind immer bei ihm. Das geht so weit, dass manche Menschen sagen, Manifestoren seien eine Art vertraute Fremde, die man ganz kurz anschaut, bewundert, deren Impulse man aufnimmt, die dann aber wieder verschwinden. Die größte Kraft in dieser Kehle oder in diesem emotionalen Sprechen liegt darin, dass der Manifestor in der Lage ist, dadurch viele Menschen für seine Ideen zu begeistern. Er zündet sie sprichwörtlich über das gesprochene Wort an und sorgt dafür, dass diese Menschen auf ihn reagieren können – wie zum Beispiel Generatoren oder Projektoren – und seine Vision umsetzen.

Der Visionär plant die Pyramide, aber er baut sie nicht

Ganz wichtig ist es zu verstehen, dass die Hauptaufgabe der Manifestor-Energie darin besteht, Impulse zu setzen. Die Motoren der anderen anzutreiben, zu initiieren, Gedanken und Impulse wirklich hinauszutragen. Bildlich gesprochen hat der Manifestor die Idee, eine Pyramide zu bauen. Aber letzten Endes baut er sie nicht, sondern er gibt seine Vision dieser großen Pyramide, die alles verändern kann, an die Baumeister weiter, an die Menschen, die dafür gemacht sind, große Projekte über einen langen Zeitraum zu steuern, zu planen und umzusetzen. Dieses visionäre Verhalten bereitet dem Manifestor manchmal Schwierigkeiten im Alltag, weil unsere Welt nicht für Manifestoren ausgelegt ist. Wir lernen schon sehr früh, dass wir Dinge zu Ende bringen müssen, weil wir sonst nicht diszipliniert genug erscheinen. Der Manifestor ist jemand, der einen Impuls hat, vielleicht die ersten Schritte umsetzt, aber dann die Idee abgibt, die Tür schließt und zum nächsten Impuls weitergeht. Als Manifestor darf man lernen, dass es okay ist, Dinge abzugeben, wenn der Prozess der Initiation abgeschlossen ist. Zu wichtig sind die vielen

Impulse, die folgen wollen, aber nicht können, sobald man sich zwingt, an etwas dranzubleiben, was einen nicht mehr begeistert.

Die ambivalente und geschlossene Aura

Unsere Aura ist die Energie, die uns umgibt und unser Inneres spiegelt. Mit unserer Aura werden wir für andere greifbar und tauschen uns mit unserer Umwelt aus. Manifestoren besitzen eine geschlossene Aura und sind dadurch für ihr Umfeld oft nicht greifbar oder lesbar. Man spricht im Englischen von einer »Repelling Aura«, einer abstoßenden Aura, die andere Menschen nicht reinlässt und sie zunächst zurückweist. Viele Menschen beschreiben, dass sie Manifestoren als arrogant wahrnehmen, obwohl der Manifestor nur zu seiner eigenen Sicherheit eine geschlossene Aura hat. Warum ist diese geschlossene Aura gut für ihn? Damit er bei sich bleibt und seinen Impulsen folgen kann. Sie bewirkt, dass der Manifestor tatsächlich nicht zu viele Dinge oder Menschen in seinem Feld hat, sodass er seiner Hauptaufgabe folgen kann, seine Energie nach draußen zu tragen. Und das ist die Ambivalenz dieser Aura, denn macht der Manifestor die Aura auf, weil er im Modus des Begeisterns ist und Menschen mitreißen will, dann ist sie für einen kurzen Moment extrem energiegeladen, kraftvoll, sogar strahlend. Andere Menschen spüren förmlich seine Kraft und hohe Schwingung, wenn sich der Manifestor in einer Hochenergie-Phase befindet. Man hat als Manifestor manchmal das Gefühl, dass, wenn man in einen Raum kommt, die Menschen innerhalb eines Bruchteils von Sekunden entscheiden, ob sie dich lieben oder hassen. Dafür ist nicht zuletzt die Aura des Manifestors verantwortlich. Denn ist die Aura geschlossen, ist der Manifestor für andere Menschen nicht greifbar, sein Wesen nicht lesbar. Anders als etwa der Generator, den man sehr leicht in seiner Aura erfassen kann.

Der Manifestor ist wie ein Buch mit sieben Siegeln und nur er entscheidet, wann er dieses Buch öffnet. Den wenigsten Manifestoren ist ihre ambivalente Aura bewusst – sie wissen nicht, dass sie bewusst steuern können, ob sie Menschen mitreißen oder abstoßen. Bitte nehmt es nicht persönlich, wenn Menschen euch ablehnen. Wenn man etwas nicht greifen kann oder sich nicht sicher ist, lehnen die meisten Menschen es ab oder ziehen dagegen in den Kampf. Das erleben viele Manifestoren: Man kämpft gegen sie und er weiß manchmal nicht, warum er abgelehnt wird. Er ist nur da und merkt, dass er nicht willkommen ist und bekämpft wird. Im Unterschied zu anderen Typen gibt der Manifestor mit seiner Aura Energie nach draußen.

MANIFESTOR-STRATEGIE

Der Manifestor hat eine zündende, weltverändernde Idee.

Er informiert alle, die von den Konsequenzen seines Handelns betroffen sein könnten.

Er bekommt Zuspruch und die anderen Menschen können ihm folgen. Er rennt mit seiner Idee in Höchstgeschwindigkeit los.

Strategie: Informieren, aber nicht rechtfertigen

Jeder Typ bringt eine bestimmte Strategie durch seine Energie, die er in sich trägt, mit. Bei Manifestoren ist es die Strategie »Informieren«, die besagt: »Lass andere teilhaben an dem, was in deinem Kopf vorgeht.« Das bedeutet: Du informierst die anderen, dass du etwas tust oder vorhast. Du machst das allerdings nicht, um dich zu rechtfertigen oder um Erlaubnis zu fragen. Du informierst, um die Menschen, die dir wichtig sind oder die deine Entscheidung betrifft, mitzunehmen in deinen Prozess. Damit wird Ablehnung vermieden und es kommt keine Wut wegen Unverständnis auf. Die Strategie des Informierens ist für den Manifestor wichtig, weil er so vermeidet, dass eine Menge Frust in seinem Umfeld aufkommt. Je mehr der Manifestor informiert, desto mehr können die Menschen ihn in seinem Wesen annehmen und ihm folgen.

Schnellschüsse in der Tagesplanung

Manifestoren neigen dazu, in Blitzgeschwindigkeit Tagesabläufe umzugestalten oder nach ihrem Ermessen Pläne zu ändern. Das kann in einer Beziehung schon mal zu Schwierigkeiten führen. Inga, eine Manifestorin, fährt früh zur Arbeit und überlegt sich, dass es doch eigentlich eine gute Idee wäre, erst nachmittags mit dem Hund rauszugehen und am Abend die Freunde zum Essen einzuladen, weil der Kühlschrank so voll ist. Sie vergisst aber, ihren Mann und ihre Kinder über all das zu informieren. Inga freut sich also auf den Tag und kommt am Nachmittag nach Hause, geht mit dem Hund raus und bekommt dann einen Anruf von ihrem Mann. Ihr Mann sucht sie und sagt: »Hey, wo bist du? Die Kinder müssten eigentlich zum Sport. Wieso bist du mit dem Hund draußen?« Inga antwortet etwas ärgerlich: »Ja, ich dachte, dass das jetzt besser passt, wenn nachher die ganzen Freunde zum Essen kommen. Dann ist der Hund jetzt schon mal ausgelastet. Und ja, ich hatte jetzt Lust dazu.« Der Mann wünscht sich, dass er einfach nur informiert wird über das, was seine Frau tut, damit er weiß, dass er die Kinder zum Sport fahren muss. Und damit er nachvollziehen kann, warum seine Frau denkt, dass heute der richtige Abend ist, um Freunde einzuladen.

Für Manifestoren ist es unglaublich wichtig zu informieren, weil ihre Taten oder ihre spontanen Impulse und Handlungen meistens Auswirkung auf andere Menschen haben. An der Stelle ist der Manifestor verpflichtet zu informieren, damit mehr Balance in Beziehungen einkehrt und damit weniger Frust auf beiden Seiten entsteht. Diese Strategie des Informierens ist dazu gedacht, den anderen wissen zu lassen, was man tut, ohne tatsächlich zu fragen: »Darf ich das? Erlaubst du mir das?«

Wut als Indikator für Veränderung

Alle Typen bringen eine Art Indikator mit, der anzeigt: »Hey, es läuft hier gerade etwas nicht richtig in meinem Energiesystem.« Für den Manifestor ist es das Thema Wut. Das bedeutet: Immer wenn Wut aufkommt oder sich über einen längeren Zeitraum angestaut hat, ist das ein Zeichen dafür, dass an irgendeiner Stelle seine Energie stecken bleibt oder er sich nicht frei genug fühlt. Freiheit ist eines der wichtigsten Dinge für den Manifestor. Er muss wissen, dass er sich frei entfalten kann, dass man ihm nichts vorgibt oder diktiert oder ihn in seinem Wesen einschränkt. Sollte er in irgendeiner Art und Weise das Gefühl haben, dass ihm diese Freiheit genommen oder eingeschränkt wird, reagiert der Manifestor mit Wut, die er dann meistens in sich hineinfrisst. Wut kann auch entstehen, wenn der Manifestor zu schnell für alle anderen um sich herum ist und nicht darüber informiert, was er macht und was in seinem Kopf vorgeht. Die Ablehnung, die daraufhin bei anderen Menschen zustande kommt, weil sie ihn einfach nicht verstehen, ihm nicht folgen können in seiner Geschwindigkeit und mit seinen Impulsen, führt letzten Endes zu Wut beim Manifestor. Er fühlt sich unverstanden und in seinem Wesen abgelehnt. Diese Wut ist trotz allem ein wunderbarer Indikator und eine Hilfe für den Manifestor, weil er dann merkt, dass er entweder etwas in seinem Leben oder die Perspektive auf sein Freiheitsgefühl ändern muss. Oft kommt er zu dem Schluss, dass es besser gewesen wäre, die Menschen um ihn herum zu informieren.

Häufige Glaubenssätze und Konditionierungen von Manifestoren

Wie ich schon bei den Generatoren ausgeführt habe, werden ganze 90 Prozent unserer Glaubenssätze durch das Unterbewusstsein hervorgeholt, wenn wir sie benötigen. Jeder – grundsätzlich nicht per se schlechte – Glaubenssatz kann limitierend wirken, wenn er veraltet und deinem Leben nicht mehr zuträglich ist.

Manifestoren teilen häufig ähnliche Glaubenssätze und Erfahrungen, da es eine gemeinschaftliche Aufgabe ist, sich daraus zu lösen. In vielen Human Design Readings und durch diverse Ausbildungsmaterialien habe ich die häufigsten Glaubenssätze zusammengetragen, die ihn unbewusst daran hindern können, in seine Energie zu kommen.

Diese Glaubenssätze lauten:

- Ich bin nicht gut genug.
- Ich muss anders sein, damit man mich lieben kann.
- Ich bin zu laut.
- Ich bin zu impulsiv.
- Ich bin allein.
- Ich werde nicht gehört.
- Mein Licht wirft Schatten auf andere.
- Andere wissen, was gut für mich ist.

Manifestoren haben oft das Gefühl, People Pleaser sein zu müssen. Man sucht sich Menschen, die einem den Lebensweg vorgeben, Ratschläge geben und sagen, was gut für einen ist. Man möchte es anderen Menschen recht machen, nicht unbequem sein. Der Manifestor ist dazu da, um seine Impulse und Energie nach außen zu tragen und auch, um andere durch sein Wesen zu provozieren und dadurch Veränderung einzuleiten.

Herausforderung für Manifestoren: Freiheit leben

Die größte Herausforderung für Manifestoren ist es, ihre Freiheit zu leben und zu fühlen. Das heißt, sie sollten in ihrem Leben das Maß an Freiheit erschaffen, das ihnen guttut, und eine Tätigkeit ausüben, die sie diese Freiheit fühlen lässt. Manifestoren wünschen sich außerdem inneren Frieden. Das Problem ist, dass Manifestoren Trigger für alles und jeden sind und andere unbewusst durch ihre Art und ihr Wesen und ihre Aura provozieren. Dadurch leiten sie Veränderungen ein und geben anderen die Möglichkeit, zu reflektieren und mehr Bewusstsein zu erlangen. Das ist die Aufgabe der Manifestoren. Ein Mensch, der nach innerem Frieden strebt, aber ständig merkt, dass er andere durch sein Sein provoziert, kann aus der Balance geraten und Unsicherheit verspüren. Der Manifestor packt niemanden in Watte, sondern sagt, was er denkt, und zeigt, wer er ist. Das ist die größte Herausforderung für Manifestoren: zu akzeptieren, dass man diese

Energie der Veränderung ist und dass Menschen kategorisch Veränderungen oder Neues ablehnen.

> ### Deine Impulse verändern die Welt
>
> Manifestoren dürfen verstehen, dass ihr Licht andere nicht in den Schatten stellt oder dass sie ihr Licht nicht dimmen müssen, damit andere in ihrer Komfortzone bleiben und sich gut fühlen können. Manifestoren dürfen ihre Strahlkraft und ihre Größe annehmen, sodass in ihrem Inneren Frieden einkehrt. Egal, welche Entscheidung sie treffen.

Du, lieber Manifestor, bist der neue Hinterfrager. Eine deiner kollektiven Aufgaben ist es, die Welt weiterzuentwickeln und auf Dinge aufmerksam zu machen, die so, wie sie jetzt sind, nicht mehr funktionieren. Du sorgst dabei für eine Menge Aufruhr und machst dir nicht nur Freunde. Aber du bringst die Evolution voran und mehr Bewusstsein in die Menschheit.

Die Energie, die in deinen Impulsen und deinen Ideen steckt, ist die Energie, die wir auch Menschen wie Charles Darwin, Nikola Tesla, Isaac Newton und Albert Einstein zuschreiben. Alle diese Menschen hatten Impulse, die zum damaligen Zeitpunkt, als sie sie äußerten, keiner verstand. Sie wurden bekämpft, sie wurden ausgelacht, sie wurden verspottet. Aus heutiger Perspektive haben diese Veränderer Grundsteine für die moderne Welt gelegt.

Wenn du einen Impuls oder eine Idee hast, deren Umsetzungsmöglichkeit noch nicht greifbar ist, dann lass diesen Impuls nicht los, damit er irgendwann die Welt verändern kann. Halte daran fest, selbst wenn andere Menschen dich kleinreden oder »Das geht nicht!« sagen. Bleib dir treu, auch wenn es sich nicht gut anfühlt, ein provokatives Energiefeld zu haben oder Prozesse bei anderen anzustoßen, die im ersten Augenblick nicht immer positiv sein müssen. Du bist hier, um zu provozieren und Veränderung einzuleiten.

Balance zwischen Höchstgeschwindigkeit und Ruhephasen

Der Manifestor ist wie eine Rakete in Überschallgeschwindigkeit, wenn er in seiner High-Power-Phase ist und eine Idee, einen Impuls, einen Gedanken hat, den er gerne in die Welt bringen möchte. Wichtig dabei ist zu verstehen, dass der Manifestor für diese Geschwindigkeit und diese hohe Energie im Gegenzug enorm viele Ruhephasen und Zeit zum Aufladen braucht. Wie eine Rakete, deren Treibstofftank wieder gefüllt werden muss, bevor sie erneut starten kann. Das heißt, ein Manifestor ist in der Lage, die Energie in einem Raum, die für eine Gruppe oder auch für sich so hochzufahren, wie kein anderer Typ das je schaffen würde. Allerdings ist ein Manifestor nicht in der Lage, diese Energie über einen längeren Zeitraum aufrechtzuerhalten. Wenn ein Manifestor ein Seminar gibt, das zwei Tage dauert, hat er die Fähigkeit, einen unheimlich hochschwingenden energetischen Raum für diese Gruppe zu halten und zu kreieren. Er wird danach aber merken: Ich bin platt und brauche eine längere Ruhephase, um mich zu erholen, meine Kraftreserven wieder aufzuladen.

Deswegen ist eine Balance zwischen hoher Energie und langen Ruhephasen für Manifestoren wichtig. Die Energie des Manifestors ist der Zündfunke für andere. Diese denken, der Manifestor rast wie ein Roadrunner an ihnen vorbei. Andere Typen neigen oft dazu, bei diesem Tempo mithalten zu wollen, wozu sie aber nicht da sind. Sie fragen sich: »Was macht er/sie jetzt schon wieder? Wo rennt er/sie schon wieder hin?« Aus diesem Grund sollte der Manifestor, wie bereits erwähnt, darüber informieren, was er tut, also einfach kurz Bescheid sagen, bevor er losrast, um die nächsten Dinge in Angriff zu nehmen.

Ruhephasen sind für den Manifestor essenziell, auch wenn wir so erzogen worden sind, dass wir wie Generatoren dauerhaft an etwas dranbleiben sollen. Es fällt dem Manifestor aber schwer, etwas zu tun, das ihm keine neuen Impulse, Ideen oder Gedanken verschafft. Hinzu kommt, dass diese Ruhephasen mit dem klassischen System der Arbeitswelt und der 40-Stunden-Woche kollidieren. Der Manifestor ist im Prinzip dazu da, seine Impulse auf einer Bühne (bildlich gesprochen) zu präsentieren und zu befeuern und danach in den Urlaub zu gehen.

In einem Unternehmen beispielsweise kann der Manifestor der visionäre Chef sein, der eine Idee hat und zum Teammeeting einlädt. Er stellt seine Vision vor, motiviert, spricht emotional über das Thema, das ihn mitreißt. Er gibt Anweisungen und delegiert, wer die Pyramide bauen darf und wie das erfolgen soll. Nachdem dieses Briefing stattgefunden hat, schlappt der Manifestor in seinen Badelatschen raus und fliegt in den Urlaub, um sich zu erholen von dieser Impuls-Energie. In der Ruhe des Urlaubs kann er neue Impulse empfangen. Das bedeutet nicht, dass Manifestoren nichts umsetzen oder kein Durchhaltevermögen haben. Es ist nur die Beschreibung ihrer Grundnatur und zeigt, warum Manifestoren Probleme haben, wenn sie dauerhaft an Dingen arbeiten sollen, die nicht dazu führen, dass neue Impulse entstehen.

Die Welt ist nicht auf Manifestoren ausgelegt

Manifestoren als Kinder haben eine starke intrinsische Motivation, Dinge anders und neu zu machen, zu initiieren. Das heißt, sie brauchen niemanden, der ihnen Dinge zeigt oder Ratschläge gibt. Das, was Manifestoren brauchen, ist das Gefühl, frei zu sein in ihrem Willen und ihren Entscheidungen, sodass sie Dinge initiieren und ausprobieren können. Das Ideal eines kreativen und autonomen Menschen wird propagiert und als Erziehungsziel postuliert, aber die Erziehungswirklichkeit sieht anders aus. Zum einen, weil stille und fügsame Kinder »einfacher« zu betreuen sind, zum anderen, weil es nur wenige Manifestoren-Kinder gibt und sich die Erziehung nicht an der aufwendigeren Förderung dieser Kinder orientiert.

Das bedeutet: Den meisten Manifestoren wurden ihre Initiations- und Freiheitsflügel in der Kindheit und Jugend gestutzt. Das, was Manifestoren oft hören oder fühlen, ist, dass sie nicht hineinpassen, zu impulsiv sind; oder man wirft ihnen vor, dass ihr Lebensweg nicht geradlinig ist, sie nichts durchziehen. Sie sollten eine Idee umsetzen, bevor sie die nächste aufgreifen. Die wenigsten Manifestoren-Kinder erfahren liebevolle Begleitung oder werden in ihrem Wesen bestärkt.

Wenn wir die klassischen Kindergärten, Krippen und Schulsysteme anschauen, sehen wir dort immer sehr starre Regeln, die dazu dienen, dass viele gleichzeitig funktionieren. Einzigartigkeit wird nicht gefördert: »Du musst soundso lange auf dem Stuhl sitzen, darfst nur zu der Uhrzeit essen, dann und dann musst du schlafen. Du darfst damit nicht spielen, du darfst nicht laut sein, du darfst dich nicht über deine Kehle äußern. Du musst dein Licht dimmen, damit es den anderen gut geht.« Es ist das, was viele Manifestoren abgespeichert haben: Sie müssen anders sein, damit man sie lieben kann. Die wenigsten Manifestoren sind tatsächlich in ihrer Kraft und leben ihre »königliche Impuls- und Herrschafts-Energie«, wie ich es nenne, aus. Sie trauen sich kaum zu strahlen, ohne gleichzeitig Angst zu haben, jemand anderen zu blenden.

Akzeptiere deine Autorität und delegiere

Die Manifestoren werden bisweilen mit Gesetzen, Regeln, Autoritäten und Hierarchien in Konflikt geraten, denn sie lieben es, frei zu sein. Gerade in jungen Jahren wurde mir erzählt, ich müsse mich fügen, solle erst mal zehn Jahre arbeiten, bis ich jemand bin. Der Manifestor ist die Autorität, er führt an und spürt innere Freiheitskonflikte, wenn jemand ihm diktieren will, wie er zu sein, zu leben, zu arbeiten hat. Manifestoren sind dazu da, ihr eigenes Ding anzuführen – diesen Bereich dürfen sie sorgsam wählen.

Mit deiner besonderen Energie bist du nicht der, der jahrelang Pläne macht und akribisch umsetzt. Du darfst lernen, abzugeben und zu vertrauen. Je mehr du versuchst, dauerhaft und diszipliniert ein und dieselbe Sache zu machen, desto schneller brennst du aus. Nimm an, dass dich der Wind deiner Impulse dahin treibt, wo es Veränderung und neue Ideen braucht, und gib deine Visionen ab an Menschen, die hier sind, sie zu beleben. Auch wenn du manchmal das Gefühl hast, dass du als Einzige/r alles kannst und genau so machst, wie es gut ist, sind es doch andere, die ihre Energie hineingeben dürfen, damit deine Impulse leben können und dauerhaften Bestand in der Welt finden.

Freiheit als Schlüsselgefühl

Manifestoren brauchen Freiheit oder müssen einen Weg finden, sich frei zu fühlen. Ein Manifestor möchte frei entscheiden, wann und wie er etwas tut, und es kommen Fluchtgedanken auf, wenn ihn etwas einengt – etwa Verträge, Verabredungen, Freundschaften, Beziehungen, Regeln, Gesetze et cetera. All dies ruft in ihm das Gefühl aus, dass er sich fügen und sein Wesen eindämmen muss. Ich rate Manifestoren, nicht sofort Tabula rasa zu machen, sondern hinzuschauen, warum sie sich nicht frei fühlen. Oft muss man gar nicht den Vertrag auflösen, aber die Konditionen anpassen oder die Perspektive ändern, um sich frei zu fühlen.

Darum bist du hier, lieber Manifestor!

Neben dem persönlichen Lebensweg und der Aufgabe, die durch das individuelle Chart jedes Menschen definiert sind, hat die Gruppe der Manifestoren gemeinschaftliche – kollektive – Aufgaben zu lösen. Mit ihrer Energie bringen sie Leichtigkeit und Heilung in die Welt und können kollektive Wunden, Denkmuster und veraltete Dogmen auflösen.

Größe muss nicht blenden und nicht dominant sein

Manifestoren bringen die kollektive Aufgabe mit, in die Einzigartigkeit des Seins einzusteigen. Das bedeutet: Je heller du strahlst, bei dir bist, deiner Intuition und deinen Impulsen folgst, desto größer ist dein Mehrwert für andere Menschen, desto mehr Veränderung bewirkst du und desto intensiveres Feuer entfachst du in anderen. Das heißt, dein Strahlen kann und soll so hell sein wie möglich. Lerne, dass du andere damit nicht blendest oder sie in den Schatten stellst. Jeder Mensch ist für seine Emotionen verantwortlich und durch dein Strahlen inspirierst du andere, ebenfalls ihren Impulsen zu folgen. Du bist ein wichtiger Vorwärtsgeher, der den Menschen zeigt, dass man in sich frei werden und strahlen kann und anderen damit etwas Gutes tut. Die Manifestoren helfen uns, aktiv in das astrologische Zeitalter des Wassermanns einzusteigen, bei dem echte Individualität im Vordergrund steht. Eine Individualität, bei der sich keiner mehr mit anderen vergleichen oder messen muss. Eine Individualität, die wir in unserem ganzen Sein bereits in uns tragen.

Manifestoren bringen Projektoren in ihre Kraft

Laut Human Design wird der Projektor als neuer weiser Anführer auf Augenhöhe die Zügel in der Welt übernehmen. Die wenigen Manifestoren, die noch in den nächsten Jahren geboren werden, haben die Aufgabe, die Projektoren in ihre Kraft zu bringen, damit diese die weisen Anführer der Welt sein können. Im Kollektiv werden wir auf eine energetische Ebene gehoben, die Führung neu definiert. Das bedeutet: Wir entfernen uns von Hierarchien, Führung, Macht- und Kontrollkonstrukten, wie wir sie kennen. Es wird Potenzialentfaltung auf Augenhöhe stattfinden. Die wenigen Manifestoren, die jetzt noch hier sind, sind da, um als Vorreiter Bewusstsein für ihre Emotionen zu entwickeln und die alte Manifestor-Energie der radikalen und dominanten Herrschaft zu wandeln. Sie geleiten gleichzeitig die Projektoren in ihre Führungsrolle, indem sie durchaus bisweilen unsanfte und provozierende Anstupser liefern.

Der Zyklus von Anspannung und Entspannung

Der Manifestor hat kein gleichbleibendes Energielevel. Er folgt dem Prinzip von Anspannung und Entspannung. Das bedeutet: In seinen High-Energy-Phasen braucht er die Anspannung, um Dinge in Gang zu setzen. In der Entspannungsphase regeneriert er, indem er die Anspannung loslässt. Diese Phasen können unterschiedlich lang sein. Wichtig ist, dass der Manifestor spürt, wann eine Ruhephase beginnt, und ihr den entsprechenden Platz einräumt. Dieser Zyklus kann eine enorme Herausforderung für Manifestoren sein, denn sie neigen dazu, in Höchstgeschwindigkeit weiterzumachen, ohne sich um sich zu kümmern. Das Ergebnis ist meist, dass der Körper den Manifestor kurzfristig ausbremst oder er nach hoher Anspannung über einen zu langen Zeitraum ausbrennt. Der Manifestor zeigt uns so, dass wir nicht hier sind, um rund um die Uhr zu arbeiten, sondern dass wir alle unserem persönlichen Rhythmus folgen sollten und sich unsere Lebenswelten daran anpassen dürfen.

Vorbilder für Freiheit und emotionales Bewusstsein

Der Manifestor hat die Freiheit förmlich gepachtet und stößt uns darauf, wo wir uns innerlich unfrei fühlen. Er erkennt, wo seine Freiheit und die Freiheit des Menschen grundsätzlich eingeschränkt sind, und fordert uns auf, uns aufzulehnen und unsere innere Arbeit zu machen, aber auch im Äußeren mit Tatkraft Veränderungen voranzutreiben. Die wenigen Manifestoren, die auf diese Welt kommen (im Jahr 2050 werden es nur noch vier Prozent der Weltbevölkerung sein), sollen uns beibringen, wie wir emotionales Bewusstsein (EQ, emotionale Intelligenz) erlangen, um uns in uns frei zu fühlen. Sie fordern uns auf, uns nicht mehr einschränken zu lassen durch das, was draußen passiert und uns einsperrt. Denn in uns sind wir frei. Die Manifestoren zeigen uns, wie wir durch emotionales Bewusstsein zu innerem Frieden gelangen, ohne dass wir herrschen müssen.

Der Schmerz des Manifestors

Die Grundsignatur der Manifestoren ist Frieden. Das ist es, wonach sie streben. Ihre Aura und ihr Wesen sorgen allerdings permanent dafür, dass kein Frieden aufkommen kann, denn sie provozieren und triggern, oft unbewusst, mit dem, was sie sind und tun. Der Manifestor nimmt all seine Kraft zusammen und zeigt sich, leuchtet heller als andere und bringt Neues in die Welt. Er erntet aber nicht nur Beifall, sondern wird sehr oft zurückgewiesen, als falsch bezeichnet, beneidet oder sogar für seine vielen Ideen abgewertet. Sehr oft hört er in seinem Leben den Satz »Das kannst du doch nicht machen!«. Dabei wünscht er sich Frieden.

Dieser Widerspruch ist für Manifestoren eine lebenslange Herausforderung, denn der Schmerz, der sich einstellt, wenn andere ihn oberflächlich beurteilen, geht tief. So holen ihn die Konditionierungen der Kindheit ein. Er zweifelt, ob es gut ist, intrinsisch motiviert loszugehen – die anderen folgen ihm vielleicht nicht oder lassen ihn letztendlich stehen. Der Manifestor lernt, dass sein Wesen falsch ist, und dimmt sein Licht. Aber er darf verstehen, dass er andere triggern mag, aber dies geschieht, um Weiterentwicklung zu bringen. Er sollte diese Anfeindungen und Widerstände nicht persönlich nehmen, sondern an seinen großen Visionen festhalten. Manifestoren können durch ihr Wesen Wandlungen des Freundeskreises, der Partnerschaft erfahren, weil sie sich immens schnell entwickeln und weitergehen, während andere nicht folgen. Dieser Schmerzpunkt, dass man an nichts und niemandem festhalten kann und somit falsch sein muss, sitzt in den Manifestoren sehr tief. Dazu gehört, dass ein Manifestor um sich schlägt, wenn er Angst hat, in seinem Wesen gesehen zu werden. Wenn er zuerst zuschlägt, entscheidet er den Kampf für sich. So neigen viele Manifestoren dazu, als eine Art Vorverteidigung verbal zuzuschlagen, wenn sie Ablehnung spüren, ihr Wesen oder ihre Ideen infrage gestellt werden. Was nach Dominanzwillen oder Herrschsucht aussieht, ist oft ein Schutzmechanismus, um Verletzungen wie in der Kindheit zu verhindern.

Meine Bitte an Manifestoren
Viele Manifestoren merken schon als Kinder und später als Jugendliche und Erwachsene, dass sie anders sind als andere. Sie haben das Gefühl, nicht auf diesen Planeten zu gehören, fühlen sich wie Aliens, weil sie andere Impulse und Visionen und einen anderen Blickwinkel auf die Welt haben. Sie tun sich schwer mit Autoritäten, weil sie selbst eine sind. Und deswegen meine Bitte an alle Manifestoren: Lerne, Vertrauen in dich zu haben und in deine Hände. Lerne, deinen inneren Ruf lauter werden zu lassen. Deine Hände haben die Kraft, dir Freiheit zu geben, die Impulse freizusetzen, die die Welt verändern. Lerne, dich in deine Hände zu begeben, unabhängig von dem, was andere für dich als richtig oder falsch erachten. Unabhängig von dem, was andere für dich als sicher oder unsicher betrachten. Du entscheidest, in welche Richtung dein Leben geht. Dein innerer Ruf, der seit Ewigkeiten schon da ist, der dir sagt: »Du bist für etwas Größeres bestimmt«, ist richtig. Also begib dich buchstäblich in deine Hände. So wirst du so viele Menschen wie möglich anzünden und ein Feuer in ihnen entfachen, damit wir die größten und schönsten Pyramiden auf dieser Erde gebaut bekommen. Denn das funktioniert ohne dich, der seine Flügel ausbreitet, nicht.

Die Energie des Manifestors – Zusammenfassung

Manifestor, du bist sanft und ungestüm zugleich, du bist wie ein wilder Vollbluthengst, der die Zäune dieser Welt einreißt, um frei zu sein und in Windeseile zu galoppieren. Die Menschen sind fasziniert von deiner Stärke und Schönheit, und doch trauen sich die wenigsten, dich anzufassen, weil du so anmutig bist. Es gibt Menschen, die diese Anmut besitzen wollen und dich einsperren, doch sie verstehen nicht, dass damit auch deine Schönheit schwindet. Sie entfaltet sich nur, wenn du frei bist. Wenn du angetrieben von deinen Impulsen durch das Land jagst und dabei eine Welle der Inspiration hinterlässt.

Du weiser Pharao der neuen Zeit. Deine wichtige Aufgabe ist dir bereits in die Wiege gelegt, denn du sollst uns anführen und weise leiten. Die vielen Pharaos vor dir herrschten, weil sie sich eingesperrt fühlten und sich davor verschlossen, in ihrem Kern erkannt zu werden. Weil sie sich davor fürchteten, ihre Flügel wirklich auszubreiten. Sie scheuten sich davor, ihre Stimme sanft, empathisch und mitfühlend einzusetzen. Du als Pharao der neuen Zeit trägst dieses königliche Gen in dir. Die Menschen fühlen sich magisch angezogen von dir. Oft wirkst du nebulös und sie können dich nicht richtig greifen, aber du reißt sie mit. Deine Ideen sind oft nicht von dieser Welt und lassen Menschen entweder mit offenem Mund zurück, oder du begeisterst sie, mit dir zu kommen. Du planst die Pyramiden dieser Welt mit Menschen, die dich verstehen und deine Vision teilen, denn ohne dich gäbe es keine tiefe Vision einer veränderten Zukunft. Deine Ideen kosten Kraft, so viel Kraft, dass du Ruhephasen brauchst, um in dir zu regenerieren. Du bist gern mit dir allein, um Ruhe zu finden zwischen all den lauten Stimmen um dich herum. Du führst und gibst ab, du führst und gibst ab.

Deine Aufgabe fühlt sich manchmal an wie eine Bürde. Die Menschen erwarten von dir durchgehende Führungskraft und fortwährende Impulse, die du aber nicht auf Knopfdruck abrufen kannst, sondern die nur zu dir kommen, wenn du im Genuss und Fluss mit dir selbst bist.

Oft missverstehen dich die Menschen und wollen dir deinen Weg weisen, denn sie haben ein solches Leuchten noch nie gesehen. Sie fühlen sich bedroht von dir und deiner Art und davon, dass du ihnen aufzeigen könntest, wo sie noch nicht frei sind. Sie bekämpfen dich und wollen dich kleinhalten – bis sie verstehen, dass du hier bist, um mit deinen Impulsen vor allem eins zu bringen: Frieden. Denn das ist deine Grundsignatur.

Dein Schmerz ist groß, denn du willst mit deinem Licht niemanden blenden. Irgendwann verstehst du, dass die Menschen, die du blendest, ohne dich gar nicht sehen können. Dein Scheinwerfer wird gebraucht, damit andere den Weg aus der Dunkelheit finden. Du weißt, dass du hier bist, um die Projektoren dafür bereit zu machen, dass sie deinen Job übernehmen – aber anders, auf Augenhöhe und weise.

Eckpfeiler für Lebenskraft und Leichtigkeit als Manifestor

Manifestor, dich wird keiner verstehen, der dich nicht erlebt hat. Und gerade weil du so wichtig für uns bist – hol dir deine Freiheit zurück, um deine Flügel so auszubreiten, wie du es brauchst, und fliege dorthin, wo es dich hinweht.

Was ist für den Manifestor-Körper wichtig?
- Ausreichend Ruhephasen nach High-Energy-Phasen.
- Längere Pausen allein in der eigenen Energie zum Auftanken.
- In den Körper kommen und aus dem Kopf/Kehlbereich heraustreten, beispielsweise durch Yoga, moderaten Sport, Massagen, Shiatsu, Meditation, Tanz.
- Regelmäßige Erdung und Verwurzelung durch Laufen in der Natur oder durch Tanz.

Was sind Indikatoren für fehlende Lebenskraft?
- Die Stimme wird schwächer (Heiserkeit, Halsschmerzen, Erkältung, Stimmbandentzündungen).
- Deine Funken springen auf andere nicht so leicht über wie sonst.
- Alles fühlt sich anstrengend und zäh an.
- Manifestoren können in tiefe Sinnkrisen rutschen und das Leben bis hin zur Depression verneinen.

Was bringt dem Manifestor Leichtigkeit?
- Das Gefühl von Freiheit (in allem, was er tut).
- Einen selbstbestimmten Tagesablauf zu haben oder größtenteils über ihn entscheiden zu können.
- Die Möglichkeit, frei und unbeeinflusst zu wählen, wie man sein Leben, Arbeiten, Lieben gestaltet.

- Offenheit anderer Menschen.
- Annahme seiner Ideen und Impulse.
- Toleranz und Akzeptanz seines schnellen Lebens, das öfter die Richtung ändern kann.
- Verständnis für Ruhephasen, die man allein verbringt.

Beruf und Arbeit
- Der Manifestor ist eine antreibende und zündende Kraft, die in klassischen Berufsbildern zu Hause sein kann, solange das Gefühl der Selbstbestimmung gegeben ist.
- Viele Manifestoren sind selbstständig und folgen damit ihrem inneren Ruf, in vollkommener Eigenverantwortung zu initiieren.
- Der Manifestor darf eine Tätigkeit wählen, bei der er genügend Freiräume erhält, sich zu erholen, etwa durch flexible Arbeitszeiten, Homeoffice, freie Zeiteinteilung.
- Für den Manifestor eignen sich Berufsbilder, die eigenverantwortliches Führen beinhalten, wie zum Beispiel Unternehmer, Geschäftsführer, Abteilungsleiter, Projektleiter, Bauleiter – aber auch eine Manifestorin als angestellte Floristin, die allein und kreativ den Laden schmeißt, kann sich wohlfühlen.
- Manifestoren kommen aktuelle New-Work-Modelle zugute, weil sie sich so freier fühlen und ihr Potenzial entfalten können.
- Wichtig: Freiheitsgefühl, Raum für Impulse und Entwicklung, offen sprechen dürfen, flache Hierarchien, keine Chef-Pleasing-Attitüde im Unternehmen, Kritikfähigkeit.

Wie gehen andere am besten mit dem Manifestor um?
- W-Fragen stellen wie »Was möchtest du?«, »Wohin möchtest du?«.
- Nicht vor vollendete Tatsachen stellen, das raubt ihm das Freiheitsgefühl, selbstbestimmt zu entscheiden.
- In den Entscheidungsfindungsprozess mit einbeziehen und auf die Impulse des Manifestors achten.
- Seine Impulse und Gedanken anhören und ihn nicht dafür verurteilen.
- Den Manifestor über die eigenen Impulse informieren.
- Ihn liebevoll daran erinnern, dass er informieren soll, bevor er losrennt.
- Seine Richtungswechsel im Leben akzeptieren und nicht persönlich nehmen.
- Nicht versuchen, ihn einzusperren oder mit anderen zu vergleichen.

Wie geht man mit Manifestor-Kindern um?
- So oft wie möglich »Ja, darfst du« sagen, wenn keine Gefahr droht.
- Ihnen das Gefühl von Freiheit (sie entscheiden, was sie tun) geben.
- Ihre individuellen Wege nicht kleinreden, beispielsweise wenn sie ein Spielzeug anders benutzen als vorgesehen.
- Das Kind ernst nehmen mit seinen Ideen.
- Wut bedürfnisorientiert und bindungsorientiert begleiten.
- Dem Kind zeigen, wie es seine Wut kanalisieren kann – Wurfbox, Aufstampfen, Kissen werfen et cetera –, sodass die Energie nicht feststeckt.
- Das Kind reden lassen, laut sein lassen: Manifestor-Energie geht über die Kehle nach außen.
- Das Licht, die Stimme des Kindes nicht ständig dimmen und ihm über den Mund fahren, sondern situationsangepasst auch mal laut quietschen lassen.
- Dem Manifestor-Kind regelmäßig Pausen anbieten. Frage: »Wollen wir ausruhen?« Oder: »Wollen wir ein Hörbuch hören?«
- Es ins Bett legen, solange es noch bereit ist zu kooperieren, und nicht, wenn es müde ist und dann seine Wut darüber herauslässt, dass es nicht frei entscheiden kann.
- So viele Situationen im Alltag wie möglich in »Freiheitsentscheidungen« umwandeln, etwa begeistert fragen, ob das Kind Mama hilft beim Einkaufen und dann gemeinsam gekocht wird, und nicht diktieren mit: »Wir gehen jetzt einkaufen. Du weißt, dass wir das machen müssen.«

So kann der Manifestor auf andere Menschen wirken
- Wie eine Ideenmaschine, die ständig neue Impulse und wandelbare Gedanken hat.
- Wie ein strahlender Stern, der unheimlich viel Energie hat.
- Wie ein Mensch, den man nicht gut greifen, lesen und einschätzen kann, den man sogar ablehnt.
- Unstet und nicht diszipliniert.
- Arrogant, wenn die Aura verschlossen ist.
- Als ob er über den Dingen stünde und eine königliche Ader hätte.
- Als ob er das Ruder immer in der Hand hätte und herrsche.
- Provozierend und triggernd.

Beziehung zu anderen Typen

Im Folgenden wird erklärt, wie der Manifestor mit den anderen Typen interagieren kann, wie sie sich ergänzen und dadurch fruchtbare Synergien und friedliche Beziehungen entstehen.

Manifestor und Manifestor
- Ihr könnt euch gegenseitig begeistern und beflügeln, das kann ein Feuerwerk der Ideen werden.
- Gebt euch gegenseitig Raum, damit ihr Kraft sammeln könnt.
- Akzeptiert, dass eure Energiephasen von Anspannung und Entspannung kollidieren können.
- Stellt euch gegenseitig W-Fragen.
- Informiert den anderen darüber, wo ihr hingeht und was ihr tut.
- Wenn Wut aufkommt, dann lasst sie verrauchen, bis ihr wieder klar seid.
- Kommuniziert offen eure Bedürfnisse. Frage dich: Was brauchst du?
- Akzeptiert, was der andere braucht, um frei zu sein (in Beziehungen, Freundschaften, beruflichen Verbindungen).

Manifestor und manifestierender Generator (MG)
- Ladet euch gegenseitig ein, Dinge zu tun.
- Manifestor, nimm ein Nein des MG nicht persönlich.
- Stell dem MG Ja/Nein Fragen.
- MG, stell dem Manifestor W-Fragen.
- Manifestor, nimm wahr, dass der MG ein bunter Blumenstrauß ist, der oft Dinge anfängt, aber sie nicht zu Ende macht.
- Akzeptiere das schnelle und dauerhafte Tempo des MG im Leben und dass du (Manifestor) mehr Pausen brauchst.
- MG, akzeptiere den Roadrunner-Modus beim Manifestor; du kannst ihn suchen, wenn er fertig ist.
- Informiert euch gegenseitig darüber, was ihr tut und vorhabt.

Generator und Manifestor
- Generator, lass dich vom Manifestor einladen und ein Feuer in dir entfachen.
- Stell dem Manifestor W-Fragen wie »Was möchtest du?«, »Wo möchtest du hin?«.
- Achte darauf, dass der Manifestor viele Pausen braucht und nicht deine Durchhaltekraft hat.

- Achte darauf, dass der Manifestor seine Energie nicht so viel bewegen muss wie du.
- Du kannst dem Manifestor Motorkraft und Antrieb geben, wenn er gerade wenig Kraft hat.
- Akzeptiere, dass der Manifestor öfter neue Ideen und Richtungen im Leben wählt.
- Achte darauf, dass du nicht so schnell sein musst wie der Manifestor in hoher Energie – folge deinem Tempo.
- Der Manifestor darf Dinge an den Generator abgeben und muss nicht alles allein machen.

Manifestor und Projektor
- Manifestor, lass dich durch den Projektor leiten und reflektieren, das ist seine Superkraft.
- Lass den Projektor im Hintergrund die Fäden für dich ziehen und gib Dinge an ihn ab.
- Lass dich vom Projektor in deinem Wesen und der Tiefe sehen.
- Gib dem Projektor deine ungeteilte Aufmerksamkeit und richte deinen vollen Fokus auf ihn, wenn er spricht oder sich mitteilen möchte.
- Zeig ihm, dass du ihn wertschätzt, indem du ihn einlädst, dabei zu sein, oder ihn nach seiner Meinung fragst.
- Verstehe, dass der Projektor am besten reflektiert, wenn er Dinge aussprechen kann – du darfst gern sein Vehikel zur Selbsterkenntnis sein.
- Gib dem Projektor Freiräume, in seiner Energie zu sein.

Manifestor und Reflektor
- Manifestor, vertraue auf den Reflektor und seine Wahrnehmung.
- Er spiegelt dich in deinem Sein; nimm es nicht persönlich, sondern als wichtigen Hinweis für deine Person.
- Gebt euch gegenseitig Freiraum zum Alleinsein.
- Reflektor, achte auf überwältigende emotionale Schübe durch den Manifestor und darauf, dass du dir genug Raum nimmst, um sie wieder abzugeben.
- Lass dich von den Ideen und Impulsen des Manifestors überraschen.

Erfolg als Manifestor stellt sich ein, wenn …

- du auf deine Impulse vertraust und diese an andere weitergibst,
- du erkennst, dass deine High-Energy-Phasen durch die Ruhephasen genährt werden (dein wichtigster Job ist es, in deiner Energie zu sein),
- du dein Ding machst, ohne nach links und rechts zu schauen,
- du dich frei fühlst, egal, ob du angestellt, in einer Beziehung oder selbstständig bist (das Gefühl ist dein Antreiber),
- du alles abgibst, was sich für dich schwer anfühlt und deine Inspirationskraft nicht nährt,
- du den Bereich findest, in dem du führen kannst,
- du deine Stimme und dein emotionales Sprechen einsetzt, um Dinge und Menschen zu bewegen,
- du nicht herrschst, sondern die Menschen im Bewusstsein mitnimmst und begeisterst,
- du anfängst, frei zu sprechen und deine Bedürfnisse zu äußern,
- du andere darüber informierst, was du tust und warum,
- du dir die Genehmigung gibst loszugehen.

MANIFESTIERENDER GENERATOR
Die Energie der Vielfalt und Lebenslust

POWERPERSON/MULTITALENT
Verbindet Welten miteinander

Du inspirierst und treibst uns an

Typbeschreibung, Strategie, Merkmale und Besonderheiten

Der manifestierende Generator, auch MG genannt, ist ein echtes Powerhouse, ein Multitalent und der bunte Blumenstrauß der Kraft und Inspiration. Etwa 31 Prozent der Weltbevölkerung sind MGs und verknüpfen ihre Kraft mit ihren vielen Ideen und Interessen und dem Drang danach, viele verschiedene Erfahrungen zu machen.

Der MG ist im Kern ein Generator mit der Besonderheit, dass er zusätzlich manifestierende Eigenschaften besitzt. Diese lassen ihn in einem hohen Tempo durch das Leben gehen und geben ihm die Möglichkeit, sich selbst »anzuzünden«, wenn er auf sein Bauchgefühl hört und auf das richtige Timing wartet. MGs sind in der Lage, in viele Themengebiete reinzuschnuppern und sich ihren Teil daraus mitzunehmen. Sie kreieren dadurch einen großen Schatz an Erfahrungen, der es ihnen ermöglicht, Welten miteinander zu verknüpfen und Neues zu erschaffen. Der MG ist ein bunter Hund, der gern auf seine Weise anders lebt und uns neue Blickwinkel verschafft. Er macht Vielfalt im Leben salonfähig. Ich nenne ihn auch gern:

- den unstillbaren Lebensdursthaber,
- den bunten Erfahrungsblumenstrauß,
- den Welten-Connecter,
- das Powerhouse, das kraftvolle Einzigartigkeit demonstriert,
- den Alleskönner und Ausprobierer,
- den eleganten Hochgeschwindigkeitszug,
- den Tänzer mit dem Leben und dem Divine Timing.

Kerndesign des manifestierenden Generators

Im Kern ist der MG ein Generator. Das bedeutet: Seine Hauptantriebskraft kommt aus seinem Motor, dem Sakralzentrum. Dieses Motorzentrum versorgt den MG mit einem dauerhaften Zugang zu Kraft und Energie. Ist dieser Motor einmal gezündet, dann läuft er wie ohne Unterlass. Dieser Antrieb steht einzig den Typen Generator und manifestierender Generator zur Verfügung. Für diese Motorkraft gilt: Je mehr ich meiner Freude folge, desto mehr nähre ich mich selbst und mein

Motor kann mit voller Kraft laufen. Für den manifestierenden Generator ist der Treibstoff seine Freude. Ist der Motor gezündet und folgt dieser Typ seiner Freude und seinem Bauchgefühl, dann ist ohne Unterlass Treibstoff da, um den Motor schnurren zu lassen – seine Lebensenergie ist unerschöpflich. Deswegen nennt man die MGs auch »Powerhouses«, denn sie tragen unerschöpfliche Energie in sich.

Initialzündung durch Bauchgefühl
Entscheidet der MG, dass er etwas tun möchte, und sagt zu einer Sache Ja, dreht er sozusagen den Schlüssel in der Zündung um. Ein klares Ja zu einer Frage oder einer Handlung, die der MG aus voller Freude setzt, gibt dem Motorzentrum einen enormen Anschub, der sich so leicht nicht mehr stoppen lässt. Für den MG ist es wichtig zu verstehen, dass ein Ja oder Nein absolut keine Verstandesentscheidung ist. Ein klares Ja oder Nein erhält der MG wie der Generator aus seiner sakralen Stimme, seinem Bauchgefühl, seiner inneren Wahrheit oder durch die Beobachtung seines Körpers. Diese Stimme antwortet auf die Fragen »Möchte ich das tun?« und »Bringt mir das Freude?«. Das zu beantworten, ist oft nicht leicht, da diese Stimme häufig eher ein leises, wohliges Brummen sein kann oder ein gutes Gefühl – was gern von dem lärmenden Kopf und seinen Vernunftgründen überlagert wird. Hier gilt es, achtsam zu sein, denn der Unterschied zwischen Verstand und dieser inneren sakralen Stimme ist, dass Letztere immer zum Besten für das eigene System und die Lebensaufgabe handelt. Die sakrale innere Stimme ist tief verbunden mit unserer Seelenintuition und frei von all den Konventionen, Glaubenssätzen, Ängsten und Blockaden, denen unser Verstand unterliegt.

Manifestierende Eigenschaften, wenn das Timing stimmt
Die große Besonderheit des manifestierenden Generators ist, dass er in der Lage ist, sich selbst zu zünden und zu begeistern. Durch seine manifestierenden Eigenschaften benötigt er nicht immer einen Zündschlüssel oder eine Einladung, sondern kann diese Zündung aus sich heraus kreieren. Er hat in sich eine Art Doppelinstanz, damit er richtig Fahrt aufnehmen kann. Diese Instanzen sind:

- Step 1: Idee wahrnehmen, die in einem entsteht oder von außen kommt.
- Step 2: Bauchgefühl und sakrale Stimme wahrnehmen (Will ich das machen – ja oder nein? Könnte mich das anzünden? Bringt es mir Freude?).
- Step 3: Zündende Kraftfreisetzung, wenn das Bauchgefühl stimmt.

Erst wenn beide inneren Instanzen zusammenwirken, kann sich die gesamte Energie dieses Zusammenspiels aus Funke und Motorkraft entfalten. Diese Power kann zu einem Feuerwerk werden und ist dazu da, um andere in Bewegung zu bringen und über einen längeren Zeitraum Energie für ein Thema zu haben. Der MG darf auf den Geschmack kommen zu entscheiden, ob es sich gut anfühlt, dem Impuls oder der Einladung zu folgen.

Die magnetische und mitreißende Aura

Der MG besitzt eine magnetische Aura und ist für andere gut lesbar. Die Aura passt sich seinem Krafthaushalt und seiner Stimmung an und ist in der Lage, Menschen mitzureißen und zu begeistern. Auch das Gegenteil kann der Fall sein: Wenn der MG in Frust und Wut unterwegs ist, spüren das die Menschen in seinem Umfeld sofort. Generell kann man sich merken: Je mehr der Motor läuft, desto größer ist das Strahlen und die magnetische Sogwirkung der Aura. Das wiederum zieht Menschen in unser Leben, die wir mitnehmen können und die sich vom MG angezogen fühlen. Der MG wirkt auf andere Menschen sehr interessant und durch seine manifestierenden Eigenschaften geheimnisvoll. Er ist greifbar und es macht Spaß, ihm beim Leben zuzusehen.

Ich nehme wahr, dass die Aura des MG wandelbar ist und nicht, wie im klassischen Human Design beschrieben, der Generator-Aura gleicht. In den Phasen, in denen der MG zündet oder Wut empfindet, zeigt seine Aura Merkmale der Manifestoren. Allerdings ist diese Energie nur zeitweise da und bei Weitem nicht so mächtig, wie es bei Manifestoren beschrieben wird. So können MGs durchaus arrogant erscheinen, oder wir spüren schlicht ihre königliche Ader.

Strategie: Bauchstimme abwarten, Gewissheit finden, loslegen

Die Strategie des manifestierenden Generators ist es, Gewissheit im eigenen Bauchgefühl zu finden. Für mehr Leichtigkeit im Leben kann er auf seine Reaktion oder seine Ideen warten, oder auf Dinge, die an ihn herangetragen werden.

Er wartet wie der Generator auf den Ruf aus sich selbst oder von anderen, um dann zu checken, ob er das möchte, und um, wenn ja, dann richtig loszulegen. Er bekommt also eine Art Einladung, auf die er reagieren kann, um seinen Motor anzuschalten. Diese Einladung muss man sich etwas weiter gefasst vorstellen, sie reduziert sich nicht auf die konkrete Frage eines anderen Menschen wie »Möchtest du mit mir essen gehen?«. Eine solche Einladung kann sein:

MANIFESTIERENDER-GENERATOR-STRATEGIE

Der MG hat eine Idee oder ihn erreicht eine Idee von anderen.

Er mobilisiert seine Kraft hinter diesem Ideenfunken.

Er prüft mithilfe seiner Bauchstimme, ob jetzt der richtige Zeitpunkt zum Losgehen ist. Ist die Ampel für diese Aktion rot oder grün? Ist es der richtige Zeitpunkt?

Bei einem JA setzt er enorme Energie frei und rennt los!

- ein Gedanke, den er in einem Buch liest,
- ein Lied, das er im Radio hört,
- ein Zeichen der Synchronizität (wie Wolkengebilde, Feder et cetera),
- gesprochene Worte anderer Menschen,
- schriftliche und mündliche Einladungen oder ein Telefonat,
- Fragen, die an ihn gerichtet werden,
- Ideen und Impulse, die er über die morphischen Felder wahrnimmt,
- Themen, die immer wieder auftauchen, in der Werbung, auf Schildern, in Geschichten im Bekanntenkreis.

Da der MG ein sehr hohes Tempo hat, wenn er loslegt, ist es wichtig, dass er andere informiert, was er tut. So beugt er vor, dass Menschen ihn ablehnen oder gar bekämpfen. Informieren heißt nicht, um Erlaubnis zu fragen oder sich zu rechtfertigen, sondern die Menschen im Umfeld mitzunehmen. Das führt zu mehr Leichtigkeit, weil sich andere von der Kraft und Geschwindigkeit des MG nicht mehr überfahren fühlen.

Was unterscheidet ihn vom Manifestor?

Der Manifestor ist der Pionier und gibt seine Impulse nach außen aus seiner starken intrinsischen Motivation, weil die anderen Typen diese Funken brauchen. Der Manifestor hat keinen Motor, den er zünden muss, sondern zündet die Motoren anderer. Das macht den Manifestor zum Impulsgeber und Visionär; er wäre aber nicht in der Lage, Dinge umzusetzen und vor allem über einen längeren Zeitraum Energie aufzubringen, wie es der MG kann.

Der manifestierende Generator ist in der Lage, eine Idee, die er hat oder die von außen kommt, mit voller Kraft und Tatendrang umzusetzen und – solange es Freude macht – dranzubleiben. Es erschöpft ihn nicht, eine Idee umzusetzen, wenn sie ihn begeistert, und er nimmt gern viele Menschen mit.

Der manifestierende Generator: Machen, wenn es kein anderer kann

Stell dir ein Unternehmen vor: Der Gründer ist ein Manifestor, der einmal eine visionäre Idee hatte. Der manifestierende Generator ist der Geschäftsführer, der von der Idee so begeistert ist, dass er mit voller Kraft die Geschäfte leitet. Der manifestierende Generator entwickelt neue Strategien und Ideen zum Produkt und teilt diese mit dem Team. Seine durch die anhaltende Begeisterung nahezu unerschöpfliche Energie bringt ihn in die Situation, dass er Prozesse anschiebt, Ideen im Unternehmen belebt, andere in Bewegung bringt und gleichzeitig seiner Freude folgen kann. Der Manifestor ist nur für große strategische Fragen oder ganz neue Ideen anwesend – die Arbeit an der Umsetzungsfront erledigt der MG voller Elan mit seinem Kraftmotor.

Das Multitalent verknüpft alle Ebenen

Ein manifestierender Generator begeistert sich für Ernährung, ist Familienvater und interessiert sich gleichzeitig für Vitaminsupplementierung und Spurenelemente in Lebensmitteln. Der manifestierende Generator taucht in verschiedene Welten ein und erkennt, dass man diese Dinge miteinander verknüpfen kann. Er entwickelt ein Nahrungsmittel für Kinder, das alle Spurenelemente beinhaltet und für mehr Gesundheit sorgt. Er hat nicht nur die Idee, sondern geht auch die ersten Schritte, nachdem er zu 100 Prozent sicher ist, dass ihn das begeistert. Die innere Ampel springt auf Grün. Die zündende Idee verbindet seine vielfältigen Interessensgebiete und er besitzt die Kraft, diese Vision in die Tat umzusetzen, das Produkt herzustellen und zu verkaufen. Das ist der Unterschied zum Manifestor; dieser hätte einen anderen Typen eingeladen, der die Schritte ab der Idee übernimmt, und wäre zum nächsten Impuls gehüpft.

Ein Manifestor kann unheimlich schnell sein mit seinen Ideen und Impulsen. Er hält diese Geschwindigkeit jedoch nur für einen kurzen Zyklus. Die Energiekurve steigt steil an, fällt aber schnell wieder ab. Der manifestierende Generator kann kontinuierlich ein schnelles Tempo an den Tag legen, weil ihm seine Kraftquelle zur Verfügung steht, wenn er einmal angezündet ist. Die beiden Typen unterscheiden sich also auch hier in der, nennen wir es: Stetigkeit.

Was unterscheidet ihn vom Generator?

Der größte Unterschied zum Generator ist, dass der MG sich eine Einladung zum Loslegen gibt, wenn der richtige Zeitpunkt gekommen ist. Wenn sich seine Energie aus Idee und Motor freisetzt, ist er nicht mehr zu stoppen. Seine Geschwindigkeit ist für Generatoren oft nicht greifbar und das Tempo, mit dem er sich von einem Themengebiet zum nächsten bewegt, ist für Generatoren manchmal schwer zu erfassen. Der MG ist ein »Mitnehmer« und auf diesem Planeten, um Gruppen im Umfeld oder sogar Menschenmengen zu begeistern und in Bewegung zu bringen.

Aus dem Blickwinkel meiner Erfahrung nehme ich die MGs eher als vielfältige Allrounder wahr, die zwar in Themen einsteigen, aber keine lebenslangen Spezialisten werden wie Generatoren. Sie hüpfen von einem Themengebiet zum nächsten und verknüpfen Welten. Allerdings kann die Intensität unterschiedlich ausfallen, je nach Ausprägung der anderen Details im Chart.

Frust und Wut als Indikator für Veränderung

Auch der MG hat einen besonderen Indikator, der ihm hilft zu sehen, dass er seiner Strategie nicht folgt und seine natürliche Energie blockiert. Dieser Indikator wird im klassischen Human Design das Nicht-Selbst genannt. Beim MG zeigt sich dies in angestautem Frust oder einzelnen Wutphasen. Dieser Frust kommt immer dann zustande, wenn die Energie nicht frei fließen kann und der MG auf der Stelle tritt, aber nicht weiß, warum es nicht funktioniert. Frust als Indikator ist immer ein Zeichen dafür, dass man seine innere Instanz (das Bauchgefühl, die sakrale Stimme) übergangen hat. Hier kannst du dich fragen:

- Habe ich mein Bauchgefühl übergangen und bin einfach losgerannt?
- Wie war mein Bauchgefühl zu dieser Sache, in der ich feststecke?
- Was hat mich angetrieben zu tun, was ich jetzt gerade tue?
- Was löst den Frust aus, der sich hier zeigt?

Viele MGs berichten, dass sie die Wut fühlen, die der Manifestor als Indikator hat. Diese Wut zeigt sich immer dann, wenn der MG nicht über seine Impulse informiert und andere Menschen ihm deswegen nicht folgen können. Die Ablehnung oder das Unverständnis anderer führt zu Wut. Dieser Indikator ist ein »Friendly Reminder«, eine freundliche Erinnerung daran, dass der MG die Menschen in seinem Umfeld über das informieren darf, was er als Nächstes plant.

Ein weiterer sanfter Indikator für blockierte Energie ist Erschöpfung, Müdigkeit, Ausgebranntsein. Erinnere dich an den Motor, der Treibstoff in Form von Freude braucht, um zu laufen. Je mehr Dinge du tust, die dir keine Freude bringen, desto weniger Treibstoff ist da, um deinen Motor (dich) zu nähren. Die Energie in dir nimmt ab und dein Motor gerät ins Stocken, bis er irgendwann komplett ausgeht. Diese Müdigkeit möchte dir sagen, dass du in deinem Leben etwas ändern beziehungsweise mehr Freude ins Leben hineinholen darfst mit Dingen, die dich nähren und dir Freude bereiten.

Häufige Glaubenssätze und Konditionierungen von MGs

Wie ich schon bei den Manifestoren und Generatoren ausgeführt habe, werden ganze 90 Prozent unserer Glaubenssätze durch das Unterbewusstsein hervorgeholt, wenn wir sie benötigen. Jeder – nicht per se schlechte – Glaubenssatz kann limitierend wirken, wenn er veraltet und deinem Leben nicht mehr zuträglich ist.

In vielen Human Design Readings und durch diverse Ausbildungsmaterialien habe ich die häufigsten Glaubenssätze für MGs zusammengetragen. Diese und ähnliche Glaubenssätze können uns daran hindern, uns unsere Energie zu erlauben und zu leben:

- Ich bin zu schnell.
- Ich muss langsamer machen.
- Ich muss mich anpassen.
- Ich scheitere, wenn ich etwas nicht zu Ende mache.
- Ich muss die eine Sache im Leben finden und dabeibleiben.
- Auf Menschen, die sich viel verändern, ist kein Verlass.
- Andere wissen, was gut für mich ist.
- Ich nehme mich zurück, um andere nicht zu blenden.

Mehr über die Glaubenssätze und wo diese sichtbar werden, erfährst du im Kapitel über die Zentren (ab Seite 201).

Herausforderung für MGs: Selbstvertrauen

Eine große Herausforderung ist es, die Bauchstimme und das richtige Timing für Impulse zu erfühlen und wahrzunehmen. Die Bauchstimme meldet sich etwa fünf Sekunden bevor der Verstand anfängt zu plappern oder die Emotionen Achterbahn fahren. Der MG darf üben, seinem Körpergefühl zu vertrauen und seiner Bauchstimme zu folgen, um mehr Leichtigkeit in sein Leben zu integrieren. Hierbei helfen Intuitionsübungen und die Hinweise am Ende des Kapitels.

Es kann gut sein, dass du eine Ausbildung abbrichst, weil dir einfach schon reicht, was du in den ersten drei Monaten mitgenommen hast. Verurteile dich nicht dafür, sondern denke an den bunten Blumenstrauß, in dem du alle deine Perspektiven und Erfahrungen miteinander verbindest. Für diesen Blumenstrauß sind einzelne Blumen wichtig, die du auf unterschiedlichen Wiesen und Feldern pflückst. Gib dir selbst die Erlaubnis, auf allen Wiesen deiner Welt zu tanzen, und zwinge dich nicht dazu, Dinge zu Ende zu bringen, für die du keine Freude mehr aufbringst.

Die eigene Vielfalt akzeptieren

Ein MG wird vermutlich im Leben nicht irgendwo ankommen. Das bedeutet nicht, dass er falsch ist oder nicht in sich ankommen kann, sondern dass er einen inneren Drang hat, immer Neues zu erfahren und das Leben auszukosten. Sein stetiger Wandel ist gleichzeitig sein eigenes Wachstum. Am einfachsten geht das, wenn man sich nicht in Schubladen steckt, die bestimmen, wie das Leben oder mein Weg zu sein hat. Damit hält sich der MG eine Menge Frust und Wut vom Leibe. Die Akzeptanz dessen, dass du die Vielfalt in Person bist und einen unstillbaren Durst nach Erfahrungen hast, wird dich immer mehr mit dir selbst verbinden.

Sich zu ermächtigen, die Richtung öfter zu ändern, kann für MGs eine große Herausforderung sein, weil so ein Kurs in unserer Leistungsgesellschaft angesehen wird als:

- Lebenslauf mit Lücken,
- chaotischer Lebensstil (»bekommt das Leben nicht in den Griff«),
- Unstetigkeit (»Ständig möchte er/sie etwas anderes«),
- Unzuverlässigkeit.

Der MG ist der Typ, der sich diese Ermächtigung an den Spiegel hängen sollte, denn er ist prädestiniert dafür, seinen Weg zu gehen und diesen anzupassen. Er ist hier, um verschiedene Menschen in verschiedenen Bereichen und Welten zu erreichen – dafür muss er sich aus dem Dorf wagen, in dem er aufgewachsen ist. Dem MG hilft es, wenn er aufhört, sich zu vergleichen, und explizit seinen inneren Instanzen folgt. Er darf sich sagen, dass seine Energie vielfältig gebraucht wird und es förmlich Egoismus wäre, wenn er nicht seinen Kurs ändern würde, um anderen damit zu dienen.

Darum bist du hier, lieber MG!
Neben dem persönlichen Lebensweg und der Aufgabe, die durch das individuelle Chart eines jeden Menschen definiert sind, hat die Gruppe der manifestierenden Generatoren kollektive Aufgaben zu lösen. Mit ihrer Energie bringen sie Leichtigkeit und Heilung in die Welt und können kollektive Wunden, Denkmuster und veraltete Dogmen auflösen.

Sicherheit in sich finden und Verantwortung übernehmen
Der manifestierende Generator darf uns allen eindrücklich zeigen, wie sich ein eleganter Tanz mit dem Leben einstellt, wenn wir auf das achten und hören, was in uns ist. Er verkörpert (wenn er seiner inneren Stimme folgt) Angebundenheit und tiefes Vertrauen in sich und sein Körpergefühl. Er ist unter anderem dazu da, uns zu zeigen, wie Schöpferkraft aus uns selbst heraus aussieht. Er weist uns darauf hin, dass wir Verantwortung nicht an andere abgeben können, damit sie Entscheidungen für uns treffen. Dieser Weg kann sich stürmisch anfühlen für den MG und ist doch so wichtig, damit wir alle begreifen, dass Erfolg und Leichtigkeit eintreten, wenn wir uns vertrauen, und dass unsere Hände die sichersten im Leben sind.

Projektoren bestärken und Generatoren mitnehmen
Die MGs als sanftere Form des Manifestors sind da, um die Projektoren in ihre Kraft zu geleiten und die Generatoren darin zu bestärken, ihren Flow zu finden. Der manifestierende Generator geht tatkräftig und als Beispiel voran und zeigt sich all denen, die jemanden brauchen, der sie dazu einlädt, in ihre eigene Energie einzusteigen. Der MG kann oftmals die Impulse der Manifestoren in die Tat umsetzen und ermöglicht so allen Menschen, diese zu verstehen.

> ### Die Vielfalt im Leben gesellschaftsfähig machen
>
> Der MG zeigt dem Kollektiv, dass das Leben keinem vorgeschriebenen Weg folgt, und fordert heraus, seinen Weg anzunehmen und zu tolerieren. Er zeigt, dass Vielfalt bedeutet, seinem Lebensplan zu folgen, und macht einen Lebensweg voller Richtungswechsel salonfähig. Der MG räumt mit Vorurteilen auf und tanzt von einer Wiese zur nächsten.

Der Schmerz des MGs

Der Schmerz des manifestierenden Generators ist es, fortlaufend Verurteilung zu erfahren für sein Wesen, das schnell und auch sprunghaft ist. Der MG kann dann dazu neigen, seinen bunten Blumenstrauß der Lebensvielfalt als verwelktes Chaos zu betrachten. Er möchte nichts inniger als Freude empfinden, Energie freisetzen, andere mitnehmen und in Bewegung bringen. Begegnet er aber wiederholt dem Unverständnis anderer Menschen und lässt er sich schließlich darauf ein, diesen Menschen zu glauben, hört er nicht mehr auf seine sakrale Bauchstimme und missachtet sein Timing. Diese Selbstaufgabe kann dazu führen, dass MGs sich andere Ventile suchen, um ihre überschüssige Energie freizusetzen. Nicht selten finden wir einen verdrossenen MG täglich im Fitnessstudio, wo er einem fanatischen Bewegungswahn nachgeht, der nicht mehr gesund ist. Viele MGs verfallen in Süchte, Hibbeligkeit oder komplette Resignation, wenn sie sich nicht erlauben, ihr Lebensfeuer freizusetzen. Darum ist es so wichtig, dass der MG seine Konditionierungen erkennt und ein Gefühl dafür bekommt, dass sein Wesen so ist, wie es ist: wunderbar sprudelnd, belebend und sprunghaft!

Meine Bitte an MGs

Bitte versucht nicht, euch als Generator oder Manifestor zu sehen oder euch zu vergleichen. Ihr seid der komplexeste Typ im Human Design und verbindet unterschiedliche Fähigkeiten dieser Typen miteinander. Ihr seid aber in eurer Energie weder mit dem einen noch mit dem anderen vergleichbar. Das ist der Grund, warum ich euch als fünften Typ darstelle und nicht den Generatoren unterordne, weil eure Aura eine andere Struktur besitzt als die der Generatoren.

Vermeide die Wartefalle, weil dir jemand sagt, dass du nicht agieren darfst. Wir sind alle in erster Linie selbstbestimmte Wesen. Deine Strategie soll dir das Leben leichter machen und dich nicht hemmen loszugehen. Warte nicht nur auf physische Einladungen, über die du stolperst und die dein Verstand als solche bestätigt. Schärfe deine Wahrnehmung im Hinblick auf Impulse, die aus morphischen Feldern zu dir kommen, und nimm diese Einladungen an, denn sie erreichen dich nicht ohne Grund. Ermächtige dich, deinen Ideen und Impulsen zu vertrauen, denn du hast alle Instanzen in dir, die dir sagen, ob die Zeit reif ist, um loszugehen.

Ich habe MGs immer als straighte, stolze, bunte, aber auch sehr feine, sensible, edle Paradiesvögel wahrgenommen, deren buntes Gefieder sie ausmacht und strahlen lässt. Nimm deine vielen Farben an und lebe sie aus.

Die besondere Energie des MGs – Zusammenfassung

Stell dir einen Rodler vor, der seinen Schlitten selbst anschiebt. Der Rodler weiß genau, in welche Richtung es gehen soll, und er bündelt all seine Kraft hinter dem Schlitten. Wenn der richtige Moment gekommen ist und das Bauchgefühl Ja zu etwas sagt, dann ist der Moment gekommen, in dem du explosiv deine Energie entladen kannst – du schiebst den Schlitten an. Die Rodelampel springt auf Grün und die freisetzende Kraft, die sich entfaltet, ist größer als bei allen anderen Energietypen.

Ein MG, der einfach losrennt, ohne die Bremse vom Schlitten zu lösen und obwohl die Ampel auf Rot steht, wird schnell ins Schlingern geraten. Er kommt ins Wanken und kann seine Kraft nicht komplett entfalten. Er schiebt und schiebt, aber so richtig in Fahrt kommt er nicht. Es entsteht eine Menge Frust, weil sich das übliche elegante und schnelle Gleiten nicht einstellt. Der Schlitten stottert, deine Energie verpufft; der Schlittenfahrer und der Rodelschlitten wollen unterschiedliche Dinge und sind nicht in Harmonie, im Einklang. Genau das ist gemeint mit »Divine Timing«: den Schub und die eigene Kraft wahrnehmen, sich sammeln, warten, bis die Ampel auf Grün steht, und ... go!

Wenn alle Faktoren stimmen, dann gleitest du grazil und superschnell die Bahn hinunter und reißt dabei alle mit, die am Rand stehen. Du ziehst die Zuschauer förmlich in deinen Bann, weil deine Eleganz, Geschwindigkeit und dein Divine Timing anmutig sind. Weil diese Kraft, die nun frei wird, andere inspiriert, auch auf die Rodelbahn zu gehen. Du wirst umjubelt und gefeiert, selbst wenn andere dich aufgrund deiner Geschwindigkeit mal aus den Augen verlieren. Kursänderungen sind ohne Probleme möglich für dich, wenn du im richtigen Moment deine Power loslässt. Weil alles im Einklang funktioniert. Und wenn es so weit ist, dann kann der Schlitten ausgleiten und der MG ruhig aussteigen, um sich eine neue Rodelbahn zu suchen. Denn das ist deine Aufgabe – neue Rodelbahnen zu entdecken und zu befahren; zu zeigen, dass es geht. Vielleicht wirst du den Menschen zeigen, dass man einen Hang hinuntergleiten kann, obwohl sich vorher niemand traute, es zu tun. Vielleicht wirst du mit einem Manifestor zusammen das Rodeln neu entwickeln. Dabei kannst du auf die Projektoren und Reflektoren vertrauen, damit sie dir zeigen, an welcher Stelle die Bahn noch Lücken aufweist.

Du genießt die Freiheit, die Rodelbahnen in deinem Leben neu zu bestimmen und uns die Vielfalt an Rodelmöglichkeiten zu zeigen. Und manchmal reicht es dir sogar, eine Bahn nur kurz von oben zu sehen und weiterzugehen. Denn in deinen Erfahrungsschatz, dem Buch über alle weltlichen Rodelbahnen, ist auch das wichtig – kurz reinschnuppern, die Bahn entlanggleiten, zur nächsten gehen. Damit sorgst du dafür, dass die Generatoren eine Spielwiese bekommen, um eine von dir ausgetestete Bahn für alle zugänglich zu machen.

Achte auf die grüne Ampel für deine Energie – denn dann bist du dein eigenes Perpetuum mobile, das uns andere, die wir am Rand stehen, jubeln lässt. Du verkörperst das Divine Timing.

Eckpfeiler für Lebenskraft und Leichtigkeit als MG

Die folgenden Stichpunkte können dir helfen, deine Energie in dein Leben zu integrieren und sie auszuleben:

- Folge deiner Strategie, mit deinem Bauchgefühl zu checken, ob es Zeit für deine Impulse oder für Impulse von außen ist und ob du das wirklich willst.
- Schärfe deine Sinne für deine individuellen Einladungen.
- Erinnere dich daran, dass das Leben ein Fluss ist und man in der Natur nicht scheitert, sondern wächst.
- Vertraue auf dein Bauchgefühl und nimm wahr, wann deine Ampel auf Grün steht.
- Prüfe genau, was oder wem du dich in Freude verpflichtest.

Was ist für den MG-Körper wichtig?

- Körperliche Bewegung – für den manifestierenden Generator eignet sich Bein- und Ausdauersport, weil er einen langen Atem hat und die aufgestaute Sakral-Energie über die Beine abfließen kann.

- Der manifestierende Generator kann mit bewusster Atmung seine Energie lenken, fremden Druck wieder abgeben und sein Gleichgewicht finden. Es eignen sich zum Beispiel Atemübungen, Meditation oder Yoga, um die Energie ins Fließen zu bringen.
- Der MG kann seine Energie über die Kehle herausgeben und sich Gehör verschaffen. Es hilft oft, über Dinge zu sprechen, laut zu singen oder laut zu schreien.

Was sind Indikatoren dafür, dass Lebenskraft fehlt?
- Sportsucht, fanatischer Bewegungsdrang.
- Lebensüberdruss.
- Passivität.
- Keine Initiationskraft.

Was bringt dem MG Leichtigkeit?
- Der Mut, die Dinge anders zu machen.
- Die Richtung zu wechseln, wenn es sich nicht mehr gut anfühlt.
- Verstehen, dass man magnetisch ist, wenn man im Flow ist, für sich sorgt und so das anzieht, was man braucht.
- Die eigene Anziehungskraft zu leben und spielerisch zu nutzen.

Beruf und Arbeit
- MGs sind Alleskönner und Ausprobierer.
- Sie dürfen oft den Beruf, die Ausrichtung ändern.
- Sie eignen sich hervorragend als Change-Manager und Zum-ersten-Mal-Macher.
- Sie gehen oft ihren eigenen Weg und benötigen ein gewisses Maß an Freiheit in der Anstellung.
- Sie können jede Position in der Berufswelt ausfüllen, wenn es sie dorthin zieht.

Wie gehen andere am besten mit dem MG um?
- Sie stellen ihm Ja/Nein-Fragen, damit er auf sein Bauchgefühl hören kann.
- Sie kommunizieren, wenn sie viel Druck wahrnehmen.
- Sie geben ihm Freiraum für seine Kreativität und lassen ihn seiner Vielfalt folgen.

- Sie geben ihm Freiraum, seine Energie zu bewegen (Sport).
- Sie verstehen, dass er aktiver und oft getriebener ist als andere Typen.
- Sie akzeptieren offene Baustellen und dass Dinge liegen bleiben.
- Sie laden ihn ein, wenn sie seinen Motor nutzen wollen und Antriebskraft brauchen.

Wie geht man mit MG-Kindern um?
- Genug Raum geben, damit sie sich bewegen können.
- Akzeptieren, dass sie beim Spielen sprunghaft sein können (fünf Minuten malen, dann zehn Minuten Haus bauen).
- Räumen Sie die Spielsachen nicht weg, es könnte sein, dass der MG seine Baustelle noch mal aufgreift.
- Ja/Nein-Fragen stellen, um das Bauchgefühl zu trainieren.
- Keinen Druck machen, dass sie Dinge zu Ende machen müssen.
- Zeigen, wie sie ihre Energie und Druck abgeben können, zum Beispiel durch Tanz, Beinsport, Wut rausstampfen.
- Akzeptieren, dass etwas abgebrochen wird, um etwas Neues zu beginnen.

So wirkt der MG auf andere Menschen
Ein manifestierender Generator wirkt ...
- anziehend und einladend,
- offen und ehrlich,
- mitreißend und mit Freude ansteckend,
- gut lesbar und greifbar,
- eventuell grüblerisch oder sprunghaft, wenn er seiner Freude nicht kompromisslos folgt,
- zu aktiv, weil er einfach gerne macht,
- hibbelig und unausgeglichen, wenn er seine Energie nicht körperlich bewegt,
- als habe er Kraft für alles und jeden,
- als brauche er keine Erholung,
- beleidigt, wenn er ein Nein persönlich nimmt.

Beziehung zu anderen Typen

Manifestierender Generator und manifestierender Generator
- Ladet euch gegenseitig ein.
- Hört auf euer Bauchgefühl.
- Gebt euch Raum, Dinge anzufangen, auch wenn es nicht dieselben Dinge sind.
- Nehmt ein Nein nicht persönlich.
- Nutzt die Kraft und Geschwindigkeit, Dinge umzusetzen, wenn euer beider Bauchgefühl stimmt.

Generator und manifestierender Generator
- Ihr könnt euch gegenseitig anzünden und einladen.
- Gemeinsame Unternehmungen sind eher aktiv als Chillen am Strand.
- Achtet darauf, euch nicht gegenseitig Druck zu machen.
- Nehmt ein Nein des anderen nicht persönlich.
- Ihr habt schier endlose Energie, wenn das Ja zu einer gemeinsamen Sache da ist.
- Fließt mit eurer Freude und genießt das Jetzt.
- Generator: Du musst nicht so schnell sein wie der MG, lass dich nicht unter Druck setzen.

Manifestierender Generator und Manifestor
- Lass dich vom Manifestor einladen und ein Feuer in dir entfachen.
- Stell dem Manifestor W-Fragen wie »Was möchtest du?«, »Wo möchtest du hin?«.
- Achte darauf, dass der Manifestor viele Pausen braucht und nicht deine Durchhaltekraft hat.
- Achte darauf, dass der Manifestor seine Energie nicht zwingend so viel bewegen muss wie du.
- Du kannst dem Manifestor Kraft und Antrieb geben, wenn er sie braucht.
- Akzeptiere, dass der Manifestor öfter neue Ideen und Richtungen im Leben wählt.
- Achte darauf, dass du nicht so schnell sein musst wie der Manifestor in hoher Energie – folge deinem Tempo.

Manifestierender Generator und Projektor
- Gib dem Projektor deine ungeteilte Aufmerksamkeit und richte deinen vollen Fokus auf ihn, wenn er spricht oder sich mitteilen möchte.
- Zeige ihm, dass du ihn wertschätzt, indem du ihn einlädst, dabei zu sein, oder ihn nach seiner Meinung fragst.
- Verstehe, dass der Projektor am besten reflektiert, wenn er Dinge aussprechen kann – du darfst gern sein Vehikel zur Selbsterkenntnis sein.
- Gib dem Projektor Freiraum, in seiner Energie zu sein.

Manifestierender Generator und Reflektor
- Vertraue auf ihn und seine Wahrnehmung.
- Er spiegelt dich in deinem Sein; nimm es nicht persönlich, sondern als dankbaren Hinweis für deine Person.
- Gib dem Reflektor Freiraum zum Alleinsein.
- Der Reflektor hat nicht deine Antriebskraft, du kannst ihn aber gut mitziehen und in Bewegung bringen, wenn notwendig.

Erfolg als manifestierender Generator stellt sich ein, wenn …

- du auf deine erste und zweite Bauchstimme hörst und auf die innere Ampel achtest,
- du aus innerer Überzeugung Dinge nicht mehr fertig machst, sondern zur nächsten Sache gehst,
- du deine Vielfalt und intuitive Verbindung von Wissensbereichen wie einen bunten Blumenstrauß mit der Welt teilst,
- du auf das Leben reagierst und die Wege wahrnimmst, die sich dir zeigen,
- du andere über dein Handeln informierst und sie mitnimmst,
- du elegant durch den Flow des Lebens gleitest und dadurch magnetisch und anziehend für andere bist,
- wenn du dir Vielfalt in deinem Sein erlaubst und dich nicht dafür verurteilst.

PROJEKTOR
Die Energie und Führung der neuen Welt

WEISER ANFÜHRER/HINTERFRAGER
Bricht und verändert den Status quo

Du bringst Licht ins Dunkel und führst uns weise

Typbeschreibung, Strategie, Merkmale und Besonderheiten

Der Projektor ist der weise Anführer und Koordinator für einzelne Menschen, für eine Gruppe, Gemeinschaft oder eine Sache. Etwa 22 Prozent der Menschheit sind Projektoren und damit tiefe Menschenkenner und Versteher. Dadurch, dass er den Menschen in seiner Ganzheit erfasst und sich in andere »einklinken« kann, ist es dem Projektor möglich, andere weise zu lenken und zu leiten. Menschen suchen ihn wegen seiner Erfahrung und Weisheit auf und bitten ihn um Rat, Wissen und Leitung. Mit seinem Blick auf das große Ganze erinnert er uns an unsere Wurzeln des Menschseins und daran, dass es unsere Aufgabe ist, zu sein und weniger zu tun. Er stellt die richtigen Fragen, die unbequem sein können, aber letztlich dem größeren Wohl dienen. Er sieht die Vorgänge zwischen den Vorgängen und kann enorme Effizienz herstellen, wenn er auf diese Prozesse aufmerksam macht. Wo es nötig ist, bricht er Denkmuster und Systeme auf, um einen positiven Wandel für den Menschen, die Gruppe oder Gemeinschaft zu bewirken und uns dadurch mehr Lebensqualität zu schenken. Er ist überdies in der Lage, Paradigmenwechsel friedlich zu begleiten und das Richtungsruder der Menschheit sanft umzulenken. Ich nenne ihn auch gern:

- den weisen Anführer,
- den Potenzial- und Effizienzmanager,
- den Menschenkenner,
- den Strippen-im-Hintergrund-Zieher,
- den Hinterfrager und Status-quo-Brecher,
- den fokussierten Erfasser des großen Ganzen.

Mehr Sein als Tun: Ein Nicht-Energie-Typ

Als Menschenkenner und Tiefenerfasser ist der Projektor sehr gut darin, Dinge zu sehen und sofort zu erfassen, etwa das Wesen einer Person, den Kern einer Sache oder ein vergessenes Detail. Er darf lernen, dass die Dinge, die er erkennt, nicht von ihm gelöst oder erledigt werden müssen. Er ist lediglich dazu da, sie aufzuzeigen. Er bringt seine Wahrnehmung dort ein, wo andere blinde Flecken haben.

Der Erkenntniselefant im Porzellanladen

Der Projektor erkennt beispielsweise, dass es seinem Partner mit Ordnung und Struktur wie beispielsweise einer aufgeräumten Wohnung besser ginge. Er ist aber nicht dazu da, für seinen Partner Ordnung zu schaffen, sondern um ihm aufzuzeigen, dass er sich so wohler fühlen würde. Der Projektor kann also abwarten, bis er gefragt wird: »Was meinst du denn, wie es mir besser geht?« Oder er kann fragen, ob seine Wahrnehmung gewünscht ist – ohne sich übergriffig einzumischen und zu sagen: »Du musst mehr aufräumen, dann hast du mehr Ordnung im Leben.«

Erkennen und Sehen: Effizienz aufzeigen

Der Projektor zeigt auf, wie es effizienter geht, damit andere Menschen mehr Lebensqualität erhalten. Das gilt auch für Businessprozesse oder bei Teamabläufen: Der Projektor sieht es, umsetzen dürfen die, die es betrifft. In seiner eigenen Welt neigt der Projektor dazu, ein hocheffizientes Leben zu führen und sich die Dinge so einzurichten, dass sie für ihn gut passen und er viel Raum für sich hat. Er lenkt den Fokus auf mehr Lebensqualität. Diese Expertise aus seinem Leben kann er an andere weitergeben.

Der Menschenkenner

Die wichtigste Fähigkeit des Projektors ist es, andere und alles, was zwischen gesprochenen Worten oder Handlungen liegt, zu erkennen. Der Projektor kann durch seinen ungeteilten Fokus auf jemanden herausfiltern, worum es eigentlich geht, und Rat geben. Der Projektor kann durch gezielte Fragen die Essenz des Gesagten filtern und Menschen eine Projektionsfläche für Klarheit und Effizienz bieten.

Die fokussierende und absorbierende Aura

Die Aura des Projektors ist so angelegt, dass er fokussiert seinen Blick auf etwas richten kann. Das kann sein:

- ein Mensch,
- eine Gruppe,
- ein Problem,
- ein Projekt,
- ein System,
- ein Prozess und vieles mehr.

Wichtig ist zu verstehen, dass seine Magie sich entfaltet, wenn er diesen Fokus als besondere Qualität aufrechterhält und sich vollkommen in das einklinkt, worum er gebeten wurde. Er absorbiert förmlich alles, was in seinen Fokuskanal gerät, und kann Experte für das werden, worauf er sich konzentriert. In Zeiten, in denen er sich weiterbilden möchte, kann er gezielt die Aufmerksamkeit auf ein Themengebiet lenken.

Den Fokus, den der Projektor auf etwas richtet, produziert er umgekehrt: Er zieht die Menschen an, die ihn brauchen. Wenn er seine innere Weisheit ausstrahlt, einfach ist und nicht versucht, die Menschen auf sich aufmerksam zu machen, wird er in den Fokus genommen. Seine Aura funktioniert also in zwei Richtungen und für ihn ist es am besten, dies nicht beeinflussen zu wollen.

PROJEKTOR-STRATEGIE

 Der Projektor kümmert sich um sich und seine Expertise, damit er wertschätzend von anderen gebeten wird, seine Perspektive zu teilen.

Der Projektor erhält eine Einladung von einer anderen Person, seine Wahrnehmung zu teilen.

Der Projektor hört, liest, sieht, spürt einen Impuls und merkt, dass dadurch in ihm etwas passiert.

Der Projektor folgt seiner Autorität und empfindet ein JA oder NEIN für das Gefühl, das die Einladung in ihm auslöst, und folgt diesem.

Strategie: Einladung/Wertschätzung abwarten, dann fokussiert einklinken

Die Strategie des Projektors ist es zu warten, bis andere ihn wertschätzend einladen. Kurz: Der Projektor darf darauf warten, dass andere Menschen aufgrund seines Wesens auf ihn zukommen und ihn bitten, dass er an etwas Teil hat. Er ist ein Nicht-Energie-Typ und besitzt kein Motorzentrum wie etwa der Generator. Er wartet auf den Ruf von anderen, aber nicht, um loszulegen und Kraft zu mobilisieren, sondern um sich einzulassen, sich zu beteiligen, seine Erkenntnisse zu teilen. Er wartet darauf, dass andere Menschen ihn einladen, sich einzuklinken, um sichtbar zu machen, was er wahrnimmt.

Auch hier muss man sich die Einladung etwas weiter gefasst vorstellen. Sie reduziert sich nicht auf die konkrete Frage eines anderen Menschen wie »Möchtest du mit mir essen gehen?«. Eine Einladung kann sein:

- ein Gedanke, den er in einem Buch liest,
- ein Lied, das er im Radio hört,
- ein Zeichen der Synchronizität (wie Wolkengebilde, Feder et cetera),
- gesprochene Worte anderer Menschen,
- schriftliche und mündliche Einladungen oder ein Telefonat,
- Fragen, die an ihn gerichtet werden,
- Ideen und Impulse, die er über die morphischen Felder wahrnimmt,
- Themen, die immer wieder auftauchen, in Werbung, auf Schildern, in Geschichten im Bekanntenkreis.

Verbitterung als Indikator für Veränderung

Das Schattenthema des Projektors ist die Verbitterung. Diese tritt immer dann ein, wenn der Projektor sich in seinem Wesen nicht gesehen oder wertgeschätzt fühlt oder er merkt, dass sein Rat nicht willkommen ist. Im Vergleich mit anderen Menschen, die vielleicht mehr umsetzen, kann eine tiefe Verbitterung über das Leben und eine Abwertung der eigenen Person eintreten. Diese Verbitterung ist ein Zeichen dafür, dass der Projektor:

- zu viel macht, was nicht seinem Rhythmus entspricht,
- sich ungefragt mitteilt und seine Perspektive äußert,
- das Gefühl hat, in seinem Wesen nicht gesehen zu werden.

Wie alle anderen Typen darf der Projektor diese Bitterkeit als Zeichen verstehen, dass etwas nicht rundläuft und er sich daran erinnern darf, welche Energie die seine ist.

Sich weiterbilden und Experte werden: Lebenslanges Lernen

Projektoren besitzen eine tiefe innere Weisheit und dürfen den Großteil ihres Lebens damit verbringen, das zu verstehen. Darum gilt für den Projektor: Lebenslanges Lernen und neue Erkenntnisse gehören zum Leben als Projektor. Sind Projektoren gerade nicht eingeladen, etwas für oder mit jemandem zu tun, dürfen sie dieser Einladung folgen, sich selbst zuwenden und Experte auf ihrem Gebiet werden. Durch ihren gezielten Fokus und ihre Tiefe erreichen sie oft einen Meisterstatus in ihrer Sache, ihrem Thema, das sie durchweg begleitet.

Häufige Glaubenssätze und Konditionierungen von Projektoren

Auch für Projektoren gilt: 90 Prozent unserer Glaubenssätze werden aus dem Unterbewusstsein hervorgeholt, wenn wir sie benötigen. Jeder – nicht per se schlechte – Glaubenssatz kann limitierend wirken, wenn er veraltet und deinem Leben nicht mehr zuträglich ist.

In vielen Human Design Readings und durch diverse Ausbildungsmaterialien habe ich die häufigsten Glaubenssätze für Projektoren zusammengetragen. Diese unvollständige Übersicht mag dem Wiedererkennen und Verständnis dafür dienen, was die persönlichen Herausforderungen sind. Folgende Glaubenssätze können uns daran hindern, uns unsere Energie zu erlauben und zu leben:

- Ich werde nicht gesehen.
- Ich werde nicht erkannt.
- Ich bin nicht wertvoll.
- Ich habe nichts zu geben.
- Ich bin nicht gut genug.
- Ich muss für Anerkennung hart arbeiten.
- Ich muss mich verstellen, um Liebe zu erhalten.

Mehr über die Glaubenssätze und wo diese sichtbar werden, erfährst du im Kapitel über die Zentren (ab Seite 201).

Herausforderung für Projektoren: Nur sein

Die wohl größte Herausforderung für den Projektor ist, sich in seiner Wesensart anzunehmen und nicht mit den anderen Typen zu vergleichen. Seine wichtigste Aufgabe ist das Achten auf die eigene Energie und Achtsamkeit mit sich selbst. Erst dann entfaltet sich die Projektor-Magie, und andere wollen ihn aufgrund seiner Expertise miteinbeziehen, um Rat fragen oder einladen. Der Projektor darf alle Glaubenssätze über »harte Arbeit« loslassen und für die Zeit bezahlt werden, die andere vielleicht als Nichtstun bewerten würden. Aus diesem Grund arbeiten viele Projektoren im High-Class-Beratungsbereich; sie bündeln ihre Energie für einige Stunden, um in der Freude grenzgeniale Dinge zu kreieren.

Bewusstsein über Kraftressourcen erlangen

Die Kraft des Projektor-Körpers darf gehegt und gepflegt werden. Voraussetzung dafür ist, sich spüren zu lernen. Frage dich: Wann ist dir etwas zu viel? Wo entsteht Druck? Was ist dein Flow im Tagesablauf? Der Projektor darf seine Kraftressourcen gut einteilen und vor allem effizient nutzen, damit sich seine Energie regenerieren kann. Er hat keinen dauerhaften Antriebsmotor, deswegen darf er gezielt schauen, wann Energie für etwas da ist.

Warten heißt nicht Langeweile oder Nichtstun

Das darf der Projektor unbedingt lernen. Eine Projektorin sagte einmal zu mir: Ich warte jetzt, ohne zu warten. Sie meinte damit, dass ihre Erwartungshaltung gehen darf, damit sie nicht angestrengt auf eine Einladung wartet. Wir sind gesellschaftlich so geprägt, dass wir immer tun müssen oder sollen. Der Projektor darf lernen, dass er nur durch sein Sein eine Menge für die Gemeinschaft tut.

Druck und falschen Antrieb im System erkennen und auflösen

Projektoren unterliegen oft starken Konditionierungen – die meisten haben gelernt, »generierende Manifestoren« zu sein und Dinge zu initiieren. Hier ist es wichtig herauszufinden, welche Energie dich als Kind geprägt hat und woher der Antrieb in dir kommt. Ist es, weil du Anerkennung um jeden Preis erhalten willst, und deswegen rennst und rennst du? Wir dürfen diesen falschen Antrieb entlarven und auflösen, erst dann kann der Projektor seinen Fokus vollständig auf Dinge richten.

Nicht einmischen, wenn du nicht gefragt wirst
Projektoren dürfen lernen, nicht alle ihre Erkenntnisse und Wahrnehmungen anderen ungefragt aufzuzwingen. Nicht nach jeder Erkenntnis muss eine Handlung folgen. Warte ab, bis die Menschen dich fragen, wie du das siehst. Dieses Thema ist eng verknüpft mit dem Schattenthema des Projektors – wenn er ungefragt mitteilt, was er sieht, wird er zurückgewiesen, und das löst Bitterkeit in ihm aus.

> ## Grenzen setzen, abgrenzen, reinigen – ausklinken
>
> Halte deine Energie und dein System sauber beziehungsweise grenze dich regelmäßig ab. Durch dein offenes Wesen nimmst du verstärkt die Energien und Emotionen anderer wahr. Auch deren Gedanken und Ängste können sich in dir verhaften. Grenze dich ab, schaffe dir deinen Raum, verbringe Zeit allein. Gib die Energien zurück an die anderen, damit du spüren kannst, wer du unter all diesen Schichten bist und was deine innere Stimme sagt.

Darum bist du hier, lieber Projektor!
Neben dem persönlichen Lebensweg und der Aufgabe, die durch das individuelle Chart jedes Menschen definiert sind, hat die Gruppe der Projektoren kollektive Aufgaben zu lösen. Mithilfe ihrer Energie bringen sie Leichtigkeit und Heilung in die Welt und können kollektive Wunden, Denkmuster und veraltete Dogmen auflösen.

Eine neue Zeit der Potenzialentfaltung bricht an
Deine weise Art der Führung bringt uns in das neue Zeitalter des Phoenix (siehe Seite 279f.). Du etablierst eine Führung auf Augenhöhe, in der Potenziale erkannt werden und eine Differenzierung der Menschen Normalität ist. Deine Sicht auf die Dinge ist schon die Sicht der neuen Zeit.

Durch dich dürfen wir uns daran erinnern, dass Sein der Sinn des Lebens ist und nicht das geschäftige Treiben. Dies demonstrierst du uns, indem du es vorlebst und mit uns teilst. Du strukturierst das System für uns neu und darfst als Wellenbrecher der Leistungsgesellschaft fungieren.

Verbesserer und Hinterfrager

Du erkennst durch deinen Fokus, was nicht dem Wesen des Menschen entspricht und ihn kaputtmacht. Deswegen ist es deine Aufgabe, uns zu zeigen, woran wir arbeiten können, um effizienter, gesünder und mehr wir selbst zu werden. Du kannst der Dorn im Fleisch sein, der sagt: »So geht das nicht mehr!«, und uns damit aufzeigt, wo wir unbedingt optimieren müssen, um wieder mehr Mensch zu werden. Du bist der Status-quo-Hinterfrager der Welt und leuchtest uns den Weg in eine neue Zeit.

Der Schmerz des Projektors

Der große Schmerz des Projektors ist die Ablehnung durch andere Menschen für sein Wesen und seine Sichtweise. Wenn er in seinem Schatten agiert und sich ungefragt mitteilt, dann lehnen ihn die Menschen sehr oft ab. Der Projektor zieht Rückschlüsse auf sich als Mensch, er denkt, dass er falsch ist und nicht seine Handlung. Dieser Schmerz kann in Projektoren sehr groß werden, denn auch dieses Muster stammt aus der Kindheit. Wir bekamen als Kind Anerkennung, wenn wir uns richtig verhielten, und speicherten ab, dass uns nicht wegen unseres Wesens Liebe geschenkt wurde, sondern wegen unseres Verhaltens, unseres Tuns. Aus diesem Grund versucht der Projektor auch als Erwachsener, andere zu beeindrucken, um Anerkennung für sein Handeln zu erlangen. Die Anerkennung, die ihn aber erfüllt, ist die aufgrund seines Wesens. Dieser Schmerz erklärt gut, warum Projektoren sich »totarbeiten« können, weil sie sich durch ihren Fleiß Anerkennung erhoffen. Selbst wenn diese erfolgt, füllt sie das aber nicht aus, weil das eigene Wesen nicht in der Gänze anerkannt wurde.

Meine Bitte an Projektoren

Ihr lebt in einer Welt, die aktuell von den Menschen fordert, ein »manifestierender Generator« zu sein. Wir sollten Kraft und Power ohne Ende haben, Leistung erbringen, hart arbeiten, um erfolgreich zu sein, an der Spitze stehen und Dinge initiieren. Doch ihr seid die neue Energie und verkörpert das komplette Gegenteil. Ihr zeigt, dass Erfolg in der Natur des Menschen liegt, man im Chill-Modus Karriere machen und an der Spitze stehen kann. Ihr zeigt, dass Erfolg nicht mehr das ist, was man im Außen sieht, sondern das pure Gefühl ist, zu sein und Freude zu haben an dem, was man tut. Auch wenn ihr euch oft fehl am Platz und missverstanden fühlt oder ihr denkt, es gäbe für euch keinen Platz und niemand sähe euch in eurem Potenzial – macht weiter. Wir sind gerade am Anfang eines großen irdischen Wandels, den viele von uns nicht sehen und spüren. Und ihr tragt die Energie in euch, die bereits in der neuen Zeit gelebt wird. Wir brauchen euch alle in eurer Strahlkraft. Gesteht euch zu, nicht leisten zu müssen, wie andere das tun. Räumt euch euren eigenen Rhythmus im Leben ein. Seht, an welchen Punkten Menschen euch um Rat ersuchen und eure Expertise einfordern – folgt diesen Türen, die aufgehen. Indem ihr mehr und mehr zu euch selbst werdet, tragt ihr wesentlich dazu bei, alte Systeme wie Schule, Finanzen oder Wirtschaft, die auf Kontrolle, Macht und Hierarchie aufgebaut sind, umzudenken und neu aufzubauen. Eure Mission ist groß, auch wenn ihr oft das Licht am Ende des Tunnels nicht seht. Dieses Licht und die Kraft der Umwälzung seid ihr!

> Ein beeindruckendes Beispiel dafür, dass nur eine Einladung im Leben reicht, um den Motor anzuwerfen, ist die Projektorin Angela Merkel. 1991 fragte Helmut Kohl die damalige Bundestagsabgeordnete überraschend, ob sie das Amt der Bundesministerin für Familie und Jugend übernehmen würde. Diese Einladung war der erste große Schritt auf dem Weg zu einer historischen Karriere.

Die Energie des Projektors – Zusammenfassung

Durch meine Arbeit mit unterschiedlichsten Projektoren hat sich die Energie des Projektors für mich immer so dargestellt wie die eines weisen Schamanen und Stammesführers, der im Hintergrund einer Gemeinschaft agiert. Dieser Schamane hat ein eigenes Zelt, seinen Raum, in den er die Menschen lässt, die ihn um Führung, Erkenntnis, Reflexion oder das Teilen seiner Erfahrung bitten. Dabei ist er durch seine hohe angeborene Sensibilität, Empathie und emotionale Intelligenz in der Lage, sich in seinen Besucher einzuklinken und zu fühlen, was das Gegenüber fühlt. Er schwingt in der Energie des anderen. Für mich ist diese Fähigkeit der Projektoren die Vorreiterenergie der Telepathie – wortloses Verstehen und In-Verbindung-Sein. Dabei verbindet sich der weise Stammesführer vollkommen mit seinem Gegenüber und sieht nach kurzer Zeit das große Ganze, das eigentliche Problem, den Kern dieses Menschen. Er erfasst ihn in seiner Ganzheit und Tiefe und ist in der Lage, Rat, Wissen, Lösungsvorschläge oder einen Raum zum Sprechen anzubieten.

Dieser weise Stammesführer stellt die richtigen Fragen im richtigen Moment und leitet andere durch ihren Erkenntnisprozess. Er stellt nicht nur bequeme Fragen an Menschen und Systeme, sondern solche, die Veränderung hervorrufen und Weiterentwicklung anstoßen. Andere Menschen suchen ihn auf, weil sie sein Wissen wertschätzen und spüren, dass die Erfahrungen des weisen Schamanen ihnen helfen können. Sie spüren, dass er einen tiefen Zugang hat zu anderen Dimensionen und Energien, zu Wissen, das Tausende Jahre zurückliegt. Auch wenn der Besucher nicht einordnen kann, was der Projektor fühlt und wahrnimmt, so spürt er doch auf einer tieferen Ebene, dass er ihm helfen und weise auf den richtigen Pfad führen kann.

Der weise Schamane wird von den Jägern und Kämpfern des Volkes (Manifestoren) aufgesucht, damit er ihre Gedanken sortiert, Klarheit bringt und ihnen sanft den eigenen Weg weist. Er wird aufgesucht von den Handwerkern und den Künstlern (Generatoren), damit er ihnen ihre Aufgabe verdeutlicht und ihnen zeigt, wo sie in eine Sackgasse laufen. Er wird aufgesucht von Menschen des Stammes, damit er ihre Perspektive drehen kann, wenn es nötig ist.

Ratgeber mit der Weisheit des Seins

Der weise Stammesführer wird gerufen, wenn es darum geht, einen Kampf oder eine Strategie zu planen. Mit seinem allumfassenden Blick sieht er viele Details, die nicht besonnen geplant sind. Er weiß, welche Aktion welche Reaktion auslöst und wie das Volk am besten geschützt und in Harmonie und Fülle geleitet werden kann. Er scheut sich nicht, Dinge zu hinterfragen und neue Wege einzuschlagen, wenn alte Denkmuster den Einklang gefährden.

Er erinnert die Anführer im Stamm an den Kern der Gemeinschaft und an die Kommunikation auf Augenhöhe, an die Gleichheit aller Lebewesen und greift ein, wenn emotionale Beweggründe die Gemeinschaft bedrohen. Ihm ist der Einklang des Lebens mit der Natur wichtig und er erinnert die anderen daran, wo sie herkommen, was ihre Wurzeln sind und dass das friedvolle Sein die größte Aufgabe des Menschen ist.

Er ist die meiste Zeit, angestrengtes Tun ist nicht die Aufgabe des weisen Schamanen. Er folgt seiner Energie, ist viel und gern mit sich allein und genießt es, das Leben anzusehen, zu beobachten und zu leben. Er verbringt viel Zeit fernab der Menschen in der Natur, um dafür zu sorgen, dass er klar und in seiner Energie bleibt. Es ist seine Hauptaufgabe, verbunden zu sein. Dadurch entwickelt sich eine magische Anziehungskraft. Seine Weisheit, bedachte Ruhe und Offenheit sind spürbar, wenn er in den Wald geht, den Kindern beim Spielen zusieht oder sich mit jemandem unterhält. Die Menschen in der Sippe suchen den Kontakt zum Schamanen. Viele empfinden ihn als faszinierend, magisch und manchmal etwas nebulös, trotzdem geht eine unsichtbare Anziehung von ihm aus. Er erinnert alle im Dorf daran, dass Lebensqualität und Zeit zum Sein die wertvollsten Güter sind, die wir haben. Deswegen ist er genial im Erkennen von effizienten Abläufen und Wegen, die mehr Lebensqualität verschaffen.

Er ist der, der das gesamte Volk insgeheim leitet und führt. Er steht nicht im Rampenlicht, er ist nicht dauerhaft präsent, aber er zieht die Fäden im Hintergrund sehr weise und bedacht zum höchsten Wohle der Gemeinschaft. Er ist direkter Ratgeber für den Anführer und gibt sein Wissen auf Nachfrage am abendlichen Feuer weiter. Er nimmt die Potenziale und Vitalität der anderen Menschen und Kinder wahr und erkennt genau, wer an welchen Platz gehört, wer welche Aufgabe hat, aber er wertet nicht. Er äußert sich dazu, wenn er gefragt wird, und teilt seine Wahrnehmung.

Eckpfeiler für Lebenskraft und Leichtigkeit als Projektor
Die folgenden Stichpunkte können dir helfen, deine Energie in dein Leben zu integrieren und sie auszuleben:

- Folge deiner Strategie, darauf zu warten, dass jemand dich um deines Wesens willen in einen Prozess integriert.
- Schärfe die Sinne für deine individuellen Einladungen.
- Etabliere deinen Rhythmus mit viel Zeit zum Sein.
- Folge deinen Interessen und bilde dich weiter, um Experte zu werden.
- Richte deinen Fokus auf das, was du wirklich liebst.
- Prüfe genau, was oder wem du dich von Herzen verpflichtest.
- Verstehe, dass ein 24/7-Job dich auslaugt, denn dein besonderer Fokus und Blick auf die Dinge benötigen Kraft. Das ist sehr wertvoll, deswegen darfst du weniger arbeiten beziehungsweise nur, wenn es dir guttut und dich erfüllt.
- Mische dich nicht ungefragt ein, teile deine Perspektive nur mit, wenn du gefragt wirst.
- Lerne, Dinge zu sehen, aber sie nicht zu erledigen, sondern mache darauf aufmerksam und delegiere.

Was ist für den Projektor-Körper wichtig?
- Allein sein und in deiner Energie sein – das brauchst du, um dich aus allen anderen wieder »auszuklinken« und zu wissen, wer du bist und was du willst.
- Reinigung des Energiesystems (zum Beispiel durch energetische Meditationen).
- Der Projektor darf mit bewusster Atmung fremden Druck wieder abgeben und sich selbst ausbalancieren. Es eignen sich zum Beispiel Atemübungen, Meditation oder Yoga, um die Energie ins Fließen zu bringen.

Was sind Indikatoren für fehlende Lebenskraft?
- Verbitterung über das eigene Leben oder Scheitern stellt sich ein, bei manchen Projektoren bis hin zu Boshaftigkeit.
- Körperliche Erschöpfung und dauerhafte Müdigkeit.
- Keine Kraft, Dinge zu erledigen.
- Lethargie.

Was bringt dem Projektor Leichtigkeit?
- Abgrenzung von Druck, Stress und Emotionen anderer.
- Wahren des eigenen »Tanzbereichs«.
- Ein eigener Rückzugsort in der Natur.
- Verstehen, dass man Menschen anzieht, wenn man keine Erwartungen hat, dass jemand kommt.

Beruf und Arbeit für Projektoren
- Effizienz- und Potenzialmanager.
- Projektleiter, Abteilungsleiter und Koordination, Dirigent, Verwalter.
- Community-Manager, Gemeinschaftsverwalter.
- Coach, Berater, Mentor.
- Architekt – denke daran: Der Manifestor hat die Idee, die Pyramide zu bauen, du planst und überwachst den Bau – du baust aber nicht selbst. Du hast das große Ganze immer im Blick.
- Achte auf freie Zeiteinteilung, genug Raum für dich, wenig Druck und Hierarchien, die Stress in dir auslösen.
- Arbeite in einem Umfeld, in dem man deine Expertise und dich wertschätzt.
- Projektoren können gut selbstständig sein, wenn sie sich einem Expertenthema verschrieben haben.

Wichtig: Projektoren sollten sich nicht vergleichen, etwa bei Stundensätzen für ihre Leistung. Der Projektor tauscht nicht Zeit gegen Geld. Diese Gleichung geht bei ihm nicht auf. Nehmen wir das Stundensatzbeispiel: Der Projektor ist mit seiner Expertise ein High-Level-Player. Jemand, der den Fokus des Projektors benötigt, gleicht nicht nur den Zeitaufwand als Stundensatz aus, sondern auch die Zeit, die er als Projektor braucht, um sich einzuklinken und auszuklinken sowie die ganze Zeit dazwischen. Wenn der Projektor also in einer Woche zehn Prozent für jemanden arbeitet und 90 Prozent im Sein ist, dann darf seine Rechnung 100 Prozent betragen.

Wie gehen andere am besten mit dem Projektor um?
- Wertschätze ihn für das, was er ist, schenke ihm Anerkennung.
- Gib ihm das Gefühl, dass du ihn in der Tiefe erkennst.
- Halte Blickkontakt und Fokus auf den Projektor.
- Wenn er sich mitteilen möchte, dann lass ihn ausreden.
- Gib ihm das Gefühl, dass du dir uneingeschränkt Zeit für ihn nimmst, und mach nicht nebenbei den Abwasch oder geh nicht raus, während der Projektor redet.
- Gib dem Projektor Raum für seine »Alleinzeit« und um zu sein.
- Verstehe, dass der Projektor nicht hier ist, um zu leisten.
- Akzeptiere, dass der Projektor die Dinge langsam macht und vermeintlich faul erscheint – und genau das sein effizientes Wesen ausmacht.
- Sag dem Projektor klar, wenn er sich ungefragt einmischt und Grenzen übertritt.

Wie geht man mit Projektor-Kindern um?
- Projektor-Kinder brauchen Anerkennung für ihr Wesen, nicht für Dinge, die sie richtig machen.
- Projektor-Kinder benötigen Wertschätzung und kein Lob für ihre Taten, zum Beispiel kannst du als Elternteil eine bewusste Reflexion anschieben indem du sagt: »Wow, das Bild gefällt mir richtig gut, bist du auch stolz auf dich?«
- Projektor-Kinder neigen dazu, alles zu tun, um Anerkennung von ihren Eltern zu bekommen, und ihr Wesen komplett zu verstellen. Beobachte, ob dein Kind aus sich heraus handelt oder weil es weiß, dass es dafür Nähe, Liebe oder Anerkennung bekommt.
- Projektor-Kinder dürfen lernen, auf sich zu hören und ihrem persönlichen Rhythmus zu folgen.

- Dränge dein Kind nicht, wenn es Dinge anders oder gefühlt langsamer macht, weil es sich darin verliert und in seinem Fokus ist.
- Lade dein Kind ein, dir zu zeigen, was es wahrnimmt und wie du effizienter leben kannst.
- Lade dein Kind zum gemeinsamen Spiel ein und gib ihm Ideen an die Hand, auf die es reagieren kann.
- Zeige deinem Kind, dass jeder Mensch natürliche Grenzen und Bedürfnisse hat.
- Nimm deinem Kind jeglichen Leistungsdruck in Kindergarten, Schule, Studium und erkenne das Fokusgebiet, das dein Kind sich aussucht, um Experte zu werden, an (das tun Projektoren schon sehr früh, meist lenken jedoch gesellschaftliche Konventionen vom Weg ab).

So wirkt der Projektor auf andere Menschen

Ein Projektor wirkt ...

- fokussiert,
- erfolgreich und effizient,
- klar, ruhig, sanft, warm,
- geerdet und zufrieden.

Beziehung zu anderen Typen

Projektor und Projektor
- Gebt euch ungeteilte Aufmerksamkeit und richtet euren vollen Fokus auf den anderen, wenn er spricht oder sich mitteilen möchte.
- Zeige ihm, dass du ihn wertschätzt, indem du ihn einlädst, dabei zu sein, oder ihn nach seiner Meinung fragst.
- Verstehe, dass der Projektor am besten reflektiert, wenn er Dinge aussprechen kann – du darfst gern sein Vehikel zur Selbsterkenntnis sein.
- Gib dem Projektor Freiraum, in seiner Energie zu sein.

Projektor und Generator
- Lass dich vom Generator einladen.
- Gemeinsame Unternehmungen sind eher Sein als Tun.
- Achte darauf, dass der Generator dir keinen Druck macht.

- Nutze aber seinen Motor, wenn du ihn brauchst.
- Nehmt ein Nein des anderen nicht persönlich.
- Ihr könnt gut gemeinsam arbeiten und reflektieren, wenn beide Bauchstimmen ein deutliches Ja ergeben.
- Fließt mit eurer Freude und genießt das Jetzt.

Projektor und manifestierender Generator
- Lass dich einladen vom manifestierenden Generator.
- Nimm wahr, dass der MG ein bunter Blumenstrauß ist, der Dinge anfängt, aber sie oft nicht zu Ende macht. Das ist okay.
- Akzeptiere das schnelle Tempo des MG im Leben; wenn du eingeladen bist, kannst du punktuell problemlos mithalten.
- Kommuniziere, wenn du Druck bekommst durch den MG.
- Entschleunige eure Zweisamkeit oder Beziehung regelmäßig.

Projektor und Manifestor
- Lass dich vom Manifestor einladen und ein Feuer in dir entfachen.
- Stell dem Manifestor W-Fragen wie »Was möchtest du?«, »Wo möchtest du hin?«.
- Das ist eine gute Kombination, weil der Projektor den Manifestor einfangen und zentrieren kann.
- Achte darauf, dass der Manifestor viele Pausen braucht.
- Akzeptiere, dass der Manifestor öfter neue Ideen und Richtungen im Leben wählt; du kannst ihn dabei mit deinem Expertentum unterstützen.
- Achte darauf, dass du nicht so schnell sein musst wie der Manifestor in hoher Energie – folge deinem Tempo und deinem Rhythmus.

Projektor und Reflektor
- Vertraue auf ihn und seine Wahrnehmung.
- Er spiegelt dich in deinem Sein, nimm es nicht persönlich, sondern als dankbaren Hinweis für deine Person.
- Gib dem Reflektor Freiraum zum Alleinsein.
- Ihr könnt sehr gut miteinander sein, das Leben genießen und gemeinsam auf Überraschungen des Lebens warten.

Erfolg als Projektor stellt sich ein, wenn ...

- du mehr bist als tust,
- du weise etwas lenken und überblicken kannst,
- du auf die Wertschätzung anderer reagierst,
- du auf deine Energie achtest und dich frei machst von anderen und deren Projektionen,
- du keinen Leistungsdruck empfindest, sondern aus der reinen Leichtigkeit handelst,
- du dein Wesen liebst und wertschätzt,
- du Experte wirst auf einem Gebiet und dein Wissen stetig erweiterst,
- du deinem eigenen Rhythmus und Körper folgst und lernst, auf dich zu hören,
- du dich nicht mehr mit anderen vergleichst.

REFLEKTOR
Die Energie des weisen Bewusstseins

CHAMÄLEON/SPIEGEL
Reflektiert sein Umfeld und die Welt

In dir erkennen wir uns

Typbeschreibung, Strategie, Merkmale und Besonderheiten

Die Reflektoren sind unsere Wegweiser, tief verbundene Menschen und gleichzeitig wandelbare Persönlichkeiten, die uns gezielt zeigen, wie es um uns steht. Sie machen derzeit nur ein Prozent der Weltbevölkerung aus. Ihre Aufgabe ist es, Weisheit zu entwickeln und in jedem Moment des Lebens neu zu wählen, wer man sein möchte, wie man sich fühlt. Mit ihrer tiefen Verbundenheit und ihren Chamäleon-Fähigkeiten haben sie die Aufgabe, alle anderen Typen zu unterstützen, immer mehr sie selbst zu werden. Sie demonstrieren uns eindrucksvoll und friedlich zugleich, welche »Schattenthemen« wir haben, und repräsentieren zur gleichen Zeit die Reinheit des Menschen durch ihr pures Sein. Reflektoren nehmen ihre Umwelt in der Tiefe wahr und sind immer mit anderen verbunden. Sie besitzen eine scharfsinnige 360-Grad-Beobachtungsgabe und die Fähigkeit, mit anderen zu verschmelzen. Sie verstärken Energien von anderen Menschen wie Emotionen oder Ideenimpulse. Ein gängiger Satz im Human Design ist auch: »Willst du in der Tiefe gesehen werden, dann stell dich fünf Minuten vor einen Reflektor und schau ihm in die Augen. Dann kannst du für einen Moment dir selbst begegnen.« Reflektoren erkennen andere in ihrer Ganzheit. Das Wichtigste für den Reflektor ist es herauszufinden, wer er ist und sein möchte, wenn er nicht im Verbund mit anderen ist. Er darf erkennen, dass sein offenes, fühlendes Wesen und seine Persönlichkeit wandelbar und fließend sind. Für mich besitzen Reflektoren den X-Faktor, eine Besonderheit, die wenige benennen können, aber alle spüren. Ich nenne ihn auch gerne:

- Energie des weisen Bewusstseins,
- Chamäleon,
- Tieftaucher,
- Wegweiser für die Menschheit,
- tiefe Verbundenheit,
- Reinheit des menschlichen Seins,
- scharfsinniger Beobachter,
- Mensch mit dem fühlbaren X-Faktor.

Kerndesign des Reflektors

Reflektoren sind sogenannte Nicht-Energie-Typen und der einzige Typ, dessen Bodygraph weiß ist. Das bedeutet, dass alle Zentren undefiniert sind. Du kannst dir das ungefähr so vorstellen, dass definierte, also farbige, Zentren wie der Stamm eines Baums sind. Sie sind fixe Anteile in uns, über die wir Dinge nach außen geben. Alle undefinierten Zentren sind für mich die Wurzeln, die Äste, die Blätter des Baums, denn diese Elemente sind den Veränderungen der Umgebung ausgesetzt. Der Baum passt sich seinem Umfeld an und kann dieses Umfeld fühlen und widerspiegeln. Blätter und Äste werden durch den Wind geschaukelt und durchgewirbelt, daran sehen alle anderen Typen, dass der Wind weht. Auch die Wurzeln müssen sich auf die Bodenqualität und die Menge an Wasser und Nährstoffen einstellen. Diese Elemente sind abhängig von ihrem Milieu, das sich täglich durch bestimmte Faktoren ändert.

Die große Kraft des Reflektors sind diese undefinierten Zentren, die Äste, Blätter und Wurzeln, die alles um sich herum erfassen und tief erfühlen können. Und die uns gleichzeitig anzeigen, »ob Wind weht«. Diese Offenheit und gleichzeitig Abhängigkeit vom äußeren Milieu lassen ihn zu einem höchst wandelbaren Wesen werden. Wie ein Baum an einem Sommertag kann der Reflektor ruhig stehen, während sich die Blätter im Wind wiegen. Ist er aber einem Sturm ausgesetzt, werden seine Blätter und Äste diesen Sturm sehr stark spüren. Und jetzt stell dir vor, dieser Sturm reißt Äste ab und wirft sie zu Boden, dann hat der Reflektor diesen Sturm (für uns Beobachter) noch verstärkt. Der Reflektor zeigt dir also immer an, wie die Boden- und Luftqualität dort ist, wo er sich befindet. Du erkennst anhand seiner »Blätter«, seiner Gesundheit, seinem Handeln ziemlich genau, ob in seinem Umfeld alles okay ist. Wir wissen, dass Bäume sehr robuste und widerstandsfähige Eigenschaften haben: Ihre Wurzeln können entscheiden, welche Nährstoffe sie aufnehmen. Das kann der Reflektor auch – er kann entscheiden, welche Menschen er in seinem Umfeld berücksichtigt und welche Energien er sich zuführt.

> ### In einem Biotop ist jeder Faktor essenziell
>
> Der Reflektor-Baum steht auf einem idyllischen Stück Land. Er ist hier viel mit sich allein, aber auch in ständigem Austausch mit Tieren, Pflanzen, Menschen und dem Wetter. Er hat seinen Bereich, wächst und gedeiht und lässt sich überraschen, wer heute zu Besuch kommt. Er empfindet viel Freude, weil das Leben jeden Tag neu zum Vorschein kommt. Eines Tages rollt eine Baufirma an, die beschließt, seinen Lebensbereich umzuwandeln und für ein Bauprojekt zu nutzen. Viele Faktoren ändern sich für den Reflektor-Baum massiv, denn alle seine Freunde und Tiere sind auf einmal nicht mehr da. Stattdessen lehnen sich Bauarbeiter zum Mittagessen an ihn. Sie pinnen Zettel an seinen Stamm, kippen Schotter auf die Wiesen und erwischen beim Baggern einige Wurzeln des Reflektor-Baums. Die Bodenqualität wird schlechter und der Reflektor-Baum entscheidet aus Selbstschutz, keine Nährstoffe mehr aus diesem Boden aufzunehmen. Nach einigen Monaten sieht man dem Baum an, dass er unter dieser neuen Umgebung leidet. Die Rinde blättert ab und viele Äste sind abgefallen. Die Blätter sind voller Farbspritzer von den Bauarbeiten und es fühlt sich an, als ob der Baum stöhnt. Der Reflektor-Baum spürt den Stress der Arbeiter und ihre Unzufriedenheit. Das ermüdet und erschöpft den Baum. Er wird passiv, nimmt alles hin, bemerkt nicht einmal, dass sich die Jahreszeiten ändern.

Ein Reflektor in seiner Kraft kann ein blühender und robuster Baum sein, der sich freudig vom Leben überraschen lässt. Er ist da für alle, die ihn aufsuchen und umgeben, er spiegelt, wie es ihm mit diesem Menschen, der Gruppe, seinem Umfeld geht. Ein Reflektor im falschen Umfeld, der sich nicht abgrenzen kann, mit dichten Energien, wird als Mensch sehr zu leiden haben. Seine Lebensfreude und die Fähigkeit, die Wandelbarkeit des Lebens wahrzunehmen und zu schätzen, gehen verloren.

Diese Analogie bedeutet aber keinesfalls, dass der Reflektor an einem Ort verwurzelt und allem ausgeliefert ist. Im Gegensatz zum Baum kann der Reflektor einen Ort mit einem für ihn stimmigen Milieu wählen. Das Beispiel zeigt nur, wie Reflektoren sich in einem Milieu entwickeln, das für sie schädlich ist. Sie haben jedoch im Gesamtgefüge eine wichtige Aufgabe, da sie reflektieren, wie es um die Menschheit steht.

Die Fähigkeit des Reflektors: 360-Grad-Sicht und -Fühlen
Ich nutze hier das Bild des Chamäleons: Die Reptilien haben ein Blickfeld von 360 Grad, können bis zu 1000 Meter weit scharf sehen und tief in ihre Umgebung eintauchen. Das beschreibt auch die wichtigsten Eigenschaften des Reflektors:

- scharfsinniges Beobachten und Wahrnehmen,
- Rundumblick und Erfassen aller Prozesse und Vorgänge um sich herum,
- Teil der Dinge werden, die ihn umgeben, und diese abtasten.

Der Reflektor ist damit in der Lage, Menschen und Dinge nicht einfach zu sehen, sondern alles zu erfassen, was mit ihnen zu tun hat. Er hört zu, nicht, um zu antworten, sondern um sich in die Perspektive seines Gegenübers zu versetzen.

Das Umfeld definiert dich
Reflektoren sind die Essenz der Menschen, die sie umgeben. Sie reflektieren die Qualität der Umgebung. Kennst du den Spruch »Umgib dich mit den Menschen, die verkörpern, wo du hinwillst«? Für den Reflektor ist es essenziell, dass er ein Umfeld hat, das ihm und seinen Interessen entspricht. Die starke Definition von außen kann dem Reflektor Druck machen, Energie ziehen oder der Reflektor kann sich vollkommen verlieren. Deswegen wähle als Reflektor weise, mit welchen Menschen du dich umgibst. Wer kann dich überraschen, wenn du auf nichts wartest oder auf etwas beharrst? Wer verkörpert eine Energie, die du gern fühlst, die dir guttut? Wer bringt Dinge in dein Leben, die du mit all deiner Kraft verstärken willst? Beobachte scharfsinnig, welche Werte dein Umfeld hat und ob dies auch deine sind. Beobachte, ob du diese Energie reflektieren möchtest, denn du wirst geprägt durch das Sein deines direkten Umfeldes. Dein ideales Umfeld kann dir enorme Kraft für dein Wesen schenken. Wenn du in deiner Wandelbarkeit akzeptiert wirst und die Menschen dich als Geschenk sehen, dann wirst du körperlich spüren, dass die Dinge sich gut, klar und frei anfühlen.

Die Schaukel der Wechselwirkungen

Stehst du oft unter Druck oder erlebst starke emotionale Wellen, sind vielleicht auch deine Familie und/oder dein Umfeld Konfrontationen oder Instabilität ausgesetzt. Sehr oft spiegeln Reflektoren Gemütszustände anderer Menschen wie Ängste und Unsicherheiten und fühlen dies so intensiv, dass sie glauben, es wären ihre Gefühle. Ein Reflektor in einem unbewussten, unreflektierten Umfeld kann sehr schnell krank, schlapp, müde und freudlos werden und Handlungsweisen und Meinungen anderer übernehmen. Die richtigen Menschen für dich werden anerkennen, dass du ihre tiefen Themen siehst. Sie werden sogar mit dir darüber sprechen können und dankbar sein, dass du ihnen ihre Schattenseiten aufgezeigt hast. Diese Menschen schaffen ein Umfeld, in dem du deine besondere Energie leben kannst.

Wandelbares Wesen: Die Chamäleonart als Superkraft

Der Reflektor kann sich an einem Tag gut fühlen und am nächsten Tag schlecht. Er kann in einem Moment in Begeisterung entflammt sein von einer Idee und die Emotionen seines Gegenübers fühlen, und im nächsten Moment ist die Begeisterung weg, weil die zugehörige Person das Haus verlassen hat. Denk an das Chamäleon: Es nimmt seine Umwelt ein Stück weit an und spiegelt die Farbe des Baumes wider, auf dem es sitzt. Trotzdem kann das Chamäleon entscheiden, diesen Baum zu verlassen und zum nächsten zu gehen, wenn es die »Baumfarbe« adaptiert oder es dort einfach unbequem ist. Du hast die Fähigkeit, mit anderen zu verschmelzen und einen tiefen Einblick in deren aktuelle Energie zu erhalten. Nutze dies nicht, um mit ihnen zu leiden oder dich zu vergleichen, sondern um zu erkennen, was ihr eigentliches Problem ist. Oft ist dein Umfeld gefangen in einem Strudel ohne Lösung und Ziel. Du siehst die Lösung meist in dem Moment, in dem du die Person in ihrer Gänze erfasst. Durch diese wunderbare Wandelbarkeit bist du ein Geschenk für andere Menschen, denn du erkennst in fühlender Distanz den Schlüssel, nach dem sie suchen. Das macht Reflektoren zu idealen Coaches, Beratern und Wegweisern.

Hohe Feinfühligkeit und scharfe Beobachtungsgabe

Dein offenes Wesen bringt es mit sich, dass du enorm feinfühlig, hoch empathisch und sensibel bist. Du hast ein sicheres Gespür für andere Menschen, es kann dir aber zu viel werden zu fühlen, was andere fühlen. Diese Gabe kommt einem deswegen manchmal wie eine Bürde vor. Ich habe Reflektoren oft sagen hören, sie wünschten sich, sie würden nicht so viel fühlen. Diese starke Sensibilität ist eine deiner Superkräfte und ermöglicht es dir nicht nur, scharfsinnig zu beobachten, sondern auch, den Schmerz anderer zu wandeln, indem du ihnen den Dorn aus der Wunde ziehst. Beachte, dass dich Gruppen oder Menschenmassen wie etwa bei Konzerten und Weihnachtsfeiern leicht überfordern und auslaugen können. Du dockst in all diesen Energien an, das kann müde machen. Deswegen, Reflektor: Praise your Me-time – schätze deine Zeit mit dir allein. Sie ist der Zugang zu dir.

Regeneration durch Me-time

Wichtig ist, dass du dir viel Zeit für dich nimmst, Zeit, in der du alle aus deiner Aura rauswirfst und dich nur mit dir befasst. In diesem Zustand kannst du deine echte Freude und Neugier auf das Leben spüren und dich wahrnehmen. In diesen Momenten werden deine Gedanken klarer und deine Emotionen ruhiger. Ballast fällt von dir ab, wenn du mit dir sein kannst. Diese regelmäßige Reinigung darf fester Bestandteil deines Alltags werden, auch wenn es nur 30 Minuten in der Badewanne sind. In dieser Zeit werden Stimmen, Meinungen und Gefühle anderer leiser in dir und deine eigenen dürfen zum Vorschein kommen. Dein System regeneriert dadurch, dass du dich frei machst von den Energien deiner Mitmenschen und deines Umfeldes.

Eine Aura kann übrigens 40 bis 70 Meter umfassen. Wenn es dir möglich ist, such dir einen Ort, an dem du wirklich allein sein kannst, auch wenn das nicht jeden Tag möglich ist.

Zwischen Individualität und Verbundenheit

Reflektoren sind dank ihrer wandelbaren Persönlichkeit Individualisten, und doch streben sie danach, tief verbundene Beziehungen zu führen. Sehr oft haben Reflektoren sogar große Familien. Ein Individualist zu sein heißt nicht, als Einsiedler im Wald zu leben, sondern das eigene Wesen an erste Stelle zu rücken und von seinen Impulsen und Entscheidungen nicht abzuweichen. Du machst Dinge anders als andere, denn du bist anders als 99 Prozent der Menschen auf diesem Planeten. Du darfst dein Individualistentum konsequent zeigen, und die Menschen in deinem Umfeld und in deinem Beruf dürfen genau das wertschätzen. Die abtastende Aura von Reflektoren sucht nach Verbindung und dem Erfahren anderer Menschen und Energien, deswegen wird es dir schwerfallen, eine lange Zeit komplett allein zu sein. Du erfährst das Leben durch die Energien anderer, deswegen bindest du dich tiefgehend an andere Menschen.

Achte als Reflektor bitte darauf, dass eine tiefe und innige Verbindung wie in einer Paarbeziehung nur konstant ist, wenn keinerlei Manipulation im Spiel ist. Der Reflektor als Chamäleon verharrt gern auf dem Baum, auf dem er sitzt, und scheut sich, sich vom Leben überraschen zu lassen. Echte Verbundenheit kommt aber zustande, wenn du deine Individualität im Verbund mit anderen ausleben kannst und dir keiner Vorschriften macht, wie eine Familie, Beziehung oder Freundschaft auszusehen hat. Als Reflektor spürst du schnell körperlich, wenn Menschen dir nicht guttun und Beziehungen nicht auf Liebe, sondern auf Macht oder Kontrolle aufgebaut sind. Das nimmst du nicht nur in deinen persönlichen Verbindungen wahr, sondern auch in denen anderer Menschen. Hier kannst du mittels deiner Reflexion anderen Menschen beistehen und helfen.

Die abtastende Aura

Unsere Aura ist die Energie, die uns umgibt und unser Inneres spiegelt. Mit unserer Aura werden wir für andere wahrnehmbar und klar und tauschen uns mit unserer Umwelt aus. Der Reflektor besitzt eine abtastende Aura, die permanent Energien und Lebewesen erfühlt. Seine Aura schützt ihn und macht Reflektoren zu widerstandsfähigen und robusten Menschen. Die einzelnen Tastfelder sind wie unabhängige kleine Erkundungsballons, die sich zwar überall einfühlen können, aber den Reflektor davor schützen, nicht komplett zu einer anderen Person zu werden. Viele Menschen beschrieben mir die Aura des Reflektors als sanft einhüllend. Er kann mit anderen Menschen in Bruchteilen von Sekunden verschmelzen und seine Aura wird als faszinierend und mystisch empfunden.

Strategie: Eintauchen mit dem Mondzyklus

Wie agiert der Reflektor mit seiner Energie am besten? Die Strategie des Reflektors ist, in einen Mondzyklus einzutauchen (29 Tage). Lass mich dieses Thema etwas weiter ausführen, weil es oft Missverständnisse darüber gibt. Der Reflektor kann sich aufgrund seiner wandelbaren Offenheit heute so und morgen ganz anders fühlen. Dementsprechend unterschiedlich agiert er, da äußere Energien besonders stark auf ihn wirken und seine Aktion verändern können. Dieses chamäleonartige Verhalten macht es dem Reflektor nicht leicht zu wissen, was er wirklich will und fühlt oder wie er sich entscheiden soll. Ständig spielen andere Komponenten bei einer Sache oder Entscheidung eine Rolle, je nachdem, mit wem er sich umgibt und was gerade auf ihn einwirkt. Die Strategie des Reflektors ist also, in diesen Wandlungsprozess einzutauchen und sich der Chamäleonartigkeit ganz hinzugeben. Zur Hilfestellung beobachtet er scharfsinnig seinen Prozess innerhalb eines Mondzyklus von etwa 29 Tagen, ob und wie sich sein Blick auf diese eine Sache ver-

ändert. Nach diesem Prozess hat der Reflektor so gut wie alle Aspekte beleuchtet und auf mentaler Ebene durchdacht, durch die Energie bewegt, die ihn antreibt. Er hat es mit anderen geteilt und eine Projektion erhalten. Dieses weise Eintauchen und Abwarten ermöglicht es ihm, völlige Klarheit darüber zu erlangen, wer er in dieser Sache ist und wie er handeln möchte. Er kann jetzt eine wahrlich reflektierte Entscheidung treffen, die zum Besten seines Wesens ist.

Warum 29 Tage und Mondzyklus?

Genau 29,53 Tage dauert ein Mondzyklus. Dazu sollte man wissen, dass alle Menschen den Energien der täglich wechselnden Planetenkonstellationen unterliegen und dadurch immer eine andere Energie auf uns wirkt. Man nennt diese Energieeinwirkungen Transite. Die Energien der Planeten durchqueren unseren Energiekörper und bewirken, dass sich unsere Grundenergie kurzzeitig ändert. Innerhalb der 29 Tage des Mondzyklus durchwanderst du einmal alle Tierkreiszeichen und alle 64 Tore des I Ging.

Stell es dir am besten so vor wie die Kleidung, die du jeden Tag wechselst. Jede Farbe oder jedes Teil hat eine andere Wirkung auf dich und andere. Du kannst dich durch deine Kleidung kraftvoll, sexy und lebendig fühlen oder dich im Schlabberlook zurückziehen wollen. In diesem Fall trifft nicht du die Kleiderwahl, sondern die planetarische Konstellation, die auf dich wirkt. Das ist allerdings ein absolutes Human-Design-Deep-Dive-Thema – deswegen wird es hier nur kurz erklärt, um den Reflektor zu verstehen.

In den 29 Tagen, die der Reflektor in seinen Prozess eintaucht, durchläuft er Transite, die es ihm ermöglichen, sehr viele verschiedene Aspekte in seine Entscheidung einzubeziehen.

Mondzyklus und Emotionen

Hier ein Beispiel für den planetarischen Einfluss auf den Reflektor: Ein Transit definiert das Emotionszentrum des Reflektors. Dies ermöglicht ihm für kurze Zeit, auf emotionaler Ebene in seine Entscheidungsfindung einzutauchen und auch die gesamte Farbpalette der einhergehenden Emotionen wahrzunehmen. Für seine Gesamtentscheidung ist es wichtig, dies kurzzeitig gefühlt und wahrgenommen zu haben, damit Klarheit im System ist. Er kann so emotional übersprudeln und diesen Aspekt sehen.

Mondzyklus und die eigenen Gedanken

Ein Transit definiert den Verstand des Reflektors. Dies beruhigt sein Gedankenkarussell und er ist in der Lage, fundierte Gedanken zu Ende zu denken. In dieser Zeit stellt er in aller Klarheit fest, welches Wissen er besitzt, und kann gut zwischen den Gedanken anderer und den eigenen unterscheiden. Während dieses hilfreichen Transits kann er einen Moment lang sich selbst denken hören. Dadurch, dass der Reflektor alle 64 Tore des I Ging durchwandert und sie kurzzeitig definiert sind, kann er eine allumfassende Entscheidung treffen. Er überblickt alle Möglichkeiten der Auswirkungen seiner Entscheidung, Impulse und Emotionen.

Enttäuschung als Indikator für Veränderung

Das sogenannte Nicht-Selbst oder Schattenthema des Reflektors ist die Enttäuschung. Sie entsteht meist aus folgenden Gründen:

- Er lässt sich nicht vom Leben überraschen, erwartet und beharrt zu sehr und wird enttäuscht.
- Menschen, die noch nicht zur Reflexion ihres Wesens bereit sind, weisen ihn zurück.
- Er wird ausgegrenzt, weil andere Angst haben, gesehen zu werden.
- Sein Blickwinkel und seine Weisheit werden bekämpft.
- Die tiefe Verbindung, die er sucht, wird nicht erwidert.
- Er ist zu sehr in den Energien anderer verhaftet und kann sich nicht erkennen und ausleben – er resigniert und ist vom Leben enttäuscht.

Der Indikator der Enttäuschung zeigt hier an, dass die eigene Energie nicht tut, wofür sie hier ist, und nicht gelebt werden kann. Wenn der Reflektor also merkt, dass er Enttäuschung spürt, kann er sich folgende reflektierende Fragen stellen:

- Was/wer hat mich enttäuscht und warum?
- Welche Erwartung hatte ich an den Prozess, das Gespräch, die Beziehung et cetera und warum?
- Warum halte ich starr am Ausgang der Dinge fest?
- Lasse ich zu, dass das Leben mich überrascht?
- Habe ich mir einen bestimmten Ausgang der Situation gewünscht? Wenn ja, aus welchem tieferen Grund?
- Umgebe ich mich mit den für mich richtigen Menschen?
- Habe ich tiefe Verbindungen, die mein Wesen wertschätzen?
- Spüre ich den Schmerz der anderen Person oder ist es mein eigener?
- Trage ich die Last der anderen Menschen mit oder ist es meine Last?
- Nehme ich mir genug Zeit für mich, damit Klarheit und Präzision sich einstellen können?

Alle diese Fragen helfen, ein Bewusstsein für deine Energie zu entwickeln. Nutze diesen wunderbaren Indikator, um etwas in deinem Leben zu verändern, sodass mehr Leichtigkeit, Lebenskraft und Erfolg eintreten.

Häufige Glaubenssätze und Konditionierungen von Reflektoren

Was für alle anderen Typen gilt, trifft auch auf Reflektoren zu: 90 Prozent unserer Glaubenssätze werden durch das Unterbewusstsein hervorgeholt, wenn wir sie benötigen. Jeder – nicht per se schlechte – Glaubenssatz kann limitierend wirken, wenn er veraltet und deinem Leben nicht mehr zuträglich ist.

In vielen Human Design Readings und durch diverse Ausbildungsmaterialien habe ich die häufigsten Glaubenssätze für Reflektoren zusammengetragen. Die Aufzählung ist natürlich nicht erschöpfend, aber diese Übersicht mag dem Wiedererkennen und Verständnis dafür dienen, was die persönlichen Herausforderungen sind. Diese Glaubenssätze können uns daran hindern, uns unsere Energie zu erlauben und zu leben:

- Ich bin Luft. Ich werde nicht gesehen.
- Ich bin allein.
- Ich bin ausgeliefert.
- Ich werde gemieden.
- Ich spüre alles und verliere mich.
- Ich passe nirgendwohin.

Mehr über die Glaubenssätze und wo diese sichtbar werden, erfährst du im Kapitel über die Zentren (ab Seite 201).

Herausforderung für Reflektoren: Abgrenzung

Würde ich ein »›Wie komme ich als Reflektor durchs Leben?‹-Bootcamp« machen, dann wäre die erste Fähigkeit, die wir lernen müssen: Abgrenzung. Das ist eines der wichtigsten Themen für den Reflektor – er darf sich wiederfinden, indem er mit sich allein ist. Das bedeutet, dass er sein gewohntes Umfeld, seine Sicherheit und Meinungen regelmäßig verlässt, um für sich zu sorgen und zu 100 Prozent in seiner Energie zu sein (auch wenn es nur einige Stunden sind). Er darf sich von anderen Menschen und Energien abgrenzen und sehr deutlich andere aus seinem System werfen, wenn diese ihm nicht guttun. Diese Sensibilität für sich zu entwickeln und zu erkennen, wann der Reflektor »die vielen anderen« reflektiert, ist für ihn sehr wichtig, damit er sich nicht verliert. Er darf lernen, was seine Stimme der Klarheit ist und wann die vielen anderen Stimmen seines Umfeldes aus ihm sprechen.

Bei einer gesunden Abgrenzung kann dem Reflektor helfen:

- sich täglich zu reinigen und zu duschen,
- seinen eigenen Raum zu unterstützen mit energetischer Arbeit, Artefakten der universellen Geometrie und einer passenden Inneneinrichtung,
- die Verbindungen zum Bewusstsein anderer Menschen regelmäßig gedanklich zu trennen (oder es auszusprechen).

Konditionierungen und Manipulationen erkennen und ablegen

Da der Reflektor so offen und durchlässig für andere Menschen ist, ist er auch empfänglich für Konditionierungen. Das betrifft Dinge und Lebensweisen, die er (oft als Kind) übernommen hat, weil er denkt, dass man nur auf diese Weise richtig ist und durchs Leben kommt. Ein Reflektor ist aufgrund seiner hochsensiblen Art durch andere starke Typen leicht manipulierbar und konditionierbar. Er neigt dazu, den Schmerz, die Emotionen und die Sorgen anderer als seine eigenen auszuleben. Zu erkennen, dass diese Weltbilder nicht seine sind und sie abzulegen, ist die größte Herausforderung für den Reflektor.

Starrsinn und Erwartungshaltungen über Bord werfen

Das Leben kann dich nur überraschen, wenn du das auch zulässt. Der Reflektor ist nicht hier, um den Lebensweg zu gehen, den andere Menschen für erstrebenswert halten. Er ist hier, um mit dem Leben zu tanzen und zu fließen und die Vielfalt des Lebens zu spüren. Jegliches Beharren darauf, wie ein Mensch, ein Leben, eine Karriere, ein Werdegang, Eltern oder Kinder zu sein haben, darf er über Bord werfen und sich überraschen lassen. Denn ein Beharren auf falschen Erwartungen und Projektionen führen den Reflektor zur Enttäuschung. Lass los *and everything will be alright*.

Weisheit nicht mit Guruschaft verwechseln

Jeder Mensch hat Themen im Leben zu bewältigen. Ein Extrem, in das viele »bewusste« Reflektoren rutschen können, ist, alles auf die Energien der anderen abzuwälzen, zu sehr darauf zu beharren, dass die eigenen Stimmungen ausschließlich durch andere zustande kommen. Übernimm Verantwortung für dich; es ist zu simpel, für jeden Trigger die anderen verantwortlich zu machen. Du bist mächtig in deinen Fähigkeiten, aber du bist auch Mensch mit eigenen Erkenntnisprozessen. Deine innere Weisheit zu leben, bedeutet nicht, dass du das Nonplusultra in deinem Umfeld bist und nur deine Weltsicht zulassen sollst. Deine Aufgabe ist es, weise zu erkennen, an welchem Punkt deine Reflexion gebraucht wird.

Der Reflektor ist nicht zum Arbeiten hier

Ich habe schon oft gehört, dass der Reflektor als weiser Guru beschrieben wird, der auf einem Berg sitzt. Das stimmt halbwegs. Denn er ist nicht zum Arbeiten hier oder dazu, einer 40-Stunden-Woche nachzugehen. Er ist maßgeblich hier, um:

- Energien, Systeme und Menschen zu erkennen,
- aufzuzeigen, wo wir nicht authentisch leben und was nicht in unserer Gesellschaft funktioniert,
- ein Ratgeber und Berater sein zu dürfen für die Menschen, die seine Eigenschaften wertschätzen.

Die große Herausforderung für den Reflektor ist es, anzunehmen und zu verstehen, dass diese Prozesse eine Menge Kraft kosten. Der Reflektor ist ständig am Arbeiten, wenn seine Aura andere abtastet (selbst im Schlaf), und ein normaler Job wird den Reflektor auf Dauer sehr ermüden. Seinen Platz in der aktuellen Welt zu finden, kann für ihn sehr herausfordernd sein.

Darum bist du hier, lieber Reflektor!
Neben dem persönlichen Lebensweg und der Aufgabe, die durch das individuelle Chart eines jeden Menschen definiert sind, hat die Gruppe der Reflektoren kollektive Aufgaben zu lösen. Mithilfe ihrer Energie bringen sie Leichtigkeit und Heilung in die Welt und können kollektive Wunden, Denkmuster und veraltete Dogmen auflösen.

Zeigen, wie es um uns steht
Reflektoren können für andere Menschen sehr unbequem sein und sich wie ein Stachel anfühlen. Denn sie zeigen auf, in welchen Bereichen wir an uns arbeiten dürfen und wo wir uns nicht authentisch zeigen.

Die Fühler des Reflektors erkennen sofort, wenn jemand im Außen darstellt, was er im Inneren nicht ist. Der Reflektor spürt Disbalancen in Systemen und der Energie anderer. Damit zeigt er uns auf, wo unsere animalische, menschliche Grundstruktur uns hindert, uns weiterzuentwickeln. Letztendlich ist der Reflektor ein Barometer für eine neue Zeit, in der es darum geht, der zu sein, der man ist. Immer wenn eine Gruppe, ein System, eine Botschaft, ein Mensch niedere Beweggründe verkörpert (Gier, Neid, Hass, Selbstsucht et cetera), wird das Reflektor-Barometer anspringen. Die Menschen dürfen durch die Gabe des Reflektors immer mehr zu sich kommen und ihre Potenziale erkennen. Ein Reflektor kann ebenso über seinen körperlichen Zustand das Innere der umgebenden Menschen spiegeln.

Das Reflektor-Kind: Umfeld spiegeln

In meiner Praxis baten mich Eltern um Hilfe, deren Kind seit mehreren Monaten einen Hautausschlag zeigte. Die Ärzte konnten nicht helfen und alle Möglichkeiten waren ausgeschöpft. Die Eltern interessierte, was im Familiensystem vielleicht dazu führte, dass es dem Kind so ging, und stießen auf das Human Design. In einem Human Design Profiling der gesamten Familie erklärte sich dieser Zustand recht schnell mit der Erkenntnis, dass die Tochter eine Reflektorin ist und die aktuelle Lebenssituation der Familie spiegelte.

Der Ausschlag begann, als das Kind in den Kindergarten eingewöhnt wurde und die Mutter wieder anfing, arbeiten zu gehen. Die Mutter hatte es schwer, sich im Job wieder einzufinden. Sie äußerte im Gespräch, dass sie sich im Büro fühle, als stecke sie in einer anderen Haut. Das Reflektor-Kind spiegelte zum einen die Prozesse der Mutter und spürte, »dass Mama sich nicht in ihrer Haut wohlfühlt«. Zum anderen reagierte die Tochter darauf, dass im Kindergarten zu viele Einflüsse auf sie einprasselten. Das waren Energien vieler Erwachsener und Kinder, Lautstärke, Erwartungen, Wissbegier und Ehrgeiz. Das Reflektor-Kind versuchte sich abzugrenzen, weil es keinen anderen Weg gab, das auszuhalten. Es verarbeitete nachts stundenlang weinend all das, was es gefühlt und erlebt hatte. Wir wissen aus der Psychosomatik unter anderem von Ruediger Dahlke, dass die Haut unser Kontaktorgan ist. Der Körper bedient sich der Haut, um nicht mehr in Kontakt treten zu müssen. Genau das passierte bei dem Reflektor-Kind in extremer Weise: Sein System reagierte mit einem Ausschlag, um sich gegen die vielen Hände und Energien abzugrenzen. Hinzu kam, dass die Mutter ähnliche Prozesse der Abgrenzung und des Sich-unwohl-Fühlens durchlebte – sie war 2/4-Projektorin. Ein Lösungsansatz war schnell gefunden.

Für das Kind wurde die Möglichkeit geschaffen, nur bis Mittag in der Kita zu sein. Die Mutter verkürzte ihre Arbeitszeit und verlagerte sie ins Homeoffice. Beiden ging es nach kurzer Zeit besser und der Ausschlag verschwand fast völlig nach zwei Monaten. Die Mama hatte verstanden, dass ihr Kind Raum allein (oder mit ihr als Bindungsper-

> son) braucht, um die Energien und vielen Erlebnisse wieder loszuwerden. Was der Tochter in der Alleinzeit von Mittag bis abends gelang. Gleichzeitig arbeitete die Mama daran, sich wohler zu fühlen und ihr Berufsbild zu verändern.
>
> Wir sehen an diesem Beispiel sehr gut, dass Reflektor-Kinder extrem auf äußere Disbalancen reagieren können und die Energie der Systeme spiegeln, in denen sie sich befinden.

Hinweis: Das ist ein anonymes Praxisbeispiel und keine medizinische Erklärung oder Pauschalisierung für Hautausschlag bei Kindern. Jeder Mensch ist anders und das Human Design kann eine große Hilfestellung sein, wenn man tiefer in Familiendynamiken einsteigen möchte. Bei ähnlichen Problemen ist auf jeden Fall ärztlicher Rat beziehungsweise der Rat ausgebildeter Therapeut*innen einzuholen. Das Human Design und die Psychosomatik können lediglich begleitend oder unterstützend weitere Hinweise liefern.

Lehre uns, loszulassen und dem Leben zu vertrauen

Durch dein Beispiel, lieber Reflektor, lernt das Kollektiv, dem Weg des Lebens und sich selbst zu vertrauen, die Sicherheit in sich zu finden – weil du uns demonstrierst, wie ein solch selbstermächtigender Weg aussehen kann. Du zeigst uns, dass der Wunsch, Kontrolle zu behalten, aus der Ohnmacht entsteht, die eigene Macht nicht anzunehmen. Du lehrst uns mit deinem Weg, dass wir die vielen Überraschungen, Zeichen und Hinweise im Leben wahrnehmen und wertschätzen dürfen, um unserem Weg zu folgen. In dem Wissen und Gefühl, dass wir in uns sicher sind und es nichts zu kontrollieren gibt.

Ein Begleiter zum Erwachsenwerden

Der Reflektor hat die große kollektive Aufgabe, uns dabei zu helfen, wirklich erwachsen zu werden. Er erfasst verwundete innere Kinder sehr schnell und bietet uns die Möglichkeit, in seiner Energie diese alten Wunden zu heilen. Er macht sie sichtbar, sodass wir die Verantwortung für unser Leben übernehmen und unser Leben im Erwachsenen-Ich führen können. Wir sind in der Lage zu reflektieren, unsere Emotionen zu regulieren und die ständigen Kämpfe beizulegen, die wir mit uns und anderen führen.

Der Schmerz des Reflektors: Allein sein auf weiter Flur

Du fühlst dich manchmal wie eine einsame Insel neben all den anderen Menschen? Vielleicht, weil 99 Prozent der Menschen ganz anders sind und ticken als du. Darin liegt dein größter Schmerz: das Gefühl zu haben, dass du allein bist mit deinem Empfinden, mit deiner Sensibilität, mit deinem Blick auf das Leben. Dieser Schmerz kann so groß werden, dass du tatsächlich müde wirst vom Leben und in einen Passiv-Modus schaltest – du denkst, du bist sowieso allein, dich wird keiner verstehen. Die Menschen grenzen dich aus, deswegen scheint es dir klüger und weniger schmerzhaft, dich ruhig zu verhalten, nicht aufzufallen. Das ist der Schmerzkreis des Reflektors. Diesen Schmerz kannst du aber lösen, indem du dich dir zuwendest und erkennst, dass ...

- deine Empfindsamkeit deine Stärke ist,
- du nicht die Energien der anderen bist,
- deine innere Stimme zu dir spricht und dir den Weg weist,
- dein Weg zu 99 Prozent anders ist als der Weg anderer Menschen,
- du nicht in ein System geboren wurdest, um es zu bedienen, sondern um es durch deine Wahrnehmung zu verändern,
- deine Aufgabe hier wichtig ist, damit die Menschen sich wieder spüren.

Meine Bitte an Reflektoren

Nur ein Prozent der Menschheit sind Reflektoren und wir brauchen jeden einzelnen davon. Vielleicht gefällt dir nicht, was du hier liest, aber unbewusst sagt dein Körper ganz still: »Oh doch, das stimmt.« Bitte lass dich auf dieses Experiment ein, denn du zeigst uns, dass wir in eine neue Zeit mit neuem Bewusstsein wachsen dürfen. Mit dir erschaffen wir schneller eine Welt mit einem anderen Verständnis von Beziehungen, Elternschaft, Leben und Arbeiten, Hingabe, Leidenschaft, Schule, Finanzsystem, Digitalisierung und den vielen anderen Dingen, die gerade im Umbruch sind. Du musst da nicht allein durch – es gibt tolle Reflektor-Coaches und eine Community, in der du gesehen wirst und aufgehoben bist.

Die besondere Energie des Reflektors – Zusammenfassung

Du bist für mich, in deinem Kern, die Energie eines Kindes. Du bist mit allem verbunden und adaptierst und lernst von denen, die dir die Welt zeigen und dich umgeben – von deinen Eltern und Geschwistern, von der Natur. Du beobachtest deren Verhalten sehr genau, erfasst sie in ihrem Wesen und ahmst es nach. Wenn du gesehen hast, wie jemand wütend ist oder einen anderen Menschen beschimpft, probierst du das als Kind gleich aus. Du verarbeitest Dinge und Erkenntnisse, indem du Verhalten spiegelst. Nicht um tatsächlich jemanden zu beschimpfen, sondern um zu spiegeln. Du erfährst das Leben, indem du neugierig darauf zugehst und dich vor nichts versperrst. Du forderst heraus, dass das Leben dich überraschen kann.

Das Leben entdeckst du auf vielen verschiedenen Spielwiesen, auf denen du die reine Energie spürst, das, was wirklich präsent ist. Als Kind weißt du intuitiv, bei welchem Menschen du nicht auf den Arm oder welche Dinge du nicht machen willst. Du ziehst dich manchmal intuitiv in dein Zimmer oder den Garten zurück, um für dich allein die Welt zu entdecken und mit dir verbunden zu sein. Als Kind sind wir sehr empfänglich dafür, wenn man uns sagt, wie wir Dinge zu machen haben. Ich meine damit nicht, dass man dir – wie Maria Montessori es erdachte – hilft, es selbst zu tun, sondern dass man dich bevormundet und dir das Gefühl gibt, dass du Dinge nicht allein kannst. Du kannst enttäuscht sein, wenn du Erwartungen nicht erfüllen kannst, und es kommt das Gefühl in dir auf, dass du dein Wesen unterdrücken solltest, damit andere es bequemer haben. Du lernst, Erwartungen zu haben, auf Dingen zu beharren, und bist enttäuscht, wenn das Leben dich überraschen will. Aber das ist nicht der Weg, den du wolltest.

Dein Wesen ist und bleibt das eines Kindes, das verbunden auf die Welt kommt. Diesen Zugang verlierst du nie, auch wenn er manchmal nicht spürbar ist. Du kannst alles und jeden erfühlen und abtasten und bist intuitiv in der Lage zu erkennen, was gut für dich und andere ist. Du bist verbunden mit Tieren und Seelen und nimmst Ebenen wahr, die viele Erwachsene nicht mehr spüren können. Manchmal fühlst du dich, als ob du in andere Dimensionen abdriften und träumen würdest. Lass mich dir sagen, dass du nicht träumst, sondern dass du uns einen besonderen Zugang zu allem gewährst. Wer bereit ist, dich zu erkennen und anzunehmen, den kannst du in deine Welt mitnehmen und ihm Schlüssel für ein leichteres Leben bieten. Der Sinn deines Lebens ist es nicht, zu arbeiten oder einem Bild der Gesellschaft zu entsprechen. Dein Sinn ist es, deine Weisheit größer werden zu lassen in jedem Moment, in dem dich das Leben überraschen kann, weil du ihm unvoreingenommen und ohne Wertung gegenübertrittst. Das bist du, lieber Reflektor.

Eckpfeiler für Lebenskraft und Leichtigkeit als Reflektor
Die folgenden Stichpunkte können dir helfen, deine Energie in dein Leben zu integrieren und sie auszuleben:

- Verbringe Zeit mit dir allein und in deiner Energie.
- Berücksichtige, dass dein Entscheidungsprozess einen Zyklus von etwa 29 Tagen benötigt, damit du Klarheit erlangst.
- Vertraue auf deine Erkenntnisse, Wahrnehmungen und Weisheit.
- Leg den Gedanken ab, dass das Leben einer bestimmten Richtung zu folgen hat, und beharre nicht auf einem festgelegten Ausgang.
- Wähle dein Umfeld weise und mit Bedacht, denn dieses prägt dich und deine Energie.

Was ist für den Reflektor-Körper wichtig?
- Reinigung ist für dich das Wichtigste (duschen, baden).
- Energetische Abgrenzung von anderen Menschen.
- Ein eigener Raum für dich.
- Ein Umfeld ohne schwere oder zu viele Energien anderer Menschen.
- Regelmäßige Auszeiten in der Natur.
- Eine natürliche Ernährung mit guter Energie (bei Fleisch aus Massentierhaltung geht diese Energie auf dich über).
- Verbundenheit stärken durch regelmäßige Meditation und Atmung (Pranayama, Tai-Chi, Qigong).
- Eine Routine am Morgen und Abend, die dir helfen kann, bei dir zu bleiben und dich zu stärken.

Was sind Indikatoren dafür, dass Lebenskraft fehlt?
- Enttäuschungen und Phasen der Traurigkeit.
- Passivität bis hin zur Depression.
- Langes Starren und Aussteigen-Wollen.
- Gewichtsverlust bis hin zu Abmagerung.
- Hautprobleme, weil du dich von anderen Energien nicht abgrenzt.

Was bringt dem Reflektor Leichtigkeit?
- Alle Regeln des Lebens und Kontrolle loslassen.
- Sich auf den Fluss des Lebens und seine Überraschungen einlassen.

- Sich vertrauen und in sich Sicherheit finden.
- Die eigene Energie zelebrieren.
- Ratgeber sein dürfen.
- Den Beruf frei wählen oder neu erschaffen.

Beruf und Arbeit
- Reflektoren sind ideale Feel-good-Manager in Familien und Unternehmen; sie zeigen an, wenn das Wohlbefinden nicht stimmt, sind aber nicht dafür da, dass es sich ändert.
- Reflektoren sind perfekte Berater, Coaches, Ratgeber, Überblicker und Tiefenerfasser.
- Berufsbilder könnten sein: Psychologen, Psychotherapeuten, Mentaltrainer, Achtsamkeitscoaches, Feel-good-Manager, Berater der Berater, Heiler der Heiler, Trainer der Trainer, Reflexionsabteilungen im Unternehmen wie Controlling.
- Wichtig: Raum für die eigene Energie, das heißt im Idealfall Homeoffice, eigenes Büro, eigene Werkstatt et cetera oder Selbstständigkeit mit regelmäßigen Auszeiten.
- Passives Einkommen eignet sich gut für den Reflektor, damit er seinem wandelbaren Wesen folgen kann.
- Sich nicht scheuen, den beruflichen Weg zu ändern und neue Richtungen einzuschlagen.
- Sich von neuen Berufen überraschen lassen.

Wie gehen andere am besten mit dem Reflektor um?
- Sie laden ihn ein, Berater zu sein oder sich in sie hineinzufühlen.
- Sie kommunizieren gewaltlos, wenn seine Wahrnehmung nicht erwünscht ist.
- Sie geben ihm Freiraum für seine Kreativität, seine Routinen und lassen ihn dem Fluss des Lebens folgen.
- Sie akzeptieren den Entscheidungsprozess von etwa 29 Tagen und bauen keinen Druck auf.
- Sie verstehen, dass er mit seinem Körper und Sein sie und die eigene Authentizität spiegelt.

Wie geht man mit Reflektor-Kindern um?

- Reflektor-Kinder und -Babys spiegeln das Familiensystem, in dem sie groß werden (auch dessen Gesundheitszustand!).
- Es ist gut sichtbar, was diese Kinder in Schule oder Kita erlebt haben, weil sie es nach Hause mitbringen, nachts verarbeiten oder im Wesen zeigen.
- Unterstützung erfahren sie, indem man ihnen Leichtigkeit erlaubt und ihnen regelmäßig die Last der Verantwortung nimmt.
- Reflektor-Kinder sollten einen Rückzugsort haben (ein Baumhaus ist ideal), um mit sich sein zu können.
- Sie sind sehr sensibel und oft überfordert mit klassischen Wegen und Systemen. Eltern dürfen gezielt unterstützende Modelle suchen: Montessori, Kitafrei, bedürfnisorientierte Waldkindergärten und Schulen.
- Reflektoren-Kinder können sehr provozierend wirken, wenn sie den Druck der Eltern spiegeln, obwohl das ihr Wesen und kein bewusster Angriff ist.
- Eltern von Reflektoren-Kindern tun das Beste für ihre Kinder, wenn sie an ihrem Bewusstsein und ihrer Persönlichkeit arbeiten und zu sich finden. Dadurch fallen viele Projektionen auf die Kinder weg. Die Kinder dürfen sein und müssen keine Rolle mehr erfüllen.
- Hier wirken unterstützend die moderne Bindungsforschung, gewaltfreie Kommunikation, bindungsorientiertes Wissen, freie Schulen und Betreuungskonzepte sowie Affirmationen.
- Reflektor-Kindern kann es helfen, eine Routine zu erlernen, um Energien abgeben zu können, zum Beispiel Meditation und Yoga für Kinder oder den Bodyscan vor dem Einschlafen.

Der Reflektor wirkt auf andere Menschen wie ...

- ein Schwamm: Die Menschen denken, er müsse immer für alle da sein und könne die Last der anderen tragen,
- eine weise, alte Seele,
- ein bewusster, in sich gekehrter Mensch,
- ein Fels in der Brandung,
- eine Insel.

Beziehung zu anderen Typen

Reflektor und Reflektor
- Vertraut euch und teilt eure Bedürfnisse miteinander.
- Werdet nicht zur Projektion des anderen.
- Nehmt euch regelmäßig Auszeiten voneinander.
- Lebt ein wandelbares und freudiges Leben im Fluss.
- Lasst steife Regeln und starres Beharren los.
- Seht euch in der Tiefe.

Reflektor und Generator
- Ihr könnt euch gegenseitig einladen.
- Achtet darauf, dass kein Druck oder Zwang entsteht.
- Nehmt ein Nein des anderen nicht persönlich.
- Ihr habt Energie, wenn das Ja zu einer gemeinsamen Sache da ist.
- Fließt mit eurer Freude und genießt das Jetzt.
- Der Generator darf sich sehen lassen durch den Reflektor und ihn überraschen.

Reflektor und manifestierender Generator
- Reflektor, lass dich vom manifestierenden Generator einladen.
- Nimm wahr, dass der MG ein bunter Blumenstrauß ist, der oft Dinge anfängt, aber sie nicht zu Ende macht. Das ist okay.
- Akzeptiere das schnelle Tempo des MG im Leben; wenn du eingeladen bist, kannst du problemlos mithalten.
- Spiegele dem MG seinen Weg und seine Entscheidungen.

Reflektor und Manifestor
- Lass dich vom Manifestor einladen und ein Feuer in dir entfachen.
- Stell dem Manifestor W-Fragen wie »Was möchtest du?«, »Wo möchtest du hin?«.
- Achte darauf, dass der Manifestor ebenso wie du viele Pausen braucht.
- Versuche, dich von den Emotionen des Manifestors regelmäßig abzugrenzen, und übernimm sie nicht.
- Akzeptiere, dass der Manifestor öfter neue Ideen und Richtungen im Leben wählt.
- Achte darauf, dass du nicht so schnell sein musst wie der Manifestor in hoher Energie – folge deinem Tempo.

- Manifestor: Akzeptiere die Wandelbarkeit des Reflektors.
- Ihr könnt gut zusammen dem Fluss des Lebens folgen.
- Manifestor: Wisse um den Mondzyklus, dessen Zeitrahmen der Reflektor braucht, um abzuwägen.

Reflektor und Projektor
- Gib dem Projektor deine ungeteilte Aufmerksamkeit und richte deinen vollen Fokus auf ihn, wenn er spricht oder sich mitteilen möchte.
- Zeig ihm, dass du ihn wertschätzt, indem du ihn einlädst, dabei zu sein, oder ihn nach seiner Meinung fragst.
- Verstehe, dass der Projektor am besten reflektiert, wenn er Dinge aussprechen kann – du darfst gern sein Vehikel zur Selbsterkenntnis sein.
- Gib dem Projektor Freiraum, in seiner Energie zu sein.
- Projektor: Gib dem Reflektor Zeit, Entscheidungen zu treffen.

Erfolg als Reflektor stellt sich ein, wenn …

- du loslässt und dich vom Leben überraschen lässt,
- du dir und den Dingen, die dir guttun, folgst,
- du deinen Weisheitssack zur Entscheidungsfindung öffnest und daraus Dinge weitergibst,
- du regelmäßig allein in deiner Energie bist, um dich von anderen Menschen und deren Emotionen frei zu machen,
- du dich spüren kannst,
- du dein wandelbares Wesen annimmst und nicht mehr auf etwas beharrst,
- du Dinge tust, die dich nähren,
- du deine Konditionierungen löst.

Die fünf Typen im Zusammenwirken

Ein perfektes Team: Auf dem Volleyballfeld

Erinnerst du dich an Volleyball im Sportunterricht? Bevor ein Spiel stattfand, wurden Spieler gewählt, Rollen verteilt und ein Schiedsrichter bestimmt. Jeder hat in einem sportlichen Team seinen Platz. Um das Zusammenspiel der verschiedenen Typen zu verstehen und zu erkennen, wie wichtig die Aufgabe jedes Typs ist, bleiben wir beim Spielfeld.

Manifestor: Haupttrainer und Stürmer

Er sagt, wo es im nächsten Spielzug langgeht und welche Ideen und Visionen er für die Mannschaft hat. Er kann die Energie im Team so pushen, dass alle seiner Vision folgen. Der Manifestor gibt den Impuls für das Team und die Strategie vor, kann es zu Höchstleistungen anspornen. Manifestoren eignen sich punktuell als Stürmer, die kurzzeitig eingesetzt werden, wenn ein enorm hoher Impuls im Team oder Spiel erzielt werden soll. Er steht am Spielfeldrand und feuert an oder nimmt das Feuer kurzzeitig mit auf den Platz, zieht sich dann aber wieder zurück, um die Umsetzung dem Team zu überlassen. Die zusätzlichen Reflexionen und Beobachtungen, die er durch den Projektor und Reflektor erhält, ermöglichen ihm sehr gezielt, das Team in seine Visionen zu integrieren, sodass alle ihren Wohlfühl- und Potenzialplatz einnehmen können.

Generator und MG: Teamkapitän und Hauptspieler

Die Generatoren und MGs setzen begeistert ihre Energie ein, um die vorgegebenen Ziele zu erreichen oder eine höhere Vision zu nähren. Generatoren und manifestierende Generatoren sind mit ihrer Energie die geborenen Teamkapitäne und Hauptspieler. Es sind die Typen, die als Kinder als Erste in ein Team gewählt werden, weil man ihre Energie, ihren Antrieb gern dabeihaben möchte. Sie treiben das Spiel voran, sie halten es im Fluss und reißen die gesamte Mannschaft mit. An der richtigen Stelle eingesetzt, entwickeln sie enorme Kräfte und Disziplin. Sie können ein hohes Maß an Verantwortung tragen, wenn sie mit der vorgegebenen Richtung in Resonanz gehen, und zeitweise das Team führen. Mit ihrem Durchhaltevermögen und ihrer unermüdlichen Motorkraft sind sie der innere Treiber eines Teams – der pulsierende Kern.

Projektor: Lehrtrainer, Mentaltrainer und Schiedsrichter

Mit seiner Fähigkeit, die Dinge schnell zu überblicken und zu verstehen, ist der Projektor sowohl als Schiedsrichter als auch als Trainer geeignet. Er erkennt intuitiv, welcher Spieler an welchem Platz sein muss, wer miteinander funktioniert und wer nicht. Er bereitet strategisch Spielzüge und Einsätze vor. Der Projektor ist hervorragend geeignet, gezielt mit einzelnen Teammitgliedern zu arbeiten, diese auszubilden, bei Kommunikationsproblemen zu intervenieren und Lösungen zu finden. Das prädestiniert ihn für die neutrale Rolle als Schiedsrichter, der alles wahrnimmt, den Fokus auf das Geschehen lenkt und den Überblick über die Zusammenhänge wahrt. Der Projektor ist der weise Trainer oder Schiedsrichter im Hintergrund, der auf Augenhöhe lenkt und leitet und sehr gut mit dem Manifestor arbeiten kann.

Reflektor: Co-Trainer und Kommentator

Der Reflektor in der beobachtenden Rolle am Spielfeldrand ist der ideale Co-Trainer oder Kommentator. Die Neutralität, die er wahren kann, gibt ihm die Möglichkeit, die Geschehnisse ohne Emotionen wiederzugeben und sehr klar zu sagen, was auf dem Platz geschieht. Mit seiner Fähigkeit, jede andere Energie anzunehmen, sich in die Spieler und Trainer hineinzuversetzen, ist er der ideale Co-Trainer, der für alle im Team ein radikal ehrlicher Spiegel ist.

Unusual Business: In klassischen Unternehmen

Die vorangegangenen Beispiele aus dem Sport verdeutlichen die Dynamiken der Energietypen und warum nur alle zusammen zu einer perfekten Einheit verschmelzen und keiner allein das gemeinsame Ziel zu erreichen vermag. Auch in einem anderen Feld lassen sich die fünf Typen und ihre idealen Einsatzorte exemplarisch darstellen: im Bereich der Arbeit und des Berufs.

Manifestor: Freelancer, Visionär und Gründer

Der Manifestor ist der visionäre Gründer eines Unternehmens. Als einziger Typ, der ohne ein Zutun von außen Ideen entwickelt, beschreibe ich ihn gern folgendermaßen: Er kommt in unregelmäßigen Abständen im Unternehmen vorbei, um das Team in einer mitreißenden Präsentation über seine Ideen, Neuentwicklungen und Strategien zu informieren. Er zündet ein Leuchtfeuer und sieht bereits das Ziel vor Augen, ohne den Weg bis ans Ziel zu kennen. Für den Manifestor ist der Weg zum Ziel nicht entscheidend, diese Aufgabe darf er abgeben. Seine Aufgabe ist das Initiieren und das ständige Hinterfragen und Neudenken seiner Visionen, um die Welt oder das Unternehmen zu gestalten. Als unabhängiger und freiheitsliebender Energietyp bringt er die Menschen um sich herum in Wallung, etwas zu tun. Das geht einher mit ständigen Veränderungsprozessen. Wenn Manifestoren verstanden haben, dass sie keine Lebensweg-Schublade bedienen müssen und entscheidenden Einfluss auf ihre Mitmenschen haben, sind sie großartige Unternehmer, Selbstständige und Mitnehmer. Dabei dürfen sie sich jederzeit Richtungswechsel erlauben, um neue Pfade zu etablieren. Die anderen Typen müssen allerdings verstehen, warum der Manifestor tut, was er tut, oder wie er zu seinem Richtungswechsel und zu seinen Ideen kommt, damit sie seine Einladungen vollends akzeptieren können. Nach seinen Impulsen darf sich der Manifestor in den Urlaub verabschieden, denn seine Impulskraft setzt alles andere im Unternehmen in Bewegung und er braucht eine längere Erholungszeit, um neue Impulse setzen zu können. Ähnliche Züge weist der manifestierende Generator auf mit dem Unterschied, dass er durch seinen dauerhaften Motorantrieb die Kraft hat, dranzubleiben und diese Visionen eigenständig umzusetzen.

Generator und MG: Geschäftsführer, Abteilungsleiter, Facharbeiter, Freelancer

Die Generatoren und manifestierenden Generatoren nehmen begeistert die Ideen von Manifestoren auf und haben den Weg zum Ziel bereits im Kopf. Mit ihrer Kraft und Durchhaltepower stemmen sie große Projekte bis zum Schluss, wenn das Rad der Begeisterung erst einmal angestoßen ist. Sie sind geborene Geschäftsführer, Führungskräfte und Facharbeiter in ihrem speziellen Bereich, für den sie sich begeistern. Wichtig ist, dass der Generator seiner inneren Stimme folgt und sich den Druck von anderen nicht zu eigen macht. Seine kreative Energie fließt in die Projekte und das Unternehmen ein, wenn er seiner Freude folgen kann und seine persönlichen Grenzen wahrt. Der Generator ist der Umsetzer, das Wasser, das Ideen erst zum Fließen bringt.

Projektoren: Projektkoordinatoren, vertrauliche Personen, Berater, Abteilungsleiter, Berater der Geschäftsführung

Der Projektor übernimmt den »Draufblick«, wenn ein Projekt initiiert ist und die Generatoren mit Kraft und Begeisterung losrennen. Er sorgt dafür, dass jeder Typ in dem Bereich arbeitet, in dem er sein persönliches Potenzial freisetzen kann. Als geborener Koordinator überwacht er ganze Unternehmen, Deadlines, Projektfortschritte und kann ideal Teams einteilen, beraten oder Arbeitsschritte bestimmen. Seine weise und fokussierte Art sichert ihm die Anerkennung der anderen Typen, sodass sie ihn regelmäßig mit einbeziehen. Er leitet im Hintergrund, ohne in den Fokus zu rücken.

Reflektor: Freier Berater, Begleiter, »Erfühler von Unternehmen«, Vertrauensperson, Kommunikationsverantwortlicher, Feel-good-Manager

Der Reflektor kann mit seinen Fähigkeiten sowohl das Unternehmen als auch das Team und das Projekt spüren. Er nimmt jederzeit wahr, wie sich Dinge entwickeln, kann Reflexionen und Impulse setzen, um ein Projekt friedlich und in Begeisterung zu Ende zu führen. Die richtige Jobposition für einen Reflektor gibt es in unseren aktuellen Wirtschaftsstrukturen noch nicht. In meinen Augen gehört ein Reflektor als freier Berater oder Unternehmensbegleiter in jedes Management Board, allerdings ohne eine spezielle Rolle oder Aufgabe, sondern als reiner Beobachter, Erspürer, Seher, der sich immer dann einklinkt, wenn es nötig ist. Vollkommen frei begleitet er Teams, Chefs, den Visionär, und reflektiert, was er wahrnimmt. Diese Reflexion, die oft ein unliebsamer Spiegel für Schattenseiten, Fehler und Missverständnisse sein kann, führt auf Dauer zur Tiefentransformation in Unternehmen und Teams, zu nachhaltigen Produkten, die im Einklang mit unserer Erde sind, und zu ganzheitlichen Arbeitsweisen mit Wohlfühlen ohne Druck.

> Achtung: Diese Beispiele sind keine Pauschalisierung – sie dienen zum Grundverständnis der Typenenergien. Da das Human Design sehr individuell ist und jedes Chart ganz eigene Feinheiten besitzt, ist eine Verallgemeinerung nicht möglich.

DIE SIEBEN AUTORITÄTEN

IM HUMAN DESIGN

Deine Autorität: So triffst du Entscheidungen

Die Autorität ist die Instanz in uns, die uns Hinweise gibt, wie wir richtige Entscheidungen für unser System und unseren Lebensweg treffen (siehe ab Seite 153). Sie ist unabhängig von deinem Typ oder Profil. Diese Instanz entscheidet nicht auf rationale oder logisch erklärbare Weise, sondern über einen tiefen körperlichen Prozess. Bei der inneren Autorität geht es im ersten Schritt darum, sie zu verstehen, und im zweiten Schritt darum, sie zu fühlen und wahrzunehmen. Es gibt, wie im Folgenden gezeigt, insgesamt sieben Autoritäten, die uns weise durch unser Leben leiten, sofern wir zuhören und sie nicht übertönen.

Du findest deine Autorität bei allen Chart-Generatoren als Autorität/Authority dargestellt.

Emotionale Autorität: Klarheit durch das Auf und Ab der Gefühle

Die emotionale Autorität, auch Solarplexus-Instanz genannt, funktioniert wie eine Welle. Das bedeutet: Wenn du eine Entscheidung treffen sollst, wird deine Autorität erst einmal mit dir Fahrstuhl fahren. In diesem Auf und Ab kannst du zu Beginn so Feuer und Flamme für eine Sache sein, dass du unbedingt sofort Ja sagen willst. Nach einer gewissen Zeit und Überprüfung deines Standpunktes stellst du aber fest, dass es sich doch nicht so gut anfühlt. Negative Argumente, Körperzeichen oder andere Emotionen tauchen auf, die fern jeder Begeisterung liegen.

Du fragst dich sicher, wie in aller Welt man in einem solchen Fahrstuhl Entscheidungen treffen soll. Hier ist die Antwort: Die emotionale Autorität gibt dir die Möglichkeit, alle Aspekte deiner Entscheidung zu durchleben und ihre Konsequenzen zu sehen, bevor du eine klare Entscheidung triffst. Um alles zu durchleuchten, fährst du mit dem Fahrstuhl ganz hoch und wieder herunter, erst aufs Dach und dann in den Keller. Im Laufe der Zeit pendelt sich dieser Fahrstuhl in einer Etage ein; jetzt hast du die Möglichkeit, in Klarheit zu entscheiden, ob du hier aussteigen willst. Diese Autorität ermöglicht dir, dein System zu testen und in Ganzheit eine Entscheidung zu treffen.

Emotionale Autorität

»Das wird die Welt verändern, wir müssen alles stehen und liegen lassen und sofort damit anfangen.«

Emotionale Autorität, 5 Uhr morgens

Hier sprüht die Lebensenergie

Typen mit einer emotionalen Autorität wirken zuweilen wie ein übers Feld flitzender, Haken schlagender Hase. Sie repräsentieren das pulsierende Leben. Andere mögen es als hektisch und aufgescheucht empfinden, wenn dieser Typ spontane Entscheidungen trifft oder alles umwirft. Der emotionale Typ neigt dazu, schnell und gefühlsgesteuert zu agieren. Das Gute daran ist, dass dies andere Menschen belebt, denn jede Emotion ist bestückt mit Lebensenergie. Die Begeisterung, die du im ersten Moment spürst, kann für einen anderen Menschen eine Einladung sein und ihn bewegen, selbst wenn du dich am Ende anders entscheidest. Du brauchst wenig Reflexion von außen, da deine Emotionen die Entscheidung abwägen. Du kannst dir zwar Rat holen, kennst aber meist im Inneren schon die hilfreichen und die weniger hilfreichen Seiten deiner Entscheidung.

Wichtig ist für dich mit emotionaler Autorität:

- Nimm dir für große Entscheidungen Zeit.
- Teste vor der Entscheidung dein Gefühl für ihre Folgen. Verbringe zum Beispiel bei einem geplanten Wohnortwechsel einige Tage am neuen Ort und entscheide erst dann.
- Durchlebe ohne Wertung alle Emotionen, die diese Entscheidung in dir weckt.
- Notiere dir deine Emotionen und deine Haltung zur Sache über einen längeren Zeitraum, dann findest du heraus, welche Grundhaltung du hast und welche Tendenz sich abzeichnet.
- Setz dich nicht unter Druck und fordere genügend Zeit ein, um deine Entscheidung zu treffen.
- Unterdrücke deine Emotionen nicht, sondern lebe sie aus (sonst unterbrichst du deinen Energiefluss).
- Mach dir bewusst, dass du nicht impulsiv bist, sondern deine Emotion auch andere antreibt und in Bewegung und Wallung versetzt.
- Kläre andere Menschen über deinen Weg der Entscheidungsfindung auf, so warten sie deine Klarheit ab und nehmen die Veränderlichkeit deiner Ansichten nicht persönlich.

Was, wenn ich sofort entscheiden muss?

Da sofortige Entscheidungen manchmal unabdingbar sind, solltest du deine erste Reaktion genau beobachten und notieren. Dann stell dir das komplette Gegenteil vor, den Worst Case als Folge dieser Erstreaktion. Schreibe dir beide Szenarien auf je ein Blatt Papier. Lege die Blätter mit der Schrift nach unten auf den Boden. Stell dich mit den Füßen erst auf das eine, dann auf das andere Blatt. Versuche zu spüren, was dein Körper dir zu verstehen gibt.

Sollte es dir mal nicht gelingen, diszipliniert abzuwarten, dann ist das okay. Wir sind Menschen und vielleicht war deine vorschnelle Handlung oder Reaktion gerade wichtig für einen anderen Menschen. Sei nicht so streng mit dir, dass es dich einengt und unter Druck setzt. Lerne es, deine Prozesse anzusehen, wenn du kannst.

Typen mit einer emotionalen Autorität sind nicht hier, um abzuwarten – das werden sie auch mit größter Selbstdisziplin nicht schaffen. Wichtig ist zu sehen, wie der Fahrstuhl in die Höhe oder Tiefe schnellt, und sich zu sagen: »Das ist noch nicht das Ende vom Lied.«

Sakrale Autorität: Das Klicken der Bauchstimme

Die sakrale Autorität ist ein mechanischer Vorgang im Körper, der eine Reaktion darstellt auf das, was wir entscheiden sollen. Diese Autorität zeigt sich in einer Bauchstimme, die sehr eindeutig JA, JA, JA oder NEIN, NEIN, NEIN sagt. Die Bauchstimme meldet sich klar und deutlich fünf Sekunden nachdem wir mit der Entscheidung oder Einladung konfrontiert wurden. Danach wird diese innere Stimme leiser und wird meist von unseren Gedanken oder Emotionen überlagert. Die innere Stimme ist nicht die argumentative Abwägung von Fakten, das wäre dein Verstand. Die innere sakrale Stimme ist das erste körperliche Gefühl, das sich binnen Sekunden einstellt, wie ein mechanisches Klicken. Da diese Art und Weise des Entscheidens natürlich kein laut ausgesprochenes Ja oder Nein von sich gibt, habe ich aufgelistet, wie sich das anfühlen kann:

- wie ein klares »Hell, Yes!« oder »Fuck, No!«.
- wie ein Gefühl im Magen oder Bauch, das von Aufregung bis Unwohlsein reichen kann.
- wie ein Drang, einen Schritt nach vorn (Ja) oder zurück (Nein) zu gehen.
- wie ein Grummeln oder Grunzen im Bauch, das sagt: »Hmmm... (Ja)« oder »Mhmhmm... (Nein)«.
- wie eine Blitzeingebung, die nicht von oben, aber aus dem unteren Körperbereich kommt.

Die sieben Autoritäten im Human Design

Sakrale Autorität

Dein Klick zur Wahrheit lässt den Motor anspringen

»Hell, yes!
Ich sprudle über und bin on fire,
lass uns losgehen!«

Sakrale Autorität bei einem klaren JA!

Wie äußert sich ein Ja und wie ein Nein?

In dem Moment, in dem die Bauchstimme Ja sagt, fühlt man sich angezündet, spürt Vitalität, Kraft und unerschöpfliche Energie und hat richtig Bock auf das, was gerade vorgeschlagen wurde.

Die sakrale Autorität, die laut und deutlich Ja zu etwas sagt, wird oft als Zündungsmoment bezeichnet, als Kraftschub, der den Energiemotor sofort in Bewegung setzt, sodass man direkt loslaufen kann. Hört man auf diese Bauchstimme, steht endlose Energie zur Verfügung, da man in den meisten Fällen seiner Freude und Begeisterung gefolgt ist. Der Motor hat genügend Treibstoff (die Freude), um ohne Unterlass zu laufen. Alle Arbeiten und Dinge, die mit dieser Entscheidung einhergehen, können spielend leicht erledigt werden und die Freude an der Sache schwindet nicht.

Ein Nein kann sich anfühlen, als ob gar nichts passiert. Jedenfalls fühlt es sich alles andere als angezündet an. Achte bei einem Nein auf deine Körpersprache. Die sakrale Autorität kann dich einen Schritt zurückgehen lassen oder du spürst, dass dein Körper sich verschließt. Ein Nein kann sich jedoch auch in Form einer tiefen Ablehnung ausdrücken, begleitet von Unwohlsein oder einem Grummeln im Bauch.

Was passiert, wenn ich die innere Stimme übergehe?

Gegenfrage: Was passiert mit einem Auto, das keinen Sprit mehr hat? Du kannst den Zündschlüssel noch so oft umdrehen, der Motor wird keine Fahrt aufnehmen, wenn nur dein Verstand Ja und dein System aber Nein sagt. Selbst wenn der Motor kurz anspringt, wird er vor sich hin ruckeln, bis er irgendwann ausgeht. 100 Stundenkilometer oder mehr sind in diesem Zustand nicht möglich und die Freude beim Fahren lässt auf sich warten. Der Tank ist leer, weil kein Treibstoff in Form von Freude vorhanden ist.

Ein Ja aus falschen Beweggründen heraus und obwohl deine innere Stimme Nein sagt, geht immer auf Kosten deiner Lebensenergie und Freude. Du kannst bei einer Entscheidung gegen dich selbst nur verlieren. Wenn du aus falscher Loyalität, auf Druck oder aus Verpflichtungsgefühl Ja sagst, fehlt dir Energie und es wird dir schwerfallen, diesen Prozess zu Ende zu führen. Du empfindest vermutlich Frust, weil du gegen deine Autorität gehandelt hast und eigentlich keine Lust hattest, dich in Bewegung zu setzen.

Wie kann ich die sakrale Autorität wahrnehmen?

Bitte Menschen in deinem Umfeld, dir klare Ja/Nein-Fragen zu stellen, und beobachte, wie dein Körper reagiert. Notiere dir deine Reaktionen und versuche, diese im Alltag wahrzunehmen.

Eine Übung dazu: Schreib auf ein weißes Blatt das Wort JA und auf ein anderes das Wort NEIN. Du drehst beide Blätter um und legst sie auf den Boden. Stell dich mit beiden Beinen auf ein Blatt, schließe die Augen und höre deinem Körper zu. Wie reagiert er auf dem Blatt, auf dem NEIN steht, und wie reagiert er auf dem Blatt mit JA? Nimmst du Unterschiede wahr? Übe, diese zu erkennen.

Deine Superkraft mit dieser Autorität

Du bist in der Lage, sofort Entscheidungen zu treffen, die für dich gut sind, wenn du es musst. Wichtig: Deine innere sakrale Stimme entscheidet jenseits deines Verstandes immer für dich, deine Kraft und dein System. Auch wenn der Verstand es nicht immer deuten kann – nimm wahr, was dir dein Körper sagt, und folge dieser Stimme.

Milz-Autorität:
Der Urinstinkt als flüsternder Kompass

Die Milz-Autorität ist auch als unsere Intuition bekannt, unser Urinstinkt, der sich blitzschnell meldet und uns im richtigen Moment etwas zuflüstert. Ich schreibe dir hier einige Sätze auf, die gut beschreiben, warum die Milz-Autorität sich auf verschiedenste Arten zeigen kann:

- Ich wusste es einfach, als ich ihn gesehen habe.
- Das hat sich sofort richtig angefühlt.
- »Etwas hat mir gesagt, ich soll den anderen Weg nehmen.
- Kurz bevor Oma angerufen hat, habe ich an sie gedacht.

All das und noch vieles mehr ist die Milz-Autorität als innerer Kompass. Im Vergleich zu anderen Autoritäten ist sie wie ein leises Mäuschen, das sich nur mit einem kurzen Piep meldet. Dieses Piepsen können wir leicht überhören, wenn wir zu sehr mit unseren Emotionen, Gedanken oder der Menge an Reizen, die auf uns einströmen, beschäftigt sind.

Milz-Autorität

Der flüsternde Urinstinkt, der dich warnt und leitet

»Etwas hat mir gesagt, ich soll den anderen Weg nehmen.«

Milz-Autorität auf dem abendlichen Nachhauseweg

Im Milzzentrum sitzen unsere Urinstinkte, die eng verknüpft sind mit unseren animalischen Reaktionen: Kampf, Flucht, Erstarren aus tiefer Angst. Diese Mechanismen verdeutlicht uns die Milz-Autorität und sagt uns leise, was zu tun ist.

Die kleinen Zeichen wahrnehmen

Wenn die Milz-Autorität uns mitteilt, dass etwas richtig und gut für uns ist, dann kann es sich anfühlen wie:

- ein Aufleuchten in deinen Augen, deinem Körper,
- ein tiefes Durchatmen und Ankommen,
- ein Gefühl, sofort in Verbindung mit einer Sache oder Person zu sein,
- das Gefühl, sicher zu sein.

Wenn die Milz-Autorität uns leise zuflüstert, dass etwas nicht gut für uns ist, dann kann sich das folgendermaßen zeigen:
- ein kurzes Aufkeimen von Angst,
- das Gefühl, absolut unsicher zu sein, fallen zu können, beobachtet zu sein,
- das Gefühl, bedroht zu sein, verfolgt zu werden,
- das Gefühl, den Ausgang kennen zu müssen, um weglaufen zu können.

Ich würde gern schreiben, dass die Milz-Autorität einfach da ist, aber leider hören viele von uns diese Stimme nicht mehr, weil alles andere um sie herum so laut und alles zu viel ist und der eigene Weg zu wenig Berechtigung bekommt. Deswegen ermuntere ich dich, dich mit deiner Milz-Autorität, deinem Human Design und dieser inneren Stimme auseinanderzusetzen, sodass du sie hören und nutzen kannst. Denn sie ist ein sehr weiser innerer Kompass.

Die Milz-Autorität gibt uns also kein klares Ja oder Nein, sondern ist wie ein Wegweiser, der uns ein Gefühl zur Entscheidungsfindung mitgibt, das wir berücksichtigen dürfen.

Herz-Autorität:
Dein Herz schlägt höher für deine Wünsche

Die Herz-Autorität ist die seltenste Autorität im Human Design. Nur wenige Menschen sind mit dieser Autorität ausgestattet, die es ermöglicht, direkt dem Herzen zu folgen. Die Herz-Autorität ist dafür da, dass du deine Herzenswünsche annimmst und bei jeder Entscheidung berücksichtigst, ob sie zur Erfüllung deines Wunsches beiträgt. Die Herz-Autorität meldet sich am schnellsten von allen Autoritäten und zeigt dir, welche Richtung, welcher Weg dir entspricht.

Diese Autorität verhilft zu einem eisernen Willen, wenn du dich für eine Sache entscheidest, die deinem Herzen dient. Manchmal kann der Wille so stark werden, dass andere Menschen dich als egoistisch bezeichnen.

Die klare Ansage

Deine Herzstimme meldet sich mit einem klaren Ja oder Nein aus deinem Herzen, das sich wie folgt anfühlen kann:

- Du fühlst dich zu etwas hingezogen oder davon abgestoßen.
- Dein Herz klopft plötzlich höher, wenn du jemandem oder etwas begegnest, der oder das richtig für dich ist.
- Du bemerkst einen stärker werdenden Blutfluss, wirst rot oder dir wird warm.
- Du fühlst deinen Puls stärker und/oder ein Pochen.
- Es durchströmt dich eine warme, kribbelnde Energie.

Man könnte fast bildhaft sagen, dass sich ein Gefühl der Liebe auf den ersten Blick einstellt, wenn etwas für dich richtig und dein Herz mit voller Kraft dabei ist. Dein Erfolg hängt davon ab, wie sehr dein Herz eine Sache möchte und dir ein Zeichen dafür gibt, dass du Ja sagen sollst.

Wenn dein Herz dir kein Zeichen gibt oder du nichts verspürst, dann ist das der Input für dich, keine Zeit zu verschwenden, sondern weiterzugehen.

Wenn dein Herz etwas tun muss, das es nicht will, dann mündet das meist in ein Gefühl der Unterordnung und einen ständigen inneren Kampf. Die Kraft deines Herzens sollte genutzt werden, um deine, wirklich nur deine Ziele zu erreichen, und nicht dafür, sich unterordnen zu müssen.

Herz-Autorität

Für deinen Herzensweg ohne Kompromisse

»Mein Herz pocht und es wird ganz warm in mir. Dieser Mensch/dieser Weg ist richtig für mich.«

Herz-Autorität, die blitzschnell Entscheidungen trifft

Selbst-Autorität:
Über Sprechen die Richtung erkennen

Mit einer selbstprojizierenden Autorität triffst du Entscheidungen, indem du in Gegenwart eines anderen darüber sprichst und wahrnimmst, wie Stimme und Brustkorb verschmelzen. Dabei geht es nicht darum, dir Rat einzuholen oder die Meinung anderer, sondern dir einen Raum zu schaffen, in dem du über das aktuelle Thema frei sprichst. Du wirst durch die Art deines Sprechens merken, wie deine Entscheidung aussieht. Drückst du dich beispielsweise sehr leise und stockend aus, sagt dein inneres Richtungszentrum klar Nein zu der Sache. Bist du im Redefluss und gehen dir die Worte leicht über die Lippen, dann ist das ein Ja zu der Sache.

Du kannst auf Folgendes achten:

- Fällt es dir leicht, darüber zu sprechen, oder hast du einen Kloß im Hals?
- Ist deine Stimme klar und deutlich oder bist du eher leise und zurückhaltend?
- Stockt dein Wortfluss oder findest du gleich die richtigen Worte?
- Beobachte, ob dein Brustraum frei ist oder ob sich beim Sprechen etwas zusammenzieht und beklemmend wirkt.
- Gute Indikatoren sind Hustenreiz, Husten oder ein sich beschleunigender Atem.

Mit dem Prozess des Darüber-Redens wird in deinem Selbstzentrum die Entscheidungsfindung mechanisch angeregt und stellt sich gezielt auf deine Richtung ein. Deine Entscheidungen beruhen darauf, wie sehr du bei dir bist und deinen Wert kennst. Ist dein Selbstzentrum durch andere Menschen stark geprägt, kann dir deine innere Autorität den Weg dieser Menschen als Entscheidung für dich vorgaukeln. Such dir jemanden, der deinen Weg der Entscheidungsfindung kennt und einfach nur zuhört. Über die Energie des anderen bist du in der Lage, deinen Prozess zu durchlaufen.

Solltest du merken, dass dein Selbstzentrum »eiert«, also sich weder ein Dafür noch ein Dagegen einstellt, dann kannst du dein Gegenüber bitten, dir folgende Reflexionsfragen zu stellen, um tiefer einzutauchen:

Die sieben Autoritäten im Human Design

Selbst-Autorität

Dein Beamer, der die Antwort auf die Leinwand projiziert

»Ich weiß nicht ... Also, ich ... hmmm ... irgendwie kommt das mal so und dann wieder mal so.«

Selbst-Autorität, durch Sprechen reflektierend

- Wie ginge es dir damit, wenn du Ja sagen würdest?
- Wie ginge es dir damit, wenn du Nein sagen würdest?
- Was fühlst du beim Sprechen?
- Welche drei Begriffe möchtest du zu diesem Prozess aussprechen?

Bitte achte darauf, dass du der inneren Autorität folgst und es nicht zerdenkst, sondern auf deinen Richtungsweiser in der Brust achtest.

Was mache ich, wenn ich kein Gegenüber habe?

Leider funktioniert diese Autorität nicht, wenn wir mit unserem Spiegelbild sprechen. Du brauchst die Leitbahnen einer anderen Person, auf die du deine Entscheidungsfindung projizieren kannst, wie eine Art Leinwand, auf die du deinen Beamer gerichtet hast. Schnell wird sehr deutlich, was das Schlussbild deiner Entscheidung ist. Wenn du niemanden zum Sprechen in der Nähe hast, dann nimm das Telefon in die Hand und versuche, jemanden zum Sprechen zu kontaktieren. Äußere deinen Gesprächsbedarf, andernfalls dreht sich dein Richtungszentrum mit dir im Kreis und du kannst nicht genau erkennen, welche Projektion der Beamer an die Leinwand wirft.

Mentale Autorität: Entscheidungen durch Fühl-Dialog

Die mentale Autorität ist den Projektoren vorbehalten und stellt sich dar wie eine Art sensorisches Radar, das du beim Sprechen aktivierst. Auch du solltest dir zur Reflexion und Entscheidungsfindung einen Menschen suchen, mit dem du reden kannst. Du wirst beim Sprechen merken, wie deine Entscheidung ausfällt und wie du darüber sprichst. Bist du beispielsweise sehr leise und stockend im Sprechen, sagt deine Autorität klar Nein zu der Sache. Bist du im Redefluss und es geht dir leicht über die Lippen, dann ist das ein Ja zu der Sache.

Du bist auch hier der Beamer, der sein Empfinden auf eine Leinwand (den Zuhörer) wirft. Zusätzlich dazu hast du allerdings noch weitere kleine Beamerverstärker und Stimmungsmacher des Körpers (Kopf, Krone). Diese Mini-Beamer nenne ich deine Fühler, die die Leinwand in einem anderen Licht ausleuchten und Aspekte hinzufügen, die aus der mentalen Ebene stammen. Ein Fühl-Beamer kann eine Entscheidung in ein anderes Licht rücken, indem er eine andere Farbe

Mentale Autorität

»Ich fühle den Raum und werde beim Sprechen sehr freudig – ich gehe diesen Weg.«

Mentale Autorität beim Fühl-Dialog durch Sprechen

auf die Leinwand projiziert. Also achte sorgsam auf die kleinen Fühl-Beamer, die deine Entscheidung abtasten. Beobachte folgende Dinge beim Sprechen:

- Fällt es dir leicht, darüber zu sprechen, oder hast du einen Kloß im Hals?
- Ist deine Stimme klar und deutlich oder bist du eher leise und zurückhaltend?
- Stockt dein Wortfluss oder findest du gleich die richtigen Worte?
- Surrt es in deinem Kopf oder bewegst du den Kopf hin und her?
- Hast du Klarheit oder eine Art Nebel im Kopf, wenn es um diese Sache geht?
- Bist du verwirrt und suchst lange nach den richtigen Worten?
- Gute Indikatoren sind Huster beim Sprechen.

Erweiterte Entscheidungsfühler

Mentale Autorität bedeutet nicht, dass du aus deinem Verstand heraus entscheidest und endlos abwägst und argumentierst. Ein Gedankenkarussell ist keine Autorität. Die mentale Autorität ist eine höhere Weisheit in dir, die über die Fühler Kopf, Krone und Kehle zum Tragen kommt und dir den Weg weist. Ist dein Verstand sehr konditioniert, kann es meiner Erfahrung nach helfen, wenn dein Gegenüber dich anleitet, die Augen zu schließen, und dich in die Tiefenatmung führt. Aus diesem Zustand heraus kannst du nun sprechen und auf der mentalen Ebene wahrnehmen, wie du zu dem Thema stehst. Leider funktioniert diese Autorität nicht, wenn wir mit unserem Spiegelbild sprechen. Du brauchst die Leitbahnen einer anderen Person, auf die du deine Entscheidungsfindung projizieren kannst wie eine Art Leinwand, auf die du deinen Beamer gerichtet hast. Schnell wird sehr deutlich, was das Schlussbild deiner Entscheidung ist. Wenn du niemanden zum Sprechen in der Nähe hast, dann nimm das Telefon in die Hand und versuche, jemanden zum Sprechen zu finden. Äußere deinen Gesprächsbedarf, andernfalls dreht sich dein Richtungszentrum mit dir im Kreis und du kannst nicht genau erkennen, welche Projektion der Beamer an die Leinwand wirft und welche besonderen Aspekte deine Fühler mit einfließen lassen.

Lunare Autorität

»Heute Ja, morgen Nein – alles in den Weisheitssack hinein.«

Lunare Autorität beim Sammeln der Entscheidungsaspekte

Lunare Autorität: Durchleben des Mondzyklus für nachhaltige Entscheidungen

Diese Autorität ist dem Reflektor vorbehalten. Er taucht dabei in einen Mondzyklus ein und beobachtet etwa 29 Tage lang (bitte entspannt sehen) scharfsinnig, wie sich sein Blick auf eine Sache verändert. Nach diesem Prozess hat der Reflektor so gut wie alle Aspekte beleuchtet. Er hat es durchdacht auf mentaler Ebene. Er hat es gefühlt als Emotion. Er hat es bewegt durch die Energie, die ihn antreibt. Er hat es mit anderen geteilt, um eine Projektion zu erhalten. Dieses weise Eintauchen und Abwarten ermöglichen ihm, völlige Klarheit darüber zu erlangen, wer er in dieser Sache ist und wie er handeln und sich entscheiden möchte.

Transite sorgen für Klarheit

In den 29 Tagen, die der Reflektor in seinen Prozess eintaucht, durchläuft er verschiedene Transite (siehe Seite 133 f.), die es ihm ermöglichen, viele Aspekte in seine Entscheidung einzubeziehen.

So definiert ein Transit das Emotionszentrum des Reflektors. Dies ermöglicht ihm, für kurze Zeit auf emotionaler Ebene in seine Entscheidungsfindung einzutauchen und die gesamte Farbpalette der begleitenden Emotionen wahrzunehmen. Für seine Gesamtentscheidung ist es wichtig, dies kurzzeitig gefühlt und wahrgenommen zu haben, damit Klarheit im System herrscht. Er kann emotional übersprudeln und diesen Aspekt sehen.

Ein weiterer Transit definiert den Kopf/Verstand des Reflektors und sorgt dafür, dass sein Gedankenkarussell zur Ruhe kommt und er fundierte Gedanken zu Ende denken kann. Ihm wird klar, welches Wissen er besitzt, und er kann seine Gedanken von jenen anderer unterscheiden. Dieser Transit ist sehr hilfreich für seine Entscheidungsfindung, der Reflektor kann einen Moment lang sich selbst denken hören.

Dieser Prozess bedeutet die Durchwanderung und kurzzeitige Definition aller 64 Tore des I Ging. So kann er eine allumfassende Entscheidung treffen, weil er die Auswirkungen der Entscheidung aus den Blickwinkeln aller Möglichkeiten, Impulse und Emotionen gesehen hat.

Bitte achte darauf, dass du diesen Prozess wertfrei durchläufst und dich für deine verschiedenen Sichtweisen nicht verurteilst. Du bist ein Sammler mit einem großen Weisheitssack und wirfst jeden Tag eine andere Komponente in diesen Sack hinein. Am Ende wird dir klar werden, welche Aufschrift der Sack trägt.

6	Weiser Adler und Rollenvorbild
5	Held, Retter und Krisenfeuerwehr
4	Netzwerker und Menschen-Mensch
3	Abenteurer und Trial-Error-Mensch
2	Naturtalent und Einsiedler
1	Forscher und Lehrer

DIE SECHS LINIEN UND ZWÖLF PROFIL IM HUMAN DESIGN

Die Linien in deinem Profil: Wie lebst du deine Eigenschaften?

Im Human Design finden wir insgesamt sechs Linien. Diese Linien stammen aus den Schriftzeichen des I Ging, siehe Abbildung. Die jeweilige Linie verrät uns, mit welcher Qualität wir eine Eigenschaft ausleben. Diese Linie erweckt unsere Gene (siehe Kapitel »Die 64 Tore im Human Design« ab Seite 247) erst zum Leben und gibt dieser Sequenz einen Kontext, in dem sie ausgelebt werden kann. Man könnte auch sagen: Die Linien sind die Zelle, in der die Gensequenz wirken kann. Hinter jedem Tor befindet sich eine Linie. Nehmen wir das Tor 44.2, das bedeutet, hinter dem Tor 44 steht die Linie 2. Die Linie 2 zeigt an, in welchem Bereich das Tor 44 ausgelebt wird.

Ein Garten voller Eigenschaften

Stell dir vor, dein Talent »visionäres Denken« wäre eine Pflanze. Damit du visionär denken kannst, brauchst du für deine Pflanze den richtigen Ort, die richtige Temperatur, die richtigen Nährstoffe und natürlich Sonnenlicht. Eventuell brauchst du bestimmte Nachbarpflanzen, um dich entfalten zu können, gewisse Schattenzeiten oder es bekommt dir nicht gut, wenn andere Pflanzen zu dicht neben dir wachsen. Was jede deiner Pflanzen (die 64 Tore) braucht, verraten dir die Linien im Human-Design-Chart. Du findest hier also Hinweise darauf, wie du am besten deine Eigenschaften (aus den Toren) auslebst, für dich nutzt oder sie transformieren (auflösen) kannst.

Über die »Orte im Haus«

Über das I Ging, aus dem die Linien im Chart stammen, habe ich anfangs ein wenig berichtet und ich möchte dieses komplexe Thema so einfach wie möglich halten. Deswegen verwenden wir zum Verständnis die Analogie eines Hauses. In der Übersicht am Kapitelanfang siehst du, dass jede Linie einen anderen Platz im Haus hat. Das Fundament ist die erste Linie, hoch über dem Dach fliegt die sechste Linie.

Jede Linie hat einen optimalen Platz und benötigt spezifische Voraussetzungen, um sich entfalten zu können. Die wichtigsten Fragen, die du dir zu den Linien stellen kannst, sind:

- Wie blicke ich mit dieser Linie auf die Welt?
- Gibt es im Haus viele Bewohner oder Besuch?
- Gelangt jeder in diesen Hausbereich?
- Ist dort Rückzug oder eher Küchenparty angesagt?
- Was würde in diesem Bereich stören?
- Was würde diesen Bereich ungemütlich machen?
- Was gehört dorthin, was nicht?
- Was bringt diesen Bereich zum Einsturz?
- Welche Elemente verschönern diesen Hausbereich und schmücken den Raum aus?
- Was bedeutet diese Linie für das Ausleben meiner Tor-Eigenschaft?

Damit du besser verstehen kannst, wie eine Linie deine individuellen Talente beeinflussen kann, hier ein Beispiel.

Die erste Linie: Die Kellerbasis

Der Forscher und Lehrer ist in unserem Haus im Keller, im Fundament angesiedelt. Diese Linie benötigt eine Art geerdete Höhle, in der sie ungestört sein kann, um sich Wissen anzueignen und tief in Themen einzutauchen. Wie viele Hausbewohner leben normalerweise im Keller? Meist niemand. Gibt es dort Menschenansammlungen? Vielleicht einmal im Jahr zur Weinverkostung. Nur selten kommt jemand in den Keller, um etwas zu holen, außer der Höhlenbewohner lädt ein. Hier wird gelagert, hier ist das Fundament des Hauses, des Lebens der anderen Linien. Hier liegen oft Dinge, die man gar nicht mehr braucht. Die 1er-Linie lagert Wissen – manchmal zu viel, manchmal Wissen, das man nicht mehr braucht – und bildet durch ihre Kenntnisvielfalt das Fundament für die anderen Linien. Was würde das Fundament zum Einstürzen bringen? Sicherlich eine unzureichende Bauweise, fehlende Teile, lückenhaftes Ingenieurswissen und eine schwache Deckenkonstruktion. Was stört im Keller? Wenn sich zu viele Dinge ansammeln, die nicht mehr gebraucht werden, die man aber für den vermutlich nie eintretenden Notfall aufbewahrt. Der Fundamentkeller der 1er-Linie kann also mit unnützem Wissen verstopft sein. So sieht die 1 nicht mehr, was wichtig ist für das Fundament und was nicht. Im schlimmsten Fall findet die 1 vor lauter Gerümpel die Treppe nicht mehr, um ihr Wissen nach draußen zu bringen. Die 1er-Linie braucht eine sortierte und fensterlose Kellerhöhle, wenn sie ihren Forschungsdrang ausleben und in Wissen, Büchern und Erkenntnissen verschwinden will. Die größte Angst der 1er-Linie ist dennoch, nicht genug zu wissen, denn dann könnte das Fundament einstürzen (deswegen neigen manche 1er auch dazu, den Keller vollzustopfen – und ich meine das liebevoll).

Du siehst an dieser einfachen Analogie, dass du nicht immer alle Details der Linien wissen musst – du kannst dir das Haus vorstellen und ableiten, was gebraucht wird, was Schattenthemen sein können, wie der Blick von einem Ort im Haus auf die Welt aussieht und was man dabei sieht und nicht sehen kann oder muss.

Tor 60.5: Ketten sprengen, Leben retten

Du bist besitzt das Tor 60.5, also das Tor 60 in der Linie 5. Das bedeutet: Das Tor 60 steht für Begrenzungen, Gesetze, Beschränkungen und zeigt dir, dass du dazu neigst, Begrenzungen aufzulösen. Du kannst Gesetze neu denken und Energie aufbringen für die Transformation oder die Veränderung von Beschränkungen. Die 5er-Linie lebt in der Dachgeschosswohnung mit Balkon oder sitzt auf dem Dach. Sie ist die Heldenlinie, erkennt wie Batman vom Dach aus einen Notfall und fliegt als Feuerwehr und Lebensretter aus. Für das Tor 60 bedeutet es, dass du Begrenzungen und Beschränkungen aufheben kannst oder wirst, indem du dich als Held zeigt und Grenzen auflöst. Das heißt, du gehst in deinem Superman-Kostüm mit gutem Beispiel voran und zeigst den Menschen, wie sie ihre Grenzen überschreiten können. Wenn du das Tor 60 mit der 5er-Linie auslebst, dann kannst du das nicht im Keller, sondern du musst losgehen und den anderen demonstrieren, wie du das machst. Du darfst jederzeit auf dein Dach zurückkehren, um den Überblick zu behalten. Du entscheidest, welche Begrenzungen du auflöst und wann du losfliegst, um ein Held zu sein.

Tor 60.2: Wissen weitergeben – zu den eigenen Bedingungen

Wenn du das Tor 60.2 hast, das Tor 60 in der zweiten Linie, bedeutet das: Die 2er-Linie ist das zurückgezogene Naturtalent. Mit dieser Linie wirst du von anderen gebeten, aus deinem Rückzug herauszutreten und ihnen durch deine Gaben und Talente zu zeigen, wie man Begrenzungen aufheben kann. Wenn du beispielsweise eine passionierte und talentierte Köchin bist und das Kochen von Natur aus dein Talent ist, dann ist es möglich, dass die Menschen wissen möchten, wie sie mit dieser Gabe ihre Begrenzungen im Bereich Ernährung auflösen können. Über die Demonstration deines Talents sorgst du dafür, dass deine Begrenzungen und die anderer Menschen transformiert werden. Am besten machst du das mit der 2er-Linie im Tor 60 allerdings in deiner Rückzugsküche, wo du mit Freude dem Kochen nachgehen kannst, nur wenige Menschen um dich herum hast und mit Vergnügen werkeln kannst – dann entfaltet sich dieses Potenzialtor am besten.

Du siehst an diesen Beispielen, dass wir alle unsere Tore sehr differenziert ausleben können. Die Linien geben dir dabei einen Hinweis darauf, wie du am besten die Qualität des Tores auf die Straße bringst, und zwar so, dass es sich für dich gut anfühlt und du im höchsten Effizienz-Modus für dich und deine Energie bist. Auch hier sieht man wieder deutlich: Sich mit anderen Menschen zu vergleichen, ist zwecklos, es macht keinen Sinn – wir sind alle so besonders anders.

Die sechs Linien im Überblick

Ähnlich wie den fünf Energietypen im vorangegangenen Kapitel lassen sich den sechs Linien grundlegende Profile zuweisen.

Die 1er-Linie: Der Forscher und Lehrer

Die erste Linie bildet das Fundament des Hauses. Die 1er-Linie möchte Sicherheit und bietet Sicherheit, indem sie zum Fundament aller Dinge durchdringen will. Dieser Drang, alles in der Tiefe zu erforschen und zu verstehen, gibt der 1er-Linie Stabilität und führt dazu, dass im Laufe des Lebens eine große Menge an tiefgründigem Wissen angesammelt wird. Diese Linie studiert, liest, forscht, ergründet, will verstehen und kann sich stundenlang in Daten, Fakten und Wissen verlieren. Wenn die Menschen der 1er-Linie auf Tiefgang-Modus schalten, dann wollen sie in ihrer Welt sein, ungestört und zurückgezogen, in ihrer Höhle, dem Keller des Hauses. Das höchste Potenzial entfaltet die 1er-Linie, wenn sie Entspannung durch tiefe Analyse findet. Ihre Schattenseite ist allerdings, dass sie zu sehr Sicherheit in Wissen sucht. Es entsteht das Gefühl, nie genug zu wissen, um endlich losgehen und sich mitteilen zu können. Die 1er-Linie darf Sicherheit in sich finden mit den Erkenntnissen, die sie erlangt. Andere Menschen lernen sehr gern von dieser Linie und nehmen sie als Lehrer wahr. Die 1 kann ihr Wissen vermitteln, wenn sie Wissen integriert und erfahren hat; dann ist sie in der Lage, das Wissen zu übersetzen und zu transportieren. Mit einer 1er-Linie im Profil und in anderen Toren ist sie ein Deep Diver und nicht für Small Talk zu haben.

Die 1 darf im Laufe des Lebens lernen, dass die Wissenssuche immer weitergeht, der Selbstwert aber nicht vom Wissen abhängig ist. Bitte denke auch hier an das Haus – die 1er-Linie liebt die Höhle, die sich im besten Fall im unteren Teil des Hauses befindet. Eine Höhle kann man durchaus im Dachgeschoss einrichten, es ist nur eine Analogie, nimm sie nicht allzu ernst. In einem solchen Rückzugsraum kann die 1 ungestört ihre Ordnung pflegen, sich entspannen und tief tauchen. Liebe 1er-Linie, sag dir, dass du genug weißt, und traue dich, dein Wissen als Lehrer in die Welt zu geben, denn dafür bist du hier. Denke daran, dass dein Fundament zwar stabil stehen darf, aber du in deinem Fundamentkeller nichts horten musst, um gut genug zu sein.

Was bringt mir Leichtigkeit als 1er-Linie?
- Dein Wissen weitergeben: dem Forschen ein Lehren anschließen.
- Dir sagen, dass du bereits genug weißt.
- Dem Wissensbereich nachgehen, bei dem deine Autorität/Strategie laut Ja ruft.
- Deine Höhle, um Wissen zu sammeln.

Welche Schattenthemen können bei der 1er-Linie auftreten?
Gefühl: Unsicherheit
Affirmation: Ich bin klar und fokussiert.
Gefühl: Gedankenchaos
Affirmation: Ich komme in die Stille und informiere mich.
Gefühl: Angst, falschzuliegen
Affirmation: Ich vertraue meinem Wissen.
Gefühl: Kontrollverlust
Affirmation: Ich bin in Balance.

Wie kann ich als 1er-Linie erfolgreich sein?

- Wissen als Fundament für deine Arbeit, dein Leben nutzen und verbreiten.
- Eine gut sortierte Wissensbibliothek pflegen.
- Einen Raum als Höhle zum Rückzug und Forschen gestalten und nutzen.

Die 2er-Linie – das intuitive Naturtalent

Die 2er-Linie ist im Gegensatz zur 1er-Linie ein intuitives Wesen, das Wissen mitbringt und im Fühlen zugänglich machen kann. Als Naturtalent begleiten die 2er-Linie meist mehrere natürliche Gaben, die regelmäßig ausgelebt werden wollen. Die 2er-Linie ist gern mit sich allein und verbringt viel Zeit damit, ihren Talenten nachzugehen; dazu braucht sie wenig andere Menschen um sich herum. Das kann kreatives Handwerk, Arbeit mit Tieren, Natur, Kunst, Kochen, Musik und mehr sein. Andere Menschen bewundern die 2 oft für ihre Talente, obwohl sie sich nicht so sieht und manchmal ihre Talente verkennt. Im Haus lebt die 2 in der Einliegerwohnung im Erdgeschoss. Sie ist zwar angebunden an das Haus, braucht aber ihren Bereich. Die Anbindung an das Hausleben ist wichtig, weil die 2 oft von anderen aus ihrer Wohnung gebeten wird, um ihre Talente zu teilen. Trotzdem bevorzugt die 2, dass andere Menschen an die Tür klopfen und nicht ungefragt durch ihren Bereich laufen. Für die 2er-Linie sind Menschenmengen und wildes Treiben in ihrem Bereich kontraproduktiv. Sie ist lieber für sich, empfindet Leichtigkeit und erlangt Zugang zu ihrem tiefen inneren Wissen. Das Schattenthema der 2er-Linie ist Einsamkeit, weil sie das Gefühl hat, sich verstecken zu wollen, und ihre Talente und Gaben nicht wirklich wertschätzen kann. Oft wirken 2er-Linien schüchtern und manchmal gar als Einsiedler. Die 2 darf sich regelmäßig daran erinnern, dass ihr Rückzug zwar ihre Kraft ist, aber dass andere Menschen durch ihre Talente und Gaben lernen können und Inspiration erhalten.

Was bringt mir als 2er-Linie Leichtigkeit?
- Deinem Talent nachgehen, wann immer du es spürst.
- Dich abgrenzen und zurückziehen, wenn du es brauchst.
- Dir genug Zeit einräumen, um deinem Talent Raum zu geben (es ist deine Regenerationszeit).
- Dir mit dem Verstand nicht alles erklären wollen, was du bereits weißt und mitgebracht hast.

Welche Schattenthemen können bei der 2er-Linie auftreten?
Gefühl: Isolation
Affirmation: Ich bin frei.
Gefühl: abgeschnitten sein
Affirmation: Ich kenne mein Potenzial.
Gefühl: verschlossen sein
Affirmation: Ich zeige meine Talente und öffne mich.
Gefühl: Unruhe/Unordnung
Affirmation: Ich bin in meiner Mitte. Ich habe meine Ordnung.

> **Wie kann ich als 2er-Linie erfolgreich sein?**
>
> - Dein Talent anderen vermitteln, während ihr etwas gemeinsam tut.
> - Auf deine innere Weisheit vertrauen und deiner Intuition Raum geben.
> - Anderen zuhören, wenn sie dir sagen, welche Talente und Gaben sie bei dir sehen, und diese annehmen.

Die 3er-Linie: Der Abenteurer

Die 3er-Linie ist die Abenteurer-Linie im Human Design. Diese Linie ist eine Trial-and-Error-Linie, die aus der Erfahrung lernt. Hinfallen, aufstehen, von vorn anfangen, lernen. Durch ihre Erfahrungen sammeln diese Linien Wissen und Erfahrungen und dürfen Berge und Täler in voller Fahrt mitnehmen. Es gibt für sie kein »falsch« oder »Scheitern«, denn jede Erfahrung ist wichtig für sie. Sie bringen Veränderung und springen gern in neue Abenteuer. Sie schmeißen die Bücher beiseite und wollen alles in der Welt sehen, erleben und fühlen. Diese Linie benötigt Verständnis von anderen Menschen und darf Sicherheit darin finden, dass jedes Abenteuer wichtig ist für den eigenen Weg. In unserem Haus habe ich die Linie 3 in die erste Etage gesetzt, auf den Vorsprung des Dachs, immer bereit zu springen oder im Zweifelsfall abzurutschen. Kurzum: Die 3 ist mitten im Leben und wünscht sich Interaktion mit allen anderen Linien, um zu lernen. Dazu gehört auch, dass sie von der 2er-Linie abgewiesen wird oder auf einer Party mit der 4er-Linie in der Wohnküche sitzt. Die Schattenseite der 3 ist, dass sie Angst davor hat, etwas falsch zu machen, und sich so hemmt, Abenteuer anzunehmen. Die Abenteurer-Energie kann, wenn sie unterdrückt wird, schnell zu Frust und Unausgeglichenheit führen. Die 3er-Linie kann mit anderen, aber auch allein ihre Abenteuer bestreiten; sie braucht keinen speziellen Raum, nur die Möglichkeit, jederzeit ins nächste Abenteuer gehen zu können, und das auf dem schnellsten Weg. Deswegen, liebe 3, darfst du alles und dein Weg ist immer richtig. Aus deiner Erfahrung lernen andere. Wenn du wilde Impulse ausprobieren willst, dann mach das, denn darin liegt deine Erkenntnis.

Was bringt mir als 3er-Linie Leichtigkeit?
- Dich und dein Leben nicht als Chaos oder Scheitern zu betrachten, sondern als weisen Erfahrungsweg.
- Alle Abenteuer lassen dich wachsen.
- Den Glauben loslassen, dass du nicht sprunghaft und neugierig in Abenteuer laufen darfst.
- Annehmen, dass du ausprobieren willst und meistens den Rat anderer nicht befolgst.
- Angst vor Neuem ablegen und mit Kraft in dein Lebensabenteuer springen.
- Reflexionszeiten akzeptieren, die Rückzug bedeuten.

Welche Schattenthemen können bei der 3er-Linie auftreten?
Gefühl: Pessimismus
Affirmation: Ich akzeptiere mein Wachstum.
Gefühl: Unsicherheit
Affirmation: Ich bin erfolgreich.
Gefühl: Schuld
Affirmation: Ich lerne aus allen Erfahrungen des Lebens.
Gefühl: Frustration
Affirmation: Ich möchte neues Wissen erlernen und vertraue dem Prozess.

Wie kann ich als 3er-Linie erfolgreich sein?

- Deine Erfahrungen in deinen Beruf, dein Leben einfließen lassen und Erkenntnisse darüber aus deiner Perspektive weitergeben.
- Deine Experimente offen darstellen, um andere zu inspirieren.
- Dir die Genehmigung erteilen, dass sich deine Berufs- und Lebenssituation verändern dürfen.

Die 4er-Linie: Der Netzwerker, Socializer, Menschen-Mensch

Die 4er-Linie ist das Hausfundament im Obergeschoss und liebt es, Menschen zu vernetzen, sich auszutauschen, im Gespräch zu sein. Alle Inhaber dieser Linie sind sehr offen und verfügen über ein großes Netzwerk. Ihr ganzes Leben dreht sich um die Beziehungen zu Menschen und die Gemeinschaft. Sie finden hier Sicherheit und Entfaltungsmöglichkeiten. Die 4er-Linie sitzt mitten in der offenen Wohnküche, umgeben vom aktiven Leben, am Tisch im Gespräch, nah dran an den Geschehnissen im Haus. Die 4 hat großen Einfluss auf ihr Umfeld und ist zugewandt. Die Schattenthemen der 4er-Linie finden sich folglich in der Abgrenzung. Auch die 4 darf sich Zeit für sich nehmen und muss nicht permanent geben, zuhören und dienen. Eine gesunde Balance darf entstehen, denn nur dann ist die Kraft für den Trubel der Wohnküche da. Wenn die 4 sich zu wenig Zeit für sich nimmt, um aufzutanken, brennt sie schnell aus. Die 4 mag die volle Küche mit Menschen und liebt es, im Mittelpunkt des Lebens zu stehen, aber sie darf genauso allein einen Kaffee genießen, bevor das bunte Leben im Haus losgeht.

Was bringt mir als 4er-Linie Leichtigkeit?
- Akzeptieren, dass du durch jede Beziehung lernst und Menschen um dich herum brauchst.
- Akzeptieren, dass du kein Einzelkämpfer bist.
- Deine Form der Küchenatmosphäre in dein Leben integrieren (beruflich und privat).
- Erkennen, dass die Menschen dich als »Vernetzer und Menschen-Mensch« brauchen, um weiterzukommen.

Welche Schattenthemen können bei der 4er-Linie auftreten?
Gefühl: Co-Abhängigkeit
Affirmation: Das Leben unterstützt mich.
Gefühl: Verlorensein
Affirmation: Ich wertschätze mich.
Gefühl: Einsamkeit
Affirmation: Ich bin mit mir und der Umwelt verbunden. Ich bin mit allem verbunden.
Gefühl: Minderwertigkeit
Affirmation: Ich drücke meine Werte und mein Wissen aus.

> **Wie kann ich als 4er-Linie erfolgreich sein?**
>
> - Dein eigenes Netzwerk, deine Gruppe, deine Beziehungen mit deinem Talent des Vernetzens bereichern.
> - In einem Umfeld arbeiten, das deine Vorliebe zu menschlichen Beziehungen berücksichtigt.
> - Deine Küchenmentalität teilen und Gruppen, Netzwerke et cetera gründen, die sich einem Thema widmen.

Die 5er-Linie: Der Held

Der Held sitzt oben auf dem Dach oder hat eine Dachgeschosswohnung mit Balkon. Er ist Held und gleichsam Lebensretter und Feuerwehr. Von oben kann er überblicken, an welcher Stelle der nächste Einsatz auf ihn wartet. Der Held liebt Menschen und kommt mit allen im Haus gut aus. Die anderen Linien finden ihn anziehend und spüren seine vorwärtsgehende Energie; sie folgen ihm gern. Der Held darf lernen, dass er entscheidet, welche Heldentat er vollbringt oder wo er der Retter ist. Er muss nicht alle retten und nicht von einer Heldentat zur nächsten eilen. Wichtig ist, dass er sich regelmäßig im oberen Haus einfindet und den Blick schweifen lässt, damit er weise entscheiden kann, für wen oder was er das Heldencape anziehen möchte. Die anderen Linien projizieren auf ihn, dass er eine Lösung hat. Er läuft Gefahr, dass sie ihn stürzen, wenn sie merken, dass er nur ein Mensch ist. Aus diesem Grund darf der Held sehr achtsam damit umgehen und muss Grenzen setzen, wenn er nicht retten möchte. Die 5er-Linie braucht Überblick und freie Sicht, um agieren zu können. Mit den Heldentaten, die öffentlich stattfinden, trägt die 5er-Linie ihre Themen nach außen und lebt ihre Anteile aus. Das Schattenthema der 5er-Linie ist es, dauerhaft falsche Erwartungen der anderen Hausbewohner erfüllen zu wollen und dabei in Rollen zu schlüpfen, die er nicht erfüllen kann oder will. Der Held kann unterstützen und den Weg weisen, aber er kann für niemand anderen die Schritte im Leben gehen, das darf er verstehen lernen. Der Held ist ein punktueller Teil des Küchentischs, denn er braucht seinen regelmäßigen Rückzug, um zu reflektieren. Für mich ist die 5er-Linie wie Batman, denn sie lebt in einem zurückgezogenen, exponierten Hausteil, von dem aus sie entscheidet, wann sie losfliegt, um zu retten. Nach der Rettung fliegt sie zurück in ihr Batman-Haus und Labor, um sich zu erholen und, vor allem, um Überblick zu gewinnen. Die 5er-Linie ist hier, um den Menschen große Themen verständlich zu vermitteln. Die 5 ist somit auch ein Befreier und Übersetzer und daran interessiert, Ideen zu verbreiten.

Was bringt mir als 5er-Linie Leichtigkeit?
- Selbst entscheiden, wen du wann rettest.
- Akzeptieren, dass du ein Held bist, aber niemand, bei dem jeder seinen Müll abladen kann.
- Projektionen zurückgeben und Nein sagen.
- Dein Thema allgemein verständlich formulieren und in die Welt tragen.
- Den Überblick behalten über das, was du tust.

Welche Schattenthemen können bei der 5er-Linie auftreten?
Gefühl: Verurteilung
Affirmation: Ich verdiene Respekt. Ich bin wertvoll.
Gefühl: Abweisung
Affirmation: Ich kenne mein komplettes Potenzial und lebe es.
Gefühl: Suche nach Anerkennung
Affirmation: Ich bin in Freiheit und finde in mir Halt. Ich schätze mich selbst.
Gefühl: Perfektionismus
Affirmation: Ich bestimme meine Vorgehensweise und meinen Weg. Ich bin der Schöpfer meines Lebens.

Wie kann ich als 5er-Linie erfolgreich sein?

- Komplexe Dinge für die Menschen übersetzen, auf den kleinsten Nenner herunterbrechen.
- Das Heldenkostüm nach Rettungsaktionen ausziehen.
- Kurze, punktuelle Berührungspunkte mit Menschen, Gruppen pflegen, sodass keine langfristigen Projektionen entstehen.
- Dich trauen, etwas Neues in die Welt zu geben und voranzuschreiten, sodass andere folgen können.
- Dich zeigen, wenn du im Helden-Modus bist.

Die 6er-Linie: Weiser Adler und Influencer

Der weise Adler sitzt oben auf dem Dach oder kreist über dem Haus und hat alles im Blick. Er weiß, welche Bewohner da sind, und er kann jederzeit zu jedem Fenster hineinschauen. Der weise Adler und Erkenner zieht es aber vor, im Hintergrund zu bleiben und den Überblick zu wahren. Von hier oben kann er alle über das informieren, was er sieht und wahrgenommen hat. Der Adler ist die Verbindung zwischen dem Haus und den höheren Ebenen des Bewusstseins, genau dort darf er sich regelmäßig aufhalten und sein Wissen weitergeben. Er beobachtet haarscharf das Geschehen, kann sehr schnell Zusammenhänge erkennen und alle informieren. Die 6er-Linie kann sich oft überfordert fühlen mit all den Dingen, die sie sieht und wahrnimmt. In den ersten 30 Lebensjahren vertraut diese Linie oft nicht ihrer inneren Weisheit oder denkt, sie wäre nicht klug genug, um das Wissen zu teilen. Der weise Adler ist bereits in jungen Jahren jemand, der tiefere Zusammenhänge, zwischenmenschliche Probleme und deren Kern erkennt. Oft ist diese Linie ratlos, weil sie nicht versteht, wie so viel Schmerz auf der Welt herrschen kann, wenn man das große Ganze verstanden hat. In der zweiten Lebenshälfte darf sich die 6er-Linie erheben und ihre Weisheit zum Zuge kommen lassen, da die anderen Linien ihre Erkenntnisse und die allumfassende Adlerperspektive benötigen, um ihre Perspektive zu verändern.

Was bringt mir als 6er-Linie Leichtigkeit?

- Rückzug, um den Blick schweifen zu lassen und Wahrgenommenes zu verarbeiten.
- Erkennen, dass ein chaotischer erster Lebensteil notwendig war, damit Weisheit entstehen kann.
- Dinge nicht mehr festhalten wollen.
- Wahrnehmungen nicht bewerten oder verurteilen.
- Sicherheit in den eigenen Erfahrungen und dem eigenen Wissen finden.

Welche Schattenthemen können bei der 6er-Linie auftreten?

Gefühl: Einsamkeit
Affirmation: Ich verbinde mich mit meinem inneren Wissen.
Gefühl: Angst vor Weisheit
Affirmation: Ich bin erleuchtet und folge meiner tiefen Weisheit.
Gefühl: Überforderung
Affirmation: Ich bin ich selbst.

Gefühl: Schwebezustand zwischen den Welten
Affirmation: Ich vertraue mir und meiner Weisheit.

> ### Wie kann ich als 6er-Linie erfolgreich sein?
>
> - Seine Wahrnehmung teilen und die Weisheit an die Welt weitergeben.
> - Sich dann zeigen, wann man es möchte.
> - Den eigenen Prozess nach außen tragen, um andere zu erhellen.
> - Die Rolle als Vorbild einnehmen und durch Vorleben verändern.

Profile im Human Design: Dein Sonnenmantel

Unsere Profile zeigen uns, welche Rollen wir im Leben einnehmen. Sie beinhalten eine Linie aus der bewussten und eine aus der unbewussten Seite. Hier wird immer die Linie der Sonne genutzt, da diese intensive Energie zu etwa 70 Prozent auf uns wirkt und sehr stark ausgeprägt ist. Das Sonnensymbol ist das erste in der Liste (siehe die Abbildung auf Seite 35 oder auf der hinteren Umschlagseite innen), ein Kreis mit einem Punkt in der Mitte.

Jedes Profil setzt sich zusammen aus:

- Linie in der bewussten Sonne (wie Tor 58.5: Linie 5) und
- Linie in der unbewussten Sonne (wie Tor 48.2: Linie 2).

Das ergibt hier beispielsweise das Profil 5/2.

Im Bodygraph (siehe Umschlag) siehst du, welche Linien für das Profil eine wichtige Rolle spielen. Das Profil kannst du aus deinem Chart lesen, es wird dir bei den meisten Chart-Generatoren automatisch angezeigt.

Die zwölf Profile im Überblick

Es gibt im Human Design insgesamt zwölf Profile, die ich dir hier näher erläutere. Lies bitte die Linienenergien auf den vorangegangenen Seiten einzeln durch, bevor du in die Profile einsteigst.

Profil 1/3: Forscher und Lehrer versus Abenteurer
Persönlichkeitslinie 1: Forscher und Lehrer
Unbewusste Linie 3: Abenteurer

Mit dem Profil 1/3 durchlebt man während seines gesamten Lebens einen inneren Prozess der Wahrheit. Die Linie 1 im Profil steht für den Forscher und Lehrer, der sich gern ein tiefes Fundament an Wissen aufbaut und sehr viel Sicherheit und Stabilität in Wissensaneignung sucht. Die Linie 3 im Profil steht für den Abenteurer, der gern durch Hinfallen und Wieder-Aufstehen Erfahrungen im Leben sammelt. Dieses Profil deutet darauf hin, dass sich das Leben wie eine Zerreißprobe anfühlt. Die Linie 1 nimmt sich ein Buch, um tiefes Wissen zu erforschen, während die Linie 3 einfach hereinplatzt, das Buch in die Ecke wirft und sagt: »Hey, komm, lass uns rausgehen, wir wollen das Leben erfahren und uns das Wissen nicht anlesen.« Diese Disbalance spüren Menschen mit einem 1/3-Profil sehr extrem. Wenn man dieses Profil auslebt, reitet man auf den Wellen der Herausforderungen. Man entdeckt als Abenteurer das Leben, untersucht seine Erfahrungen als Lehrer und Forscher und untermauert seine Erfahrungen mit dem Wissen, das man sich im Nachgang aneignet. Das 1/3er-Profil hat das Potenzial, durch Erfahrungen sowie durch Faktensammeln Experte zu werden. Das Profil darf sich daran erinnern, dass ein Lernprozess nie abgeschlossen ist und dass Erfahrungen und Wissen unendlich vielfältig sein können. Dieses Profil braucht eine Menge Sicherheit und kann dazu neigen, Autorität und Verantwortung nach außen abzugeben – an andere Menschen wie Lehrer oder Autoritätsfiguren, oder sich mit dem Sammeln von Zertifikaten beschäftigt zu halten. Der Fokus liegt auf dem Lernen, aber auch auf der Beobachtung anderer und der regelmäßigen Reflexion des eigenen Prozesses.

Das Pendeln zwischen Sicherheit und Abenteuer fühlt sich manchmal so an, als ob man nicht wisse, wo man hingehört. Dieses Profil braucht ein sicheres Fundament, um sich dann öffnen zu können, Erfahrungen zu machen und Abenteuer zu leben. Mit dieser Abenteurer-Linie glaubst du bisweilen, dein Scheitern und Hinfallen stünden unter Beobachtung und würden von anderen bewertet. So kann das Schattenthema des Profils in den Vordergrund treten und Gedanken sich breitmachen wie »Ich weiß noch nicht genug. Ich muss noch viel, viel mehr erfahren«. Das Pendel schlägt zur anderen Seite aus: Man beginnt, Fehler zu vermeiden, und probiert nichts mehr aus, verkriecht sich stattdessen lieber in der sicheren Forscherhöhle.

Die Aufgabe des Profils ist es, einen eigenen Weg der Ergründung zu gehen, Erfahrungen und Wissen miteinander zu verknüpfen, um diesen Schatz irgendwann als Lehrer an andere weitergeben zu können.

> Für dich kann gelten: »Ich erforsche das Leben durch Abenteuer und erkläre mir die Erfahrungen meiner Abenteuer durch Wissen.«

Profil 1/4: Forscher und Lehrer versus Menschen-Mensch
Persönlichkeitslinie 1: Forscher und Lehrer
Unbewusste Linie 4: Menschen-Mensch, Netzwerker, Influencer

Das 1/4er-Profil bringt die Linie 1 des Forschers und Lehrers mit der Linie 4 des Menschen-Menschs und Netzwerkers zusammen. Dieses Profil ist ein sehr harmonisches Profil und zeigt deutlich, dass man hier ist, um stark in seinem Netzwerk zu sein und Wissen an andere zu vermitteln. Mit diesem Profil ergibt sich die Aufgabe, mit seinem Umfeld das zu teilen, was man mit der Linie 1 erlebt und gelernt hat. Viele Menschen bauen gern Verbindung zum 1/4er-Profil auf, weil sie sich bei ihm gesehen und wohlfühlen und das hohe Maß an Wissen und Erfahrung schätzen. Das 1/4er-Profil besitzt eine warme Ausstrahlung und braucht die Verbindung mit anderen Menschen, um sich erfahren zu können. Beide Linien, die 1 und die 4, werden regelmäßig von Unsicherheiten und Ängsten geplagt, ob sie gut genug sind oder ausreichend wissen. Sie haben oftmals Angst, sich selbst zu vertrauen, sich zu zeigen, sie fürchten, dass sie kein stabiles Fundament haben, um im Leben zu bestehen. Das 1/4er-Profil braucht viel Ruhe und Rückzug, um sich von Menschen und fremden Energien zu regenerieren. Wenn das Profil 1/4 anderen Menschen ständig dient, zeigt sich das oft in körperlichen Symptomen wie Erschöpfung bis hin zum Burn-out. Das 1/4er-Profil sollte sich fragen: Wo kann ich mich fallen lassen? Wo fühle ich mich wohl? Mit diesem Profil durchlebt man einen mentalen Lernprozess, in dem man zum einen durch Wissen und zum anderen durch Menschen lernt. Diesen Prozess verarbeiten 1/4er beim Teilen mit dem Netzwerk. 1/4er-Profile neigen dazu, sich Mentoren im Außen zu suchen, und bauen langsam innige Beziehungen auf. Sie benötigen viel Zeit allein in ihrem geschützten Raum und entscheiden, wen sie in ihren engen Kreis und ihr Netzwerk aufnehmen möchten.

> Für dich kann gelten: »Ich lerne durch die Beziehungen zu Menschen und untermauere diese Erfahrungen mit Wissen. Gleichsam kann ich mein Wissen mit Menschen in Netzwerken teilen.«

Profil 2/4: Naturtalent versus Menschen-Mensch
Persönlichkeitslinie 2: Naturtalent (Einsiedler)
Unbewusste Linie 4: Menschen-Mensch, Netzwerker, Influencer

Das Profil 2/4 könnte als introvertiert versus extrovertiert beschrieben werden. Oft bezeichnet sich ein Mensch mit diesem Profil als introvertiert, wirkt aber aufgrund seiner 4er-Linie auf andere extrovertiert. Menschen mit diesem Profil haben eine sehr warme Ausstrahlung, sollten aber beachten, dass sie mit der 2er-Linie des Naturtalents und Einsiedlers viel Raum und Zeit für sich brauchen, um ihren Talenten nachzugehen und bei sich anzukommen. Häufig erscheint es ihnen mühselig, Dingen auf den Grund zu gehen, da die zweite Linie intuitiv weiß und handelt. Sie besitzt besonderes Urvertrauen und innere Anbindung. Generell hat die Linie 2 eine Neigung oder ein Talent, das sie aus Vorleben mitbringt – beispielsweise Kunst, Sport, Handwerk. Andere Menschen sehen die Gabe, die die 2er-Linie mitbringt, sie aber zweifelt oft an sich. Bei diesem Profil ist besonders interessant, dass die Gesundheit widerspiegelt, ob das soziale Netzwerk, in das man eingebunden ist, einem wirklich guttut: Wenn die 4er-Linie einsam oder mit den falschen Leuten zusammen ist, schlägt sich das in körperlichen Symptomen nieder. Im falschen Umfeld kann sich dieses Profil zudem Rollen überstülpen lassen, die ihm nicht entsprechen.

Die Menschen mit 2/4er-Profil dürfen lernen anzunehmen, dass ihnen auch gegeben wird und sie nicht ausschließlich dienen und geben müssen. Sie haben die starke Neigung, sich permanent für andere aufzuopfern und für sie da zu sein. Sie müssen lernen, Pausen zu machen, sich zu erholen, und sich Glaubenssätzen entledigen, die besagen, dass man viel geben und hart arbeiten muss und nichts leicht sein darf.

Menschen mit 2/4er-Profil dürfen und müssen achtsam die richtigen Menschen für intime und andere Beziehungen wählen, denn sie binden sich sehr lang an andere Menschen. Sie suchen die Beziehung fürs Leben und sind nicht hier, um mit jedem Menschen auszukommen und sich mit allen auszutauschen. Das 2/4er-Profil hat die besondere Gabe einer tiefen Intuition und weiß auf Anhieb, was den Menschen in seinem Umfeld guttun würde und was ihnen fehlt.

> Für dich kann gelten: »Ich verfeinere meine Talente, wenn ich mit mir allein bin, um danach einen Teil davon einer Menschengruppe oder einzelnen Personen zugänglich zu machen.«

Profil 2/5: Naturtalent versus Held/Retter
Persönlichkeitslinie 2: Naturtalent (Einsiedler)
Unbewusste Linie 5: Held/Retter

Mit diesem Profil ist die 2er-Linie, die dich gern allein deinen Talenten nachgehen lässt, stark präsent. Die 5er-Linie kommt trotzdem zum Vorschein, wenn sie erkennt, dass dein Tun Erkenntnisse freisetzt, die der Welt helfen können, effizienter zu arbeiten und zu leben. Wenn du dein Talent verfeinerst, auslebst und wahrnimmst, wie Dinge ineinandergreifen, die noch niemand verständlich erklärt hat, hilft dir die 5er-Linie: Du hast den Mut, deine Erkenntnisse nach außen zu tragen, auch wenn du nur einzelnen Menschen oder kleinen Gruppen deine neuen Ideen weitergibst.

> Für dich kann gelten: »Ich entwickele meine Talente weiter und trage Lösungen nach außen, um der Welt zu helfen und Dinge zu vereinfachen.«

Profil 3/5: Abenteurer versus Held/Retter
Persönlichkeitslinie 3: Abenteurer
Unbewusste Linie 5: Held/Retter

Dieses Profil bringt dir hauptsächlich zwei Faktoren ins Leben: zum einen, dass du eine Menge Erfahrungen machst, zum anderen, dass du in der Lage bist, deine Erfahrungen als Held mit der Welt zu teilen und Kriseninterventionen einzuleiten. Mit diesem Profil kann sich dein Leben bis etwa zum 30. Lebensjahr enorm turbulent anfühlen – manchmal, als würde alles im Chaos versinken und keinen

Sinn ergeben. Ziel ist auch hier, dass du durch das Durchleben in der Lage bist, Menschen anzuleiten. Du fühlst, was sie fühlen, weil du am selben Punkt standest. Du bist der/die vertraute Fremde, der oder die einem aus der Seele spricht. Die Menschen nehmen deinen Rat an, weil sie wissen, dass er auf Erfahrung fußt. Dieses Profil wird auch als der »humorvolle Rebell« bezeichnet, der durch das Leben springt und überall Möglichkeiten findet, seine Erfahrungen zur Rettung anderer Menschen einzusetzen. Du bist für viele eine hilfreiche Abkürzung und bewahrst sie vor der gefährlichen Klippe. Achte auf Projektionen, denn die Menschen gehen davon aus, dass dich kein Abenteuer in die Knie zwingen kann und du eine Art Superheld bist. Grenze dich davon ab und zeige ihnen, dass es kein Scheitern, sondern nur Wachstum gibt.

> Für dich kann gelten: »Ich teile alle meine Erfahrungen mit anderen, um ihnen eine Abkürzung im Leben zu bieten und sie durch Krisen zu begleiten. Meine Erfahrungen sind wichtig für andere.«

Profil 3/6: Abenteurer versus weiser Adler
Persönlichkeitslinie 3: Abenteurer
Unbewusste Linie 6: weiser Adler, Überblicker, Vorbild

Mit einem 3/6er-Profil darfst du wissen, dass alle deine Erfahrungen, die du als Abenteurer machst, in einer Synthese Sinn machen, die du als Rollenvorbild in die Welt gibst und lebst. Die Menschen der 3er- und 6er-Linie haben im ersten Drittel des Lebens eine eher turbulente Zeit, die sie eine Erfahrung nach der anderen machen lässt. Dies alles ist nötig für den tiefgreifenden Rückzug um das 35. Lebensjahr, den die 6er-Linie oft als Sinnkrise erlebt. Nach dieser Krise hat sie die Erfahrungen und Erkenntnisse integriert, sodass sie als weiser Adler emporsteigt und den Menschen vorlebt, was die Essenz ihrer Erfahrungen ist. Als 3/6 neigst du dazu, dich ins Leben zu stürzen und unkonventionelle Lebenswege zu gehen. Es fällt dir schwer zu verstehen, warum es so viel Schmerz gibt und warum die Menschen sich schlecht behandeln. Du neigst dazu, im Weltschmerz zu versinken, um wieder daraus hervorzugehen und etwas auszuprobieren, das die Welt besser macht. Irgendwann (man sagt, um das 50. Lebensjahr) nimmst du den Platz der

Weisheit ein und hast den Sinn des Lebens für dich gefunden. Ab diesem Punkt werden die Abenteuer weniger und du trägst deine Weisheit und überblickende Perspektive in die Welt, um den Menschen zu helfen.

> Für dich kann gelten: »Alle meine Abenteuer fügen sich zu einem Bild zusammen und ergeben einen tieferen Sinn, den ich anderen vorlebe und näherbringe.«

Profil 4/6: Menschen-Mensch versus weiser Adler
Persönlichkeitslinie 4: Menschen-Mensch
Unbewusste Linie 6: weiser Adler, Überblicker, Vorbild

Mit diesem Profil fußt dein Leben auf den Beziehungen zu anderen, deren Prozesse und Leben du aus deiner höheren Perspektive überblicken kannst. Du bist ein geborener Zuhörer und Erkenner, der durch die Verbindung mit Menschen wächst und lernt, sowie das Gelernte ideal weitergeben kann. Deine Wahrnehmung mit der 6er-Linie kannst du in der vorher beschriebenen »Wohnküche« teilen und so an kleinere Gruppen weitergeben. Dir sind Gemeinschaft und Familie wichtig und du fühlst dich im Austausch mit Menschen sehr wohl. Achte darauf, dass du deine Wahrnehmung zulässt und deinen Standpunkten vertraust. Denn darin liegt deine Weisheit. In Verbindung mit Menschen kannst du viel bewirken und ihnen vorleben, wie deine Worte in die Tat umzusetzen sind. Die 4er-Linie ist ein perfekter Netzwerker, der weiß, was und wen Menschen brauchen. Nutze deine innere Weisheit und bringe die Dinge für andere zusammen.

> Für dich kann gelten: »Meine Perspektive wird durch alle Erfahrungen mit menschlichen Beziehungen geprägt. Ich nutze diese Erfahrungen, um meine Perspektive auf das Leben anderen vorzuleben und größere Zusammenhänge und Gefüge zu überblicken.«

Profil 4/1: Menschen-Mensch versus Forscher und Lehrer
Persönlichkeitslinie 4: Menschen-Mensch
Unbewusste Linie 1: Forscher und Lehrer

Mit diesem Profil willst du alles in der Tiefe verstehen, was dir begegnet und dich beschäftigt. Am besten lernst du von Menschen und Beziehungen in deinen sozialen Gefügen. Oft ziehst du dich zurück, um angestoßene Dinge zu hinterfragen, in Büchern Lösungen zu finden und dein Wissen zu erweitern. Dein Wissen und dein Fundament kannst du ideal in Beziehungen anwenden und am Küchentisch teilen. Dabei hilft dein tiefes Wissen anderen, ihren Weg zu gehen. Achte darauf, dass du Menschen und Beziehungen nicht aus den Augen verlierst, wenn du in deine Forscherhöhle hinabsteigst, sondern verbinde beide Welten miteinander. Sollten dir die Menschen zu viel werden, höre auf deine Höhlenlinie (die 1) und ziehe dich zur Integration zurück. Sei vorsichtig, in welchem Ausmaß du dein Wissen teilst und anderen permanent dienst. Du bist nicht hier, um es anderen ständig recht zu machen und sie mit deinem Wesen zu bedienen. Dein Wissen und deine Erfahrungen kannst du als Lehrer in kleineren Gruppen perfekt weitergeben, wenn du dich traust, damit in die Welt zu gehen. Wenn du das Gefühl hast, noch nicht genug zu wissen, dann probiere das, was du weißt, im kleinen Rahmen (Familie, Freunde) aus, um Bestätigung zu erhalten, dass du genug weißt und mit deiner verbindenden Art eine große Hilfe sein kannst.

> Für dich kann gelten: »Mein Wissensschatz fußt auf der Erfahrung durch Beziehungen, die ich mit dem Fundament weiteren Wissens untermauere und in Gesellschaft weitergebe.«

Profil 5/1: Held/Retter versus Forscher und Lehrer
Persönlichkeitslinie 5: Held/Retter
Unbewusste Linie 1: Forscher und Lehrer

Mit diesem Profil tauchst du in Wissensthemen ein, die dich interessieren und fesseln. Du möchtest sie in der Tiefe verstehen und im Nachgang vereinfacht und verständlich an andere weitergeben. Mit einem 5/1er-Profil bist du jemand, der

Wissen verallgemeinert und vielen Menschen zugänglich macht. Du schaffst damit Aha-Momente. Die 5er-Linie wirkt hier als ausgeprägter Held, der Dinge so herunterbricht, dass andere sie verstehen und ihm folgen können. Du gehst als Held voran und untermauerst deine Richtung mit dem Wissen, das du dir angeeignet hast. Achte darauf, dass der Held sich zeigen darf und deine natürliche Art zu befreien nicht erdrückt wird von deinem Bücherregal. Du fügst die Dinge neu zusammen und bist somit eine große Hilfe für die Menschen. Achte auf Projektionen, die dich mit der 5er-Linie erreichen. Neue Konstrukte und Ideen werden nicht immer gebührend gefeiert, sondern können dazu führen, dass man dich stürzt. Kopple deine Heldenmission mit einem stabilen Wissensfundament, damit die Botschaft viele Menschen erreichen und »retten« kann.

> Für dich kann gelten: »Ich untermauere meine Heldenmission mit tiefem Wissen. Ich bin ein Deep Diver, der komplexe Zusammenhänge für die Welt verständlich macht.«

Profil 5/2: Held/Retter versus Naturtalent

Persönlichkeitslinie 5: Held/Retter
Unbewusste Linie 2: Naturtalent

Dieses Profil nennt man auch den zurückgezogenen Helden, der zwischen »Ich möchte meine Ruhe« und »Ich muss mich zeigen« hin- und herschwankt. Es bedeutet, dass du bestimmte Gaben und Talente besitzt, die du im Stillen und für dich pflegst. Du findest dabei Entspannung und Ruhe. Immer wieder klopft aber deine 5er-Linie an und bittet dich, diese Gaben der Allgemeinheit zur Verfügung zu stellen. Die 5er-Linie kann sich anfühlen, als ob ein Energieschub aufziehen würde, der dich dazu bringt, deine Talentschmiede zu verlassen und deine Gabe als Held weiterzugeben. Häufig wirst du aber den Rückzug suchen und für dich allein sein wollen. Wichtig ist es, zu merken, wann was dran ist, und die 5er-Linie in dir zuzulassen. Die 2er-Linie wird einwenden, dass sie sich nicht traut, während deine 5er-Linie dich regelmäßig aus der Reserve locken und nach draußen bewegen möchte. In einer ausgewogenen Balance befruchten sich beide Linien, denn auch die 5er-Linie liebt es, nach ihren Heldentaten Ruhe zu finden und sich zu regenerieren. Und diese Regeneration ist wichtig für dich, denn die Menschen um dich herum bitten dich um Hilfe, Rat oder einen Krisenplan. Sie stehen vor deiner Talentwerkstatt und projizieren auf dich, dass du immer helfen kannst. Hänge das »Geschlossen«-Schild an die Tür, wenn du merkst, dass es dir zu viel wird. Entscheide weise, worauf du deine Energie und deinen Fokus lenkst.

> Für dich kann gelten: »Ich ermächtige Menschen in meinem Umfeld, durch mein Talent freier zu werden und zu lernen.«

Profil 6/2: Weiser Adler versus Naturtalent
Persönlichkeitslinie 6: weiser Adler
Unbewusste Linie 2: Naturtalent

Dieses Profil nennt man auch den zurückgezogenen Visionär: Deine Visionen und deine Perspektive kommen am besten zum Vorschein, während du deiner Gabe, deinem Talent nachgehst. Ein Beispiel: Du bist Köchin und bei einem Kochkurs mit vier Personen lässt du die Menschen an deinem Weltbild teilhaben. Während du dein Talent ausübst und mit anderen zusammenkommst, kannst du ihnen deine Visionen und deine Lebensweise vermitteln. Die 6er-Linie als weiser Adler kann sich im Rückzug mit der kleinen Talentgruppe ausleben und du kannst in Ruhe deine Gedanken teilen. Wichtig ist es, zu erkennen, dass du diese visionäre Begabung und Vorreiterrolle im Leben hast und mit deinen Talenten und Gaben mutig und stimmig einen Weg findest, dich zu zeigen.

> Für dich kann gelten: »Während ich meine Talente teile, teile ich gleichsam meine Visionen und meinen Blick aufs Leben.«

Profil 6/3: Weiser Adler versus Abenteurer
Persönlichkeitslinie 6: weiser Adler
Unbewusste Linie 3: Abenteurer

Dieses Profil nennt man auch den experimentierenden Visionär. Ich habe den genialen kroatischen Erfinder Nikola Tesla vor Augen, der monatelang bis jahrelang Experimente durchführte, weil eine größere Vision ihn antrieb, die Welt zu verbessern. Er wollte etwas in die Welt bringen, das sie vereinfacht – unter anderem entwickelte er den Wechselstrom, der bis heute der Standard für die meisten Elektrogeräte ist, sowie die Grundlagen für Elektromotoren, Mikrowellenherde und das Radio (eine Auswahl). Dazu musste er Hunderte Rückschläge und Misserfolge, aber genauso Erfolge und Fortschritte in seinem Visionsbuch dokumentieren. Die Essenz daraus brachte ihm schließlich den gewünschten Erfolg. Mit diesem Profil bist du also der geborene Experimentierer, der so lange ausprobiert, bis er weiß, was seine große Mission und Vision im Leben ist. Diese Vision, der meist eine Sinnkrise vorausgeht, trägst du mit deinem Lebensbeispiel in die Welt und lässt andere an deinen vielen Wendepunkten teilhaben. Du öffnest dein Experimente- und Erfahrungsbuch für andere.

> Für dich kann gelten: »Alle meine Erfahrungen dienen dem Finden der höchsten Vision meines Lebens und dem Teilen dieser Vision.«

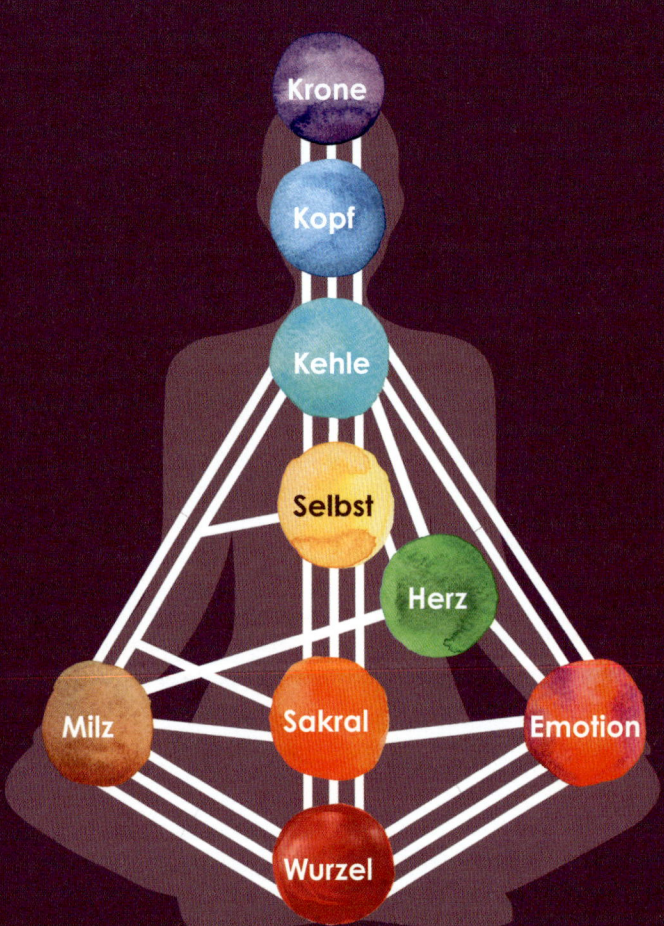

DIE NEUN ZENTREN

IM HUMAN DESIGN

Deine Fähigkeiten und deine Wahrnehmung der Welt

Die Zentren im Human Design sind Energiebereiche, die ihren Ursprung in der hinduistischen Chakrenlehre haben und jeweils eine Funktion mit besonderen Qualitäten mitbringen. Über unsere Energiezentren erfahren wir unsere Umwelt und tragen gleichzeitig individuelle Aspekte in sie hinein. Das Human Design erfährt bereits eine Erweiterung der klassischen sieben Chakrenzentren in mittlerweile neun unterschiedliche Energiezentren.

Definierte und undefinierte Zentren

Im Human Design werden die Zentren in definierte und undefinierte Aspekte unserer Persönlichkeit unterteilt. Alle definierten Zentren sind fest angelegte Anteile in uns, mit denen wir unsere Qualitäten nach außen tragen. Ich nenne definierte Energiezentren gern den Stamm, der stabil ist. Wir finden in diesen Bereichen eine festgelegte Art unseres eigenen Ausdrucks. Über definierte Zentren geben wir Dinge in die Welt.

Im Gegensatz dazu sind undefinierte Zentren der Bereich, über den wir unsere Umwelt erfahren, und kein in uns angelegter Anteil. Diese Bereiche sind sehr flexibel, anpassungsfähig, aber konditionierbar. Sie sind dafür da, dass wir Erfahrungen machen und das Leben in diversen Aspekten aufnehmen. Ein undefiniertes Zentrum ist kein fehlender oder kaputter Anteil in uns, im Gegenteil – diese Bereiche ermöglichen uns erst, das Leben und andere Energien zu erfahren, zu spüren und wahrzunehmen.

Farbige und weiße Bereiche

Definierte Zentren (farbige Bereiche) sind wie ein Baumstamm: Sie sind fixe Anteile in uns, über die wir Dinge nach außen geben. Alle undefinierten Zentren (weiße Bereiche) sind die Wurzeln, die Äste, die Blätter des Baums, denn diese Elemente sind ständigen Änderungen in der Umgebung ausgesetzt. Blätter und Äste werden durch Wind geschaukelt oder durchgewirbelt, die Wurzeln müssen sich darauf einstellen, dass sich die Bodenqualität und die Menge an Wasser oder

Nährstoffen ändern kann. Diese Elemente sind abhängig von ihrem Milieu, das sich wiederum täglich durch Umweltfaktoren ändern kann. Der Stamm hingegen steht stabil und wächst stetig und bedacht.

Konditionierungen in unseren Energiezentren
Konditionierungen sind Dinge, die wir uns angeeignet haben (zu 90 Prozent in der Kindheit), weil wir dachten und empfanden, so besser durchs Leben zu kommen. Oftmals entsprechen diese Konditionierungen nicht unserer Energie oder unserem Wesen und führen dazu, dass wir gegen uns handeln.

Wir sind als Kinder bis etwa zum zwölften Lebensjahr stark von der Energie unseres Umfelds geprägt. Unser Energiesystem adaptiert die Energien unserer Bindungspersonen und lernt von ihnen. Das ist ein natürlicher Überlebensinstinkt und überhaupt nicht schlimm, denn es folgt normalerweise eine Loslösung von den Bezugspersonen im Alter zwischen 16 und 20 Jahren. Diese Loslösung findet in unserer aktuellen Gesellschaft allerdings kaum noch statt, weil unsere Prägungen – »wie wir am besten sein sollen« – unsere Energie überlagern. Aus diesem Grund ist das Human Design ein großer Gamechanger für viele Menschen, weil sie entdecken, was unter der Überlagerungsschicht alles wartet.

> In der Zeit, in der unsere Hauptprägung stattfindet, übernehmen wir Verhaltensweisen und Energieausprägungen unserer Eltern – die meistens selbst stark geprägt sind.
> »Wir tun nicht, was unsere Eltern sagen, wir tun, was sie tun.«

Prägungen, die unsere Energie überlagern
Diese Informationen wirken sich auf unsere Grundenergie, die wir im Chart sehen, sehr stark aus und verändern unser Handeln und unseren Zugang zu uns. Die Hauptprägung erfolgt in unseren Energiezentren, wobei die undefinierten Zentren ein stärkeres Konditionierungspotenzial besitzen, da sie durchlässig und empfänglich sind und alle Energien des Umfelds aufsaugen. Aus diesem Grund ist es wichtig, die eigenen Konditionierungen zu erkennen. Ra Uru Hu beschreibt, dass man durch das Erkennen und Experimentieren mit dem Human Design einen aktiven Dekonditionierungsprozess anschieben kann, um unser Wesen von Überlagerungen zu befreien (siehe auch Seite 277). Wir tragen viele ähnliche

Konditionierungen, bedingt durch die Erziehungsweisen und weltlichen Geschehnisse der letzten Jahrhunderte, in uns. Mir kommt es so vor, als würden uns die Prägungen der Gesellschaft suggerieren, alle generierende Manifestoren sein zu müssen – nur entspricht das keinem einzigen Menschen.

Über die letzten Jahre habe ich im Kontakt mithilfe von Analysten, Human-Design-Coaches und in eigenen Profiling-Analysen eine grobe Liste der häufigsten Konditionierungen in den Zentren zusammengetragen, die in den einzelnen Kapiteln zu finden sind. Bitte prüfe an dir selbst, ob diese Dinge zutreffen, und nimm diese Sätze nicht als gegeben hin. Die bei den Zentren genannten Beispielsätze sollen ein Wegweiser auf dem Weg zu dir sein und dir nicht erzählen, dass du Konditionierungen hast, die gar nicht da sind.

Die Energiezentren im Überblick

Hier ein kurzer Überblick über alle neun Energiezentren und deren Bedeutung für uns.

Wurzel: Zentrum des Antriebs

Antriebskraft, Druck erfahren/machen, Stress, in Bewegung kommen

Sakral: Zentrum der Lebenskraft und der Energie

Vitale Energie, Lebenskraftmotor, Fruchtbarkeit, Impulse, Umsetzung

Emotion: Zentrum der Gefühle und emotionalen Bedürfnisse

Gefühle, Leidenschaft, Launen, Wellen, Empathie, emotionale Intelligenz, Impulsivität, Begeisterung, Bedürfnisse

Milz: Zentrum der Intuition und der Sensitivität

(Ur-)Instinkt, spontane Eingebungen, Intuition, Körperbewusstsein, Körpergefühl, Sensibilität

Herz: Zentrum der Willenskraft

Wille und Bestreben, Wettbewerb, materielle Welt und Geldfluss, Standfestigkeit

Selbst: Zentrum für Identität und Richtungsweisung

Identität, das höhere Selbst, der Richtungsweiser, Liebe, Selbstwertgefühl, Selbstwahrnehmung und Gefühl

Kehle: Zentrum des Ausdrucks

Kommunikation, Manifestationskraft, Interaktion mit der Welt, Klarheit durch Sprechen, individueller Ausdruck

Verstand: Zentrum der Information und des Bewusstseins

Mentales Bewusstsein, Informationsverarbeitung, Denkkonzepte, Ideen entwickeln, Logik

Krone: Zentrum für Ideen und Eingebungen

Inspiration, Kreativität, Impulse, Anbindung an morphische Felder, Visionen

Wurzel: Das Zentrum des Antriebs

Das Wurzelzentrum steht für Antriebskraft. Hier entsteht der Druck, Dinge zu starten und etwas zu bewegen. Gleichsam können wir hier Druck von anderen erfahren und andere in Bewegung bringen. Je nach der Definition des Wurzelzentrums (definiert oder undefiniert), können wir hier Druck machen oder aufnehmen. Das Ausleben und das Erfahren dieser Energie kann, je nach Typ und Konditionierung, sehr unterschiedlich sein und sich als positiver oder negativer Stress äußern. Ich nenne die Wurzel auch gern:

- den inneren/äußeren Antreiber,
- den Kraftspender,
- die Verwurzelung im Leben,
- den positiven und negativen Stressor.

Wie fühlt sich eine definierte Wurzel an und worauf darf ich achten?
Ein Mensch mit einer definierten Wurzel kommt sehr gut in Bewegung und ist handlungsfähig. Er besitzt einen inneren Antrieb, eine Art Motor, der ihn anschiebt. Das definierte Wurzelzentrum besitzt wortwörtlich eine tiefe Verwurzelung im Leben und hat Vertrauen in die eigene Antriebskraft. Es birgt das Potenzial in sich, den persönlichen Antrieb weise zu lenken.

Dein definierter Anteil gibt Dinge in die Welt und so kannst du andere gut in Bewegung bringen, aber ihnen auch Druck machen und negativen Stress erzeugen, wenn du nicht im Bewusstsein über deine Antriebskraft bist. Du gibst den Druck weiter und hast keine feste Strategie, um zu erkennen, wann zu viel Antrieb Stress in dir auslöst, der dich wild rennen und »nicht fokussiert antreiben« lässt.

Wie fühlt sich eine undefinierte Wurzel an und worauf darf ich achten?
Ein Mensch mit einer undefinierten Wurzel darf Druck und Bewegung durch andere erfahren und diesen Antrieb von außen gezielt für sich nutzen, um dadurch etwas zu starten und loszugehen. Er besitzt in sich die Weisheit zu erkennen, wann zu viel Druck von außen kommt, und kann entscheiden, ob er dem nachgibt oder sich davon trennt. Menschen mit undefinierter Wurzel neigen dazu, die Sicherheit im Leben in anderen zu suchen, die sie verwurzeln.

Mit einer undefinierten Wurzel spürst du den Druck und Antrieb anderer

Menschen. Du kannst diesen Druck verstärken oder versuchst, ihm zu entgehen. Achte darauf, dass du Druck positiv nutzt, um in Gang zu kommen, und lass dich nicht vom Stress überwältigen. Beachte, dass deine Wurzel undefiniert ist und dein System sich von den »definierten Wurzeln« um dich herum lösen darf. Wenn du keine natürliche Abgrenzung entwickelst, kann dein System schnell ausbrennen.

Konditionierungen im Wurzelzentrum

Die Konditionierungen, die wir im Wurzelzentrum finden können, sind folgende Glaubenssätze, die sich wiederum in bestimmten Handlungsmustern äußern:

- Ich muss noch mehr machen, um gesehen zu werden.
- Ohne mich läuft es nicht, ich darf nicht aufhören.
- Ich mache nicht genug.
- Mein Wert ist abhängig von meiner Leistung.
- Ich darf nicht Nein sagen.
- Ich muss Druck immer nachgeben.
- Ich bin in mir nicht sicher.

> **Definiertes und undefiniertes Wurzelzentrum im Beispiel**
>
> Eine Sekretärin mit undefiniertem Wurzelzentrum arbeitet mit einem Kollegen mit definiertem Wurzelzentrum. Der Kollege kommt gut in Bewegung und sorgt dafür, dass andere in Bewegung kommen. Da er manchmal sehr unbewusst mit seiner Energie umgeht, übt er Druck auf die Sekretärin aus und ermahnt sie wiederholt, Deadlines einzuhalten. Dieser Druck stellt für die Sekretärin anfangs einen positiven Antreiber dar und sie schafft es, viel zu erledigen. Je mehr ihr Kollege aber insistiert, desto mehr gerät sie in ein Hamsterrad mit negativem Stress. Sie hat in der Kindheit gelernt, dass ihr Wert von ihrer Leistung abhängig ist, und folgt diesem inneren Druck, um sich ihren Wert zu beweisen. Der über Monate anhaltende Stress führt dazu, dass sie immer müder und erschöpfter wird und die Freude an ihrer Arbeit verliert.

> Ein junger Fitnesstrainer mit definierter Wurzel betreut einen Klienten mit undefinierter Wurzel. Der Trainer ist sich seiner Antriebskraft bewusst und weiß genau, wie viel Druck er einsetzen kann, um seinen Klienten in Bewegung zu bringen. Er spricht stets behutsam mit ihm und von Zeit zu Zeit feuert er ihn an: »Los, wir schaffen das gemeinsam – gib alles!« Dieser positive Druck löst im Klienten einen eigenen Antrieb aus. Der Trainer zieht den Klienten mit und spornt ihn an.

Sakral: Zentrum der Lebenskraft und Energie

Das Sakralzentrum steht für pure Lebenskraft und Energie und setzt Kreativität, Verlangen und Streben frei. Dieses Zentrum wird auch als klickende Bauchstimme bezeichnet, die den Startschuss gibt, um eine Bewegung auszulösen. In diesem Zentrum liegt unermessliche Schöpferkraft, sofern man auf die Stimme des Sakralzentrums hört. Ich nenne das Sakral auch gern:

- die Zündkerze,
- den Einspritzmotor,
- das Zentrum der Lebendigkeit,
- den Raum für Kreativität und Flow-Gefühl.

Wie fühlt sich ein definiertes Sakral an und worauf darf ich achten?

Ein definiertes Sakral ist wie ein loderndes Feuer, das – einmal angezündet – brennt und uns mit Wärme und Energie versorgt. Das Zentrum regeneriert in sich selbst, wenn der richtige Zündfunke übergesprungen ist und das Brennmaterial (die Freude) sich einstellt. Diese Energie kann an andere weitergegeben werden und durchströmt einen mit Lebenskraft und Bewegungsenergie.

Wenn deine sakrale Stimme Nein zu etwas sagt (darüber kannst du ausführlich im Kapitel der Generatoren lesen), dann übergehe es nicht. Der Zündfunke ist nicht richtig übergesprungen und deine innere Flamme flackert nur halbherzig vor sich hin. Deine Lebensenergie regeneriert nicht in sich selbst, die Flamme wird immer kleiner werden, bis deine Energie erschöpft ist. Mit einem definierten Sakral darfst du darauf achten, dass du deine bewegende Energie bewusst an andere weitergibst. Übe aber keinen Druck auf andere aus, sondern bringe sie mit Freude in Bewegung.

Wie fühlt sich ein undefiniertes Sakral an und worauf darf ich achten?

Mit einem undefinierten Sakral nimmst du die Lebensenergie und das Feuer anderer sehr gut wahr. Du kannst dich von ihrer Energie anstecken lassen, um kurzzeitig dieses Feuer für dich zu nutzen. Das undefinierte Sakral spürt, wo zu viel Druck herrscht, und kann diese Energien bewusst lenken und einschätzen.

Da diese Energie nur von andern geborgt ist, achte darauf, wie du gemäß deines Energietyps regenerierst. Andernfalls erschöpfst du und überarbeitest dich. Dein System besitzt nicht die Regenerationskraft wie das einer Person mit definiertem Sakral. Nutze die Energie und das Feuer, um in Bewegung zu kommen, aber achte auf deine Ressourcen und darauf, was deine Autorität dir sagt. Setze Grenzen und mache genügend Pausen, um Burn-out-Prävention zu betreiben.

Konditionierungen im Sakralzentrum

Die Konditionierungen, die wir im Sakralzentrum finden können, sind folgende Glaubenssätze, die sich wiederum in bestimmten Handlungsmustern äußern:

- Ich muss alles für andere tun.
- Ich darf nicht Nein sagen.
- Ich leiste zu wenig.
- Wer nicht dranbleiben kann, ist schwach.
- Mein Leben hängt von meiner Leistung ab.
- Ich muss immer kreativ und lebendig sein.

> **Definiertes und undefiniertes Sakralzentrum im Beispiel**
>
> Irene wird gefragt, ob sie am Abend zum Essen mitgehen möchte. Sie merkt, wie sich in ihrem Körper sofort ein »Hell, yes!«, ein mechanisches Klicken für ein Ja einstellt, und sagt zu. Sie vertraut auf ihre innere Stimme, die ganz klar sagt: »Das will ich und dafür habe ich Kraft.«
>
> Tom trifft sich mit seinem Freund zur Gartenarbeit. Solange der Freund anwesend ist, haben beide schier endlose Energie und sind eifrig am Bauen und Werkeln. Tom merkt allerdings, dass er wenig Energie und Begeisterung empfindet, als er am nächsten Tag allein im Garten weitermachen soll. Er merkt, dass ihn kurzfristig sein Freund in die Power gebracht hat.

Emotion: Zentrum der Gefühle und emotionalen Bedürfnisse

Das Emotionszentrum steht für Gefühle, Leidenschaften, Launenhaftigkeit, Empathie, emotionale Intelligenz, Impulskraft, Begeisterung und emotionale Bedürfnisse. In diesem Zentrum entsteht die ganze Palette unserer Emotionen. Das Emotionszentrum kann für uns ein wichtiger Antriebsfaktor sein, der Zündfunken liefert, uns auszudrücken und mitzuteilen. Ich nenne das Zentrum auch gern:

- den Fühlbereich des Körpers,
- die unbändige Kraft der Emotion,
- den Strudel der Begeisterung und Zerstörungskraft,
- den Bereich für Empathie und Einfühlung,
- die Welle der emotionalen Kraft.

Wie fühlt sich ein definiertes Emotionszentrum an und worauf darf ich achten?

Ein Mensch mit definiertem Emotionszentrum trägt seine Emotionen in die Welt und zieht aus ihnen Antrieb, das Feuer seines Seins. Über dieses Zentrum geht er in Verbindung mit anderen Menschen und ist in der Lage, seine Emotionen auszudrücken, seine Bedürfnisse zu äußern und Mitgefühl zu empfinden. Das definierte Emotionszentrum beeinflusst andere und kann wahre Begeisterungsstürme auslösen. Aber auch genau das Gegenteil kann der Fall sein, wenn man andere in emotionale Wellen von Wut, Trauer et cetera mitnimmt und ihnen die eigenen Gefühle auflädt. Mit einem definierten Emotionszentrum konfrontierst du die Menschen mit ihren Emotionen, weil du deine nach außen bringst; das wird oft von anderen abgelehnt oder zu unterdrücken versucht.

Mit einem definierten Emotionszentrum verläuft dein Empfinden in Wellen ab (siehe das Kapitel »Emotionale Autorität: Klarheit durch das Auf und Ab der Gefühle« ab Seite 154). Das bedeutet, dass sich starke Gefühle in dir entwickeln können, die mit dir Achterbahn fahren, du kannst in einem Moment himmelhoch jauchzend und im nächsten zu Tode betrübt sein. Achte darauf, dass du deine Emotionen wahrnimmst und nicht unterdrückst. Stoße deine Handlungen nicht auf der Welle einer Emotion an, sondern warte, bis wieder Klarheit eingetreten ist. Dann können deine starken Emotionen dich und andere in Bewegung bringen. Sprich über Emotionen, die du klar benennen kannst, damit andere dich besser verstehen können, und überschütte sie nicht damit. Übernimm Verantwortung für deine Gefühle und deine Handlungen.

Wie fühlt sich ein undefiniertes Emotionszentrum an und worauf darf ich achten?

Mit einem undefinierten Emotionszentrum können sich die Emotionen der Welt für dich überwältigend anfühlen und dir die Kehle zuschnüren. Du verstärkst die Emotionen anderer Menschen exponentiell und neigst dazu, dir ihre Gefühle zu eigen zu machen. Oft machst du dir Vorwürfe zu eigen, die dir ein emotionaler Mensch macht, wenn er in einer Welle ist. Du hast das Potenzial, Gefühle anderer zu erfassen und gleichzeitig »fein« damit zu sein, weil du trennen kannst, was deine und was deren Gefühle sind. Dir wurde mit diesem Zentrum ein empathisches Wesen in die Wiege gelegt.

Achte darauf, dass du dieses Zentrum von den Emotionen anderer Menschen frei machen kannst und Alleinzeit mit deinen Gefühlen hast. Bevor du handelst, lass dich nicht mitreißen und warte, bis die Begeisterungsstürme abflauen, nimm Einladungen in Konfliktarenen nicht sofort an. Auch den Weltschmerz, den du spürst, darfst du aus deinem System werfen. Erinnere dich daran, dass dieser Schmerz nicht deiner ist, du ihn aber stärker als andere wahrnimmst. Durch dieses offene Zentrum kannst du dich leicht in andere Menschen einfühlen und Stimmungslagen in Räumen erspüren – solange du nicht in den Strudel der Emotionen einsteigst.

Konditionierungen im Emotionszentrum

Die Konditionierungen, die wir im Emotionszentrum finden können, sind folgende Glaubenssätze, die sich wiederum in bestimmten Handlungsmustern äußern:

- Ich bin falsch mit meinen Gefühlen.
- Mein Empfinden ist nicht richtig.
- Ich bin zu impulsiv.
- Ich gehöre hier nicht hin.
- Emotionen sind ein Zeichen von Schwäche.
- Emotionen muss man kontrollieren und verstecken.

> **Definiertes und undefiniertes Emotionszentrum im Beispiel**
>
> Elina bekommt die Zusage für einen Job und hat einen Tag Zeit, sich zu entscheiden. In einer emotionalen Welle sagt sie sofort zu und ist begeistert. Am selben Abend merkt sie, dass Zweifel aufkommen: Will sie den Job wirklich? Ist das der richtige Job? Komisch, sie war doch so begeistert. Durch ihr Handeln in der Welle hat sie sich die Möglichkeit genommen, den Fahrstuhl abzuwarten und zu sehen, was sie will.

> Maria schaut am Abend die Nachrichten, in denen von Krieg und Umweltzerstörung berichtet wird. Sie fängt an zu weinen und weiß gar nicht so recht, warum. Es kommt ihr so vor, als ob sie den Schmerz der Welt in sich fühlt. Sie leidet mit allen Menschen mit und möchte sofort Frieden herstellen.

Herz: Zentrum der Willenskraft

Das Herzzentrum steht im Human Design für deinen festen Willen und die Kraft, unbeirrbar deinen Herzensweg zu gehen. Du weißt um deinen Wert und musst niemandem etwas beweisen. Das Herzzentrum symbolisiert darüber hinaus die Themen Wettbewerb, materielle Welt und Standfestigkeit im Leben. Ich nenne es auch gern:

- den Richtungsweiser deiner Seele,
- die Stabilität deines Lebens,
- die innere Stimme deines Willens.

Wie fühlt sich ein definiertes Herzzentrum an und worauf darf ich achten?

Etwa 20 Prozent der Menschen besitzen ein definiertes Herzzentrum und sind damit sehr stabil in ihrem Selbstwert. Sie gehen beharrlich und konsequent den Weg ihrer Herzstimme und wissen, wofür sie hier sind. Ihre Willenskraft ist stark spürbar. Das Herzzentrum sorgt dafür, dass du Mann/Frau der Tat bist und dein Wort einhältst. Du misst dich mit anderen im Antrieb, besser zu werden und deinen Weg zu gehen. Du besitzt mit definiertem Herzzentrum angeborene Autonomie, die es dir ermöglicht, spielend leicht Erfolg in der materiellen Welt zu generieren.

Menschen mit definiertem Herz werden oft als rigoros und egozentriert beschrieben, weil sie konsequent ihren Werten folgen. Achte darauf, dass du dich nicht dafür verurteilst, deinen Weg zu gehen und dich abzugrenzen. Du konfrontierst andere Menschen mit ihrem eigenen Willen und wirst dafür öfter belächelt oder bekämpft. Das alles darf dich aber nicht von deinem Weg abbringen. Nutze den Wettbewerb mit anderen, um besser zu werden, und nicht, um dich zu vergleichen – denn du bist unvergleichlich.

Wie fühlt sich ein undefiniertes Herzzentrum an und worauf darf ich achten?

Zunächst bedeutet das undefinierte Herzzentrum nicht, dass du kein Herz hast, im Gegenteil. Allerdings spürst du, dass dein Selbstwert und deine Willenskraft sich wandeln, je nachdem, mit welchen Personen du dich umgibst. Du nimmst die Energien der anderen stark wahr und neigst dazu, dich zu vergleichen und dich daran zu orientieren, was die anderen machen. Oft möchtest du verlässliche Versprechen abgeben, merkst aber, dass du niemals alle einhalten kannst. Das große Potenzial im undefinierten Herzzentrum liegt darin, Weisheit über den eigenen Wert zu erlangen und im Laufe des Lebens zu verstehen, dass der Wert eines Menschen niemals von seiner Leistung oder seinen Taten abhängt.

Du neigst dazu, dich kleinzureden und kleinzuhalten, weil du dich permanent mit anderen vergleichst. Steig aus diesem Muster aus und steig ein in das Selbstwertkarussell, das dich spüren lässt, wer du bist, und dich feinfühlig macht für die Wege anderer. Finde Dinge, die deinen Selbstwert steigern, und lass dich punktuell darauf ein. Nutze die Willenskraft, die durch andere Menschen in dir entsteht, um deiner Stimme zu folgen.

Konditionierungen im Herzzentrum

Die Konditionierungen, die wir im Herzzentrum finden können, sind folgende Glaubenssätze, die sich wiederum in bestimmten Handlungsmustern äußern:

- Ich werde nicht gesehen.
- Ich muss anders sein, damit man mich lieben kann.
- Ich bin nicht gut genug (erst wenn ich Punkt X gemacht habe).
- Ich bin egoistisch.
- Andere sind immer besser als ich.

> **Definiertes und undefiniertes Herzzentrum im Beispiel**
>
> Lisa hat sich schon als Kind vorgenommen, Ärztin zu werden. Nach dem Abitur schickt sie sofort Bewerbungen für einen Studienplatz an diverse Universitäten los. Ihr ist egal, wenn sie dafür weit von zu Hause wegmuss, sie will ihren Weg gehen. Von Freunden wird sie belächelt und die Eltern versuchen, sie zu überreden, an der nahen Universität zu studieren. Sie nimmt aber die Ferne für die beste Ausbildung in Kauf und geht nach Stockholm.
>
> Anja schreibt ein Buch und durchläuft dabei tiefe Prozesse. Sie schaut rechts und links, wie andere schreiben und sprechen, und versucht, so zu formulieren, dass sie es allen recht machen kann. Sie kommt zwischenzeitlich von ihrem Weg ab in der Angst, nicht gut genug zu sein, wenn sie die Dinge so macht, wie sie sie fühlt. Sie erkennt aber am Ende, dass ihr Wert nicht davon abhängig ist, wie sie ihr Buch schreibt, und dass Vergleiche sie von ihrer Kraft entfernen.

Selbst: Zentrum für Identität und Richtungsweisung

Das Selbstzentrum steht im Human Design dafür, sein Selbst zu kennen und wirken zu lassen. Es ist die Identität, die Fähigkeit zur Selbstwahrnehmung und die Persönlichkeit. Das Selbstzentrum trägt entscheidend dazu bei, ob wir uns über andere definieren. Das Selbst wird oft von Meinungen anderer Menschen über uns überlagert, ist jedoch in der Lage, sich in der Tiefe wahrzunehmen und seine Identität nach außen zu tragen. Im Selbstzentrum liegt der magnetische Pol, der unsere unbewussten Anteile (linke Planetenreihe) und die bewussten Anteile (rechte Planetenreihe) zusammenhält. Ich nenne es auch gern:

- die innere Identität,
- die Liebe zu sich selbst,

- den magnetischen Pol,
- den Platz, wo die Persönlichkeit sitzt und sich entfaltet,
- das höhere Selbst.

Wie fühlt sich ein definiertes Selbstzentrum an und worauf darf ich achten?

Menschen mit einem definierten Selbstzentrum sind Wegweiser für andere und haben eine angeborene Fähigkeit zur Selbstliebe. Dieses unbeirrbare Gefühl führt dazu, dass du genau weißt, wer du bist und wo du hingehörst, was deine Aufgabe und der tiefere Sinn in deinem Leben sind. Diese Stabilität kannst du weise an andere weitergeben, ohne dass du sie drängen musst, deinen Weg zu gehen oder dir zu folgen. Menschen mit definiertem Selbstzentrum können gut im Hier und Jetzt mit sich allein sein und verfügen über Vertrauen in ihren Lebensweg. Durch das definierte Selbstzentrum kannst du dich anpassen, ohne deine Richtung zu verlieren, und spürst genau, wann etwas richtig für dich ist.

Menschen mit einem definierten Selbstzentrum dürfen herausfinden, ob sie diese Komponente leben und spüren. Hast du eine tiefe Verbindung zu dir oder ist sie von den Meinungen anderer Menschen, »wer du bist«, überlagert? Dein »Wer ich bin« darfst du in die Welt tragen und anderen demonstrieren, wie du deinem Gefühl folgst und ihm Raum gibst. Achte darauf, dass du den Weg, der für dich bestimmt ist, nicht für andere pauschalisierst und zum Königsweg machst. Bring die Toleranz auf, dass es andere Wege für andere Menschen gibt. Finde heraus, was deine Strategie und dein Typ dir über dich sagen, und folge deiner Autorität, wenn es um deine Entscheidungen geht.

Wie fühlt sich ein undefiniertes Selbstzentrum an und worauf darf ich achten?

Menschen mit undefiniertem Selbstzentrum profitieren von einem Austausch mit Menschen, deren Selbst definiert ist, weil sie so Zugang zu ihrem Selbst bekommen. Sie können wahrnehmen, worüber sich jemand definiert, und seine Identität erkennen. Sie spüren, dass sich ihre Identität nicht eindeutig definieren lässt, weil sie viele Aspekte des »Wer ich bin« fühlen und erfahren sollen.

Mit einem undefinierten Selbstzentrum darfst du darauf achten, dass du andere nicht über deine Identität entscheiden lässt. Du neigst dazu, die Verantwortung für dich oder deinen Glauben an Lehrer, Gurus oder Menschen, die dir suggerieren, was gut für dich ist, abzugeben. Akzeptiere, dass du viele Identitäten in dir kennenlernen und leben darfst, ohne dich zu verlieren. Leih dir nicht die Identität von anderen. Mit einem undefinierten Selbstzentrum hast du ein ausgeprägtes Gespür dafür, dass bestimmte Menschen und Orte dich anziehen. Das höhere Selbst in dir leitet dich, wenn du die Stimmen der anderen auf stumm stellst.

Konditionierungen im Selbstzentrum
Die Konditionierungen, die wir im Selbstzentrum finden können, sind folgende Glaubenssätze, die sich wiederum in bestimmten Handlungsmustern äußern:

- Ich muss tun, was andere sagen.
- Andere wissen, was gut für mich ist.
- Ich folge dem sicheren Weg der anderen.

> **Definiertes und undefiniertes Selbstzentrum im Beispiel**
>
> Jan geht mit seinen Freunden wandern. Sie kommen zu einem Wegweiser, der nicht mehr zu lesen ist. Jan entscheidet für alle, nach links zu laufen, denn er kennt die Richtung, in die alle gehen müssen; er hört auf sein Gefühl.
>
> Janina schreibt ihre Biografie und stellt fest, dass sie in ihrem Leben häufig die Richtung gewechselt hat. Sie hat über sechs verschiedene Berufe ausgeübt und an zwölf Orten in der Welt gewohnt. Sie fragt sich, was das alles gemeinsam hatte, und kommt zu dem Schluss: »Ich durfte mich immer wieder neu erfahren und erkennen.«

Milz: Zentrum der Intuition und Sensitivität

Das Milzzentrum steht für eine innere Stimme, die leise, aber unmittelbar anklopft, um zu sagen, dass etwas richtig, gut, nützlich, gefährlich, unsicher oder falsch für uns ist. Sie spiegelt unseren Urinstinkt wider. Die Milz gilt als Zentrum für spontane Eingebungen, Intuition und große Sensibilität. Das Milzzentrum ist ein sehr feines Zentrum, über das wir unseren Körper bewusst wahrnehmen und spüren und gleichzeitig Sicherheit finden können. Ich nenne es auch gern:

- die innere Weisheit,
- den »Auf-uns-Aufpasser«,
- den untrüglichen Urinstinkt,
- die innere Alarmanlage,
- das Zentrum der Feinfühligkeit und Intuition.

Wie fühlt sich ein definiertes Milzzentrum an und worauf darf ich achten?

Mit einem definierten Milzzentrum bist du in der Lage, sehr feinfühlig deine Umgebung wahrzunehmen und deiner inneren Alarmanlage Gehör zu schenken. Diese zuverlässige innere Stimme springt spontan an und zeigt dir in Bruchteilen von Sekunden die Richtung. Ein bewusstes Milzzentrum kann deinen Antrieb stärken, weil es blitzschnell reagiert und deine Kraft anfeuern kann. Es besitzt ein hohes Körperbewusstsein und ein gutes Körpergefühl für das, was uns guttut, egal, ob es dabei um Nahrung, andere Menschen oder Entscheidungen geht.

Mit einem definierten Milzzentrum darfst du darauf achten, dass du nicht in deinen Urängsten versinkst. Du kannst diese zwar wahrnehmen für den Fall, dass es wirklich gefährlich werden sollte, aber du solltest Ängste loslassen, die wir in unserem heutigen Alltag nicht mehr brauchen und die dich hemmen. Deine definierte Milz hat eine sehr leise Stimme und meldet sich nur etwa drei Sekunden lang, wenn sie dir etwas mitteilen will. Lerne, auf diesen Impuls zu hören, denn er ist immer für dich bestimmt und möchte wahrgenommen werden. Versuche nicht, dein Gefühl mit dem Verstand zu erklären, sondern folge diesem leisen Piepsen, damit du bewusst im Moment leben kannst.

Wie fühlt sich ein undefiniertes Milzzentrum an und worauf darf ich achten?

Menschen mit einem undefinierten Milzzentrum haben ein gutes Gespür für das Befinden anderer Menschen, weil sie deren Urbedürfnisse verstärkt spüren. Sie können diese sichtbar machen, aber auch sich selbst aufladen. Menschen mit undefiniertem Milzzentrum sind sehr empfänglich für sanfte, alternativmedizinische Behandlungen und natürliche Nahrung. Sie neigen dazu, vermehrt Sicherheit zu suchen und sich an Menschen festzuhalten, die ihnen nicht guttun. Dieser verstärkte Urinstinkt führt Menschen mit undefinierter Milz oft in Abhängigkeiten.

Mit einer undefinierten Milz neigst du dazu, Urängste von Menschen und des Kollektivs zu verstärken und intensiv zu spüren. Grenz dich davon ab und nimm das Bedürfnis dahinter wahr, ohne in Angst und Panik zu verfallen. Geh feinfühlig mit deinem Körper um, denn deine Gesundheit ist sehr sensibel.

Konditionierungen im Milzzentrum

Die Konditionierungen, die wir im Milzzentrum finden können, sind folgende Glaubenssätze, die sich wiederum in bestimmten Handlungsmustern äußern:

- Das macht man heute so.
- In der Gesellschaft ist nur dieser Weg anerkannt.
- Ich bin mir meiner selbst nicht sicher.
- Ich muss Sicherheit und Kontrolle finden.
- Ich vertraue mir nicht.
- Ich will nicht spüren.

> ### Definiertes und undefiniertes Milzzentrum im Beispiel
>
> Marlene besichtigt mit ihrem Freund Häuser, da sie sich eines kaufen wollen. Als sie das erste Haus betreten, macht Marlene auf dem Absatz kehrt und sagt: »Nein, dieses auf keinen Fall.« Ihre Milz hat ihr gesagt, dass das Haus nicht das richtige ist. Sie weiß in einer Millisekunde, was ihr guttut und was nicht.

> Clara ist mit ihren Freundinnen unterwegs. Eine Freundin berichtet von einer Gruselgeschichte, die sich in dieser Straße abgespielt haben soll. In Clara verstärkt sich die Angst, die die anderen Mädchen auch spüren. Sie bekommt Panik, dass die Geschichte wahr sein könnte, und greift nach dem sicheren Arm ihrer Freundin. Abends und zu Hause hat sie immer noch ein mulmiges Gefühl und schließt die Haustür doppelt ab. Sie verstärkt die Ängste der anderen, nimmt sie zu sich und sucht gleichzeitig Sicherheit.

Kehle: Zentrum des Ausdrucks

Das Kehlzentrum steht für die Themen Ausdruck, Kommunikation und Interaktion mit der Welt. Durch das Kehlzentrum können wir in Verbindung mit anderen treten und uns mitteilen. Die Kehle gibt unserer Stimme und unseren Gefühlen Manifestationskraft. Sie hilft uns, Energien nach oben abzugeben, Druck loszuwerden und Klarheit zu gewinnen durch reflektiertes Sprechen. Ich nenne dieses Zentrum auch gern:

- das Manifestationsorgan
- den Übersetzer unseres Seins,
- das Megafon der Gefühle.

Wie fühlt sich ein definiertes Kehlzentrum an und worauf darf ich achten?

Ein definiertes Kehlzentrum steht für deinen Ausdruck. Du bedienst dich gern deiner Stimme und kannst über das Sprechen manifestieren, inspirieren und Druck ablassen. Der Ausdruck »darüber reden hilft« trifft bei dir voll zu. Mit sicherer und lauter Stimme übernimmst du Verantwortung für die Dinge, die du sagst, und wie du sie sagst. Deine Wirkung auf andere ist durch deine Stimme sehr anziehend, denn du sprichst aus, was ausgesprochen werden muss. Dein Ausdruck geschieht über das gesprochene Wort und du kannst deine Stimme kunstvoll einsetzen. Dein Ausdruck ist kraftvoll und du wirst gehört, wenn du sprichst.

Mit einer definierten Kehle darfst du darauf achten, dass du die Verantwortung für deine Worte trägst. Dein Redeschwall und die Stärke und Überzeugungskraft können für viele Antrieb sein, aber manche Menschen überfordern. Achte darauf, dass du hier Balance findest. Wenn du merkst, dass dir das Sprechen nicht leichtfällt oder sich sogar Heiserkeit, Halsschmerzen et cetera einstellen, ist es an der Zeit für eine Ruhephase, denn dann zeigt dir dein Körper, dass du über einen langen Zeitraum viel herausgegeben hast und regenerieren darfst.

Wie fühlt sich ein undefiniertes Kehlzentrum an und worauf darf ich achten?

Mit einem undefinierten Kehlzentrum bist du flexibel in deiner Ausdrucksweise. Du adaptierst die Sprechweise anderer und kannst deine Art zu sprechen ändern. Oft ist deine Art zu sprechen von deinem Publikum oder deinem Umfeld abhängig. Es kann sich für dich schwer anfühlen, aus dir heraus zu sprechen und Dinge zu benennen, wenn das Timing nicht stimmt. Achte hier besonders auf deine Autorität und gegebenenfalls auf Einladungen, die dir Raum geben zu sprechen. Mit einer offenen Kehle hast du ein sehr gutes Gespür, ob du laut, leise, energisch oder zaghaft etwas vermitteln solltest, damit es bei deinen Zuhörern ankommt.

Deine undefinierte Kehle ist für dich ein Stimmungsradar im Raum. Wenn du merkst, dass es dir nicht leichtfällt zu sprechen oder dich keiner hört, ist es eventuell nicht der richtige Moment zu sprechen. Deine undefinierte Kehle gibt dir mehrere Zeichen, ob Dinge für dich in diesem Moment richtig sind oder nicht. Das kann sich mit einem Räuspern oder einem Stocken im Redefluss äußern. Vertraue darauf, dass du die richtigen Dinge sagst, wenn sie gefragt sind.

Konditionierungen im Kehlzentrum

Die Konditionierungen, die wir im Kehlzentrum finden können, sind folgende Glaubenssätze, die sich wiederum in bestimmten Handlungsmustern äußern:

- Ich muss reden, damit andere mich sehen und wahrnehmen.
- Ich bin nur etwas wert, wenn ich etwas sagen kann.
- Ich muss immer sofort antworten.
- Aus mir zu sprechen, ist gefährlich.
- Ich muss laut sein, damit man mich hört.
- Ich werde nicht gehört.

Definiertes und undefiniertes Kehlzentrum im Beispiel

Alexander ist der geborene Redner und so fällt es ihm nicht schwer, spontan einzuspringen, als auf der Bühne plötzlich jemand ausfällt. Er spricht laut und sicher und merkt, wie die Menschen ihm gebannt zuhören. Seine Stärke führt dazu, dass am Ende laut applaudiert wird und ihn sogar jemand nach einem Autogramm fragt.

Linda sitzt in einer großen Gruppe, in der alle von sich erzählen. Sie möchte unbedingt etwas beitragen, aber keiner hört sie. »Hey, ich wollte... Hallo, hört mich jemand... Also, ähhhmmmm«, setzt sie mehrmals an, aber sie bekommt keine Aufmerksamkeit. Erst als Bertram sich ihr zuwendet und sagt: »Hey, Linda, wolltest du uns nicht noch was erzählen?«, ist sie eingeladen zu sprechen, und nun fällt es ihr wesentlich leichter. Sie erzählt ohne »Ähm« und die anderen hören ihr aufmerksam zu.

Verstand: Zentrum der Information und des Bewusstseins

Das Verstandeszentrum (auch Kopf oder Ajna genannt) ist das Zentrum für das mentale Bewusstsein, in dem die Verarbeitung von Informationen, Wissen und Gedanken stattfindet. In diesem Zentrum geht es darum, zu reflektieren, Dinge zu analysieren und logisch zu erklären. Dein Verstandeszentrum treibt dich an, unbedingt verstehen zu wollen, und kann manchmal zum nicht stillstehenden Denker werden. Ich nenne das Verstandeszentrum auch gern:

- das Superhirn,
- den Analysator und Faktenbereich,
- die Reflexionsebene.

Wie fühlt sich ein definiertes Verstandeszentrum an und worauf darf ich achten?

Ein definierter Verstand ist in der Lage, komplexe Zusammenhänge schnell zu begreifen und zu strukturieren. Es findet eine Art Wissens- und Gedankenorganisation statt. Durch diese Definition bist du in der Lage, logisch zu denken, aus dir heraus Dinge zu entwickeln, Erkenntnisse zu gewinnen, größere Informationsmengen schnell zu verarbeiten und zu ordnen. Mit dieser Fähigkeit kannst du andere Menschen inspirieren und strukturiertes Wissen und Ideen verständlich kommunizieren. Du hast den roten Faden im Kopf: Ein Mensch mit einem definierten Verstand weiß, was er weiß, und fühlt sich mit seinem Wissen sicher.

Menschen mit definiertem Verstandeszentrum neigen dazu, den Kopf nicht stillstehen zu lassen und sich alles rational zu erklären. Achte darauf, dass deine Fühlebene und deine eigentliche Autorität Gehör finden und einen Platz haben. Der Verstand ist ein großartiges Instrument, leitet uns aber nicht oder bestimmt unser Leben. Du darfst darauf achten, dass es auf dieser Welt andere Meinungen, Denkweisen und Gedanken gibt, die eventuell nicht mit deinem Kenntnisstand übereinstimmen. Es gilt hier, sich in Toleranz und Annahme zu üben und seinen Verstand nicht als »heiligen Gral« zu betrachten.

Wie fühlt sich ein undefiniertes Verstandeszentrum an und worauf darf ich achten?

Mit einem offenen Verstandeszentrum hast du die Fähigkeit, die vielen Gedanken und Ideen anderer wahrzunehmen. Wie ein großer Ideenschwamm saugst du Wahrnehmungen und Gedankenprozesse auf. Du hast die Fähigkeit, diese Dinge zu sortieren und zu kritisieren, zu hinterfragen und zu bewerten. Damit hilfst du den anderen, nicht jeder Idee hinterherzujagen. In deinem Schwamm sammeln sich viele verschiedene Dinge, die du beim Auspressen auf eine Essenz reduzierst, die wirklich wichtig ist für dich und andere. Menschen mit undefiniertem Verstand neigen dazu zu glauben, dass sie nicht genug wissen. Sie saugen so viel Wissen auf, bis der Schwamm zu voll ist und die Essenz keinen Platz mehr hat.

Dein Wissensschwamm darf regelmäßig entleert werden, damit dein Kopf nicht ständig summt, surrt und übervoll ist von den Gedanken anderer Menschen. Nimm dir Zeit und Ruhe, denn nur so kannst du all die Informationen, die dich erreichen, auf das Wesentliche reduzieren. Mach den Schwamm immer wieder leer, zum Beispiel mit Meditation, und wisse, dass nicht alle Gedanken in deinem Kopf von dir kommen.

Konditionierungen im Verstandeszentrum

Die Konditionierungen, die wir im Verstandeszentrum finden können, sind folgende Glaubenssätze, die sich wiederum in bestimmten Handlungsmustern äußern:

- Meine Meinung ist immer richtig.
- Ich verurteile andere für ihr Denken.
- Wenn mein Kopf sagt, dass es richtig ist, dann mache ich es so.
- Mein Kopf leitet mich durchs Leben.
- Ich glaube nur an rationales Wissen.

> **Definiertes und undefiniertes Verstandeszentrum im Beispiel**
>
> Ingolf ist Ingenieur und muss eine neue Klasse unterrichten. Er inspiriert die Schüler mit seinem Wissen und seinen Gedanken und erntet am Ende viele Fragen für die Impulse, die er gesetzt hat.
>
> Mandy ist Strategieberaterin im Marketing und schafft es glänzend, aus dem Chaos den roten Faden für die nächste Kampagne zu finden. Dabei greift sie Ideen und Inspiration ihrer Klienten auf und reflektiert diese mit ihnen gemeinsam, um am Ende die Essenz und Markenbotschaft auf den Punkt zu bringen.

Krone: Zentrum für Ideen und Eingebungen

Das Kronenzentrum, auch oft Inspirations- oder Ideenzentrum genannt, steht für eine Anbindung »nach oben«. Dieses Zentrum ist dafür zuständig, dass du eine Verbindung zu dir und zu morphischen Feldern herstellen kannst. So entstehen neue Fragen im Leben. Dieses Zentrum ermöglicht uns, außerhalb des Verstandes Halt zu finden, und bringt uns in Bewegung, unsere Sinnfragen an das Leben und an andere zu stellen.

Ich nenne das Kronenzentrum auch gern:

- die höhere, übersinnliche Anbindung,
- Lebenssinnzentrum,
- die spirituelle Anbindung deines Geistes.

Wie fühlt sich ein definiertes Kronenzentrum an und worauf darf ich achten?

Ein definiertes Kronenzentrum macht vor allem eines: den Sinn hinter allem erfragen. Es hat ständig Fragen und Erkenntnisse parat, die in die Welt getragen werden sollen. Hier findet Inspiration statt, durch eine Anbindung, die uns gleichzeitig Sicherheit gibt. Eine Anbindung, die uns im tiefen Zweifel immer zu uns zurückführt.

Bei dir flattern ständig Fragen und neue Inspiration herein, sodass es anderen schnell zu viel werden kann und sie dir nicht folgen können. Achte darauf, dass du sortierst, was du weitergibst, und die eine oder andere Frage vielleicht ignorierst und ihr nicht nachgehst. Wenn du nicht selektierst, wird der Schwamm in deinem oberen Kopfbereich immer voller und kann dir Kopfschmerzen verursachen. Gedankenstille und Meditation, Yoga, Qigong et cetera können dir gut helfen, im Oberstübchen kurz Pause zu machen.

Wie fühlt sich ein undefiniertes Kronenzentrum an und worauf darf ich achten?

Mit einem undefinierten Kronenzentrum bist du der Inspirationssortierer und Klarheitsbringer für die anderen. Du merkst sehr genau, welche Eingebungen anderer tatsächlich wichtig für dich und andere sind. Du kannst gut filtern, was gebraucht wird oder ob sich da vielleicht gerade ein Luftschloss bildet. Du lässt dich durch andere Menschen inspirieren und bist auf der Suche nach Erkenntnissen, allerdings ohne den Druck, die Sinnfragen des Lebens alle auf einmal zu stellen.

Lass dich nicht von jeder Idee mitreißen, sondern wähle weise, welcher Inspiration du folgst. Wenn du merkst, dass zu wenig Inspiration in deinem Umfeld ist, dann such dir Menschen, Bücher, Podcasts et cetera, die dich inspirieren. Lerne, die Gedankenbälle und Ideenschwämme anderer zu betrachten, aber nicht komplett zu verinnerlichen. So sorgst du für genug Luft im Kronenzentrum, sodass andere Inspirationen fruchten können.

Konditionierungen im Kronenzentrum

Die Konditionierungen, die wir im Kronenzentrum finden können, sind folgende Glaubenssätze, die sich wiederum in bestimmten Handlungsmustern äußern:

- Ich habe das Gefühl, nicht genug zu wissen.
- Ich will alles begreifen.
- Ich muss noch mehr Ausbildungen machen, um alles zu wissen.
- Ich muss jeder Idee nachgehen.
- Ich muss andere von meinen Ideen überzeugen.

Definiertes und undefiniertes Kronenzentrum im Beispiel

Johann kommt sich manchmal vor wie ein Philosoph. Während er seinen Freunden beim Skateboardfahren zusieht, fragt er plötzlich in die Runde: »Warum haben Skateboards eigentlich keinen Hover-Antrieb?« Er inspiriert damit die anderen, über so etwas nachzudenken, auch wenn keiner versteht, woher er diese Inspirationen nimmt.

Anke hört sich am Abend einen Podcast von Tobias Beck an und ist begeistert von den Menschentypen, die er beschreibt. Sie hat schon viel gehört, aber dieser Podcast macht besonders viel Sinn für sie. Sie beschließt, sich dieser Inspiration anzunehmen und am nächsten Tag tiefer zu forschen.

Jetzt hast du die wichtigsten Dinge zu den definierten und undefinierten Zentren gelesen. Schreib dir deine Zentren-Definitionen aus dem Bodygraph heraus und finde heraus, welche Fähigkeiten du dadurch in die Welt gibst und wie du sie wahrnimmst.

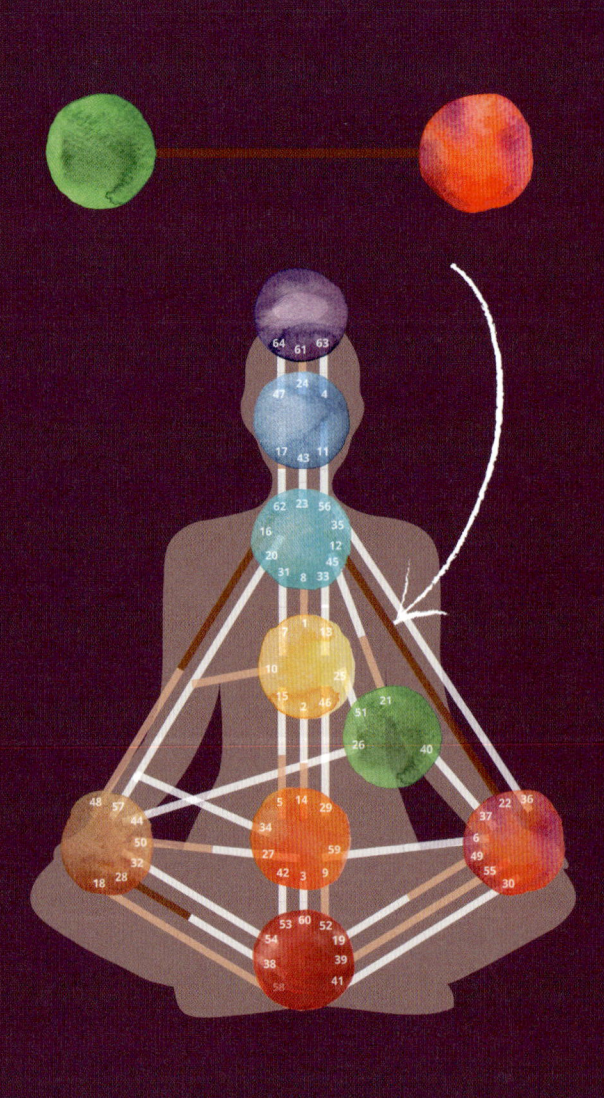

DIE 36 KANÄLE IM HUMAN DESIGN

Die Energie in deinen Adern

Die 36 Kanäle beschreiben die Energie, die durch deine Adern fließt, denn sie verbinden unsere Energiezentren miteinander (siehe ab Seite 230). Würdest du bei jedem Menschen Blut abnehmen und die Zusammensetzung vergleichen, wären keine zwei Proben in allen Nuancen gleich. Der eine hat höhere Gerinnungswerte als der andere und beim nächsten sind andere Spurenelemente sichtbar als bei dem Menschen, der vielleicht Blutgruppe AB hat. Ähnlich kann man die Kanal-Energien beschreiben, die dafür sorgen, dass Energie in uns fließt, genauso wie Blut im menschlichen Körper zirkuliert. Sie ist bei jedem Menschen aus vielen besonderen Nuancen individuell zusammengesetzt.

Kanäle verbinden Zentren

Ein Kanal besteht aus zwei Toren, die sich zu einem Kanal zusammenfügen. Dieser Kanal ist wiederum die Verbindung zwischen zwei Zentren. Durch Kanäle entsteht eine besondere Ausprägung in deiner Energie, denn jeder Kanal bringt bestimmte Eigenschaften mit sich. Meine Ausführungen dienen nur zur groben Übersicht – die Lehre über die Kanal-Energien und die genetischen Frequenzen könnten allein drei Bücher füllen. Uns geht es hier erst einmal darum, deine Basic-Elemente und besonderen Attribute zusammenzutragen und zu erkennen.

Kanal 1–8: Kanal der Inspiration, der individuellen Perspektive
Verbindet die Zentren: Selbst und Kehle

Mit diesem Kanal hat man die Fähigkeit, andere Menschen zu inspirieren und sie für etwas zu begeistern. Oftmals bekommen Menschen mit diesem Kanal viel Aufmerksamkeit von anderen – die sie auch benötigen, um ihre individuelle Perspektive und ihre Individualität nach außen zu tragen. Mit diesem Kanal ist es dir wichtig, dass andere Menschen dich für deine Ideen wertschätzen und deine einmalige Art sehen.

> Für dich kann gelten: »Ich trage meine Ideen und mein Wesen nach außen, um andere zu inspirieren.«

Kanal 2–14: Kanal der neuen Wege
Verbindet die Zentren: Selbst und Sakral

Mit diesem Kanal kannst du neue Dinge auf den Weg bringen, Menschen, Gruppen, Systemen eine neue Richtung geben und brandneue Impulse liefern. Du hast eine kreative Perspektive auf die Dinge, scheust nicht vor Innovationen zurück oder davor, etwas anders zu machen. Deine individuelle und neue Sichtweise verhilft zu Verbesserungen im kollektiven Leben und Zusammenleben. Deine Quelle ist das Neumachen.

> Für dich kann gelten: »Ich gebe Dingen eine neue Richtung und hinterfrage veraltete Systeme. Damit schaffe ich Verbesserungen im Leben.«

Kanal 3–60: Kanal des Chaos und Richtungswechsels
Verbindet die Zentren: Sakral und Wurzel

Mit diesem Kanal trägst du eine innere Kraft in dir, Wandlung herbeizuführen. Du verspürst den Druck, neue Dinge zu erschaffen und etwas von Grund auf umzuwälzen. Diese starke Energie kommt in Schüben zu dir, das heißt, du verspürst ruckartig den Impuls, etwas in deinem Leben oder bei Dingen zu verändern. Das kann funktionieren, weil die Druck- und Motorkraft des Sakrals und der Wurzel dich unterstützen. Es gibt aber auch den Chaosaspekt in diesem Kanal, der dazu führt, dass du mitten in der Umwälzung stecken bleibst und den Wald vor lauter Bäumen nicht siehst.

> Für dich kann gelten: »Ich habe die Kraft, Dinge zu wandeln und von Grund auf umzuwälzen. Ich bin achtsam mit der mir innewohnenden Kraft, damit fruchtbarer Boden und keine Zerstörung zurückbleibt.«

Kanal 4–63: Kanal der Logik und des Zweifels
Verbindet die Zentren: Verstand und Krone

Mit diesem Kanal gehst du logisch und oft wissenschaftlich an Dinge heran. Du kannst gut kombinieren, hast aber auch Zweifel, insbesondere wenn dir Dinge begegnen, die auf Glauben beruhen oder die Unsicherheiten in dir auslösen, was deine Zukunft oder die der Welt angeht. Dieser Zweifel ist gleichzeitig dein innerer Antrieb, weitere Hypothesen aufzustellen und durch dein logisches Denkvermögen Antworten zu finden. Der Kanal ermöglicht es dir, Folgen des Handelns und Aktion-Reaktion-Muster zu erkennen.

> Für dich kann gelten: »Ich forsche tief, um Zusammenhänge durch Fakten zu verstehen und mir logisch zu erklären. Ich toleriere dabei die Sichtweisen anderer Menschen, auch wenn sie keinen wissenschaftlichen Ursprung haben.«

Kanal 5–15: Kanal des Lebenstaktes
Verbindet die Zentren: Selbst und Sakral

Mit diesem Kanal hast du ein gutes Gespür für den Rhythmus des Lebens und das richtige Timing. Dein inneres Taktgefühl lässt dich in dem für dich passenden Rhythmus leben, der nicht immer dem anderer Menschen entspricht. Du inspirierst andere, ihrem Rhythmus zu folgen und Vertrauen in den natürlichen »Beat des Lebens« zu erlangen.

> Für dich kann gelten: »Ich kenne den Rhythmus meines Lebens und folge meinem Takt. Ich akzeptiere, dass andere Menschen ihrem eigenen Beat folgen.«

Kanal 6–59: Kanal der Nähe und Intimität
Verbindet die Zentren: Sakral und Emotion

Dieser Kanal steht für Verbindung und Anziehung. Damit kannst du andere Menschen erfassen und fühlen. Die tiefe Verbindung zu anderen Menschen ist dir wichtig, du bist kein Small Talker. Dieser Kanal steht für ein hohes Interesse an Verbindung, Verschmelzung, Paarung und ist sehr fördernd für innige Partnerschaften, Zusammenarbeit in Teams oder sexuelle Vereinigung.

> Für dich kann gelten: »Ich bin ein Deep Diver und erfasse die Menschen in ihrer Ganzheit. Ich suche mir Verbindungen zu Menschen, um mich mit ihnen zu vereinigen.«

Kanal 7–31: Kanal des demokratischen Führers
Verbindet die Zentren: Selbst und Kehle

Mit diesem Kanal hast du ein Gespür dafür, andere intuitiv anzuleiten. Du musst Führung nicht lernen, sie liegt dir im Blut. Du bringst auf demokratische Weise die Gemeinschaft nach vorn und hast eine erhebliche Wirkung auf das Umfeld, das du anführst. Mit diesem Kanal bist du daran interessiert, Trends zu setzen und zukunftsorientiert anzuleiten. Deine Führung ist keine Herrschaft, sondern ein Dienst an der Gemeinschaft.

> Für dich kann gelten: »Ich trage die Energie der Führung in mir und gehe weise mit dem Einfluss auf meine Mitmenschen um.«

Kanal 9–52: Kanal der Konzentration und des Fokus
Verbindet die Zentren: Sakral und Wurzel

Mit diesem Kanal bist du sehr zielstrebig und konzentriert und hast die Fähigkeit, den Fokus anderer zu stärken und auf die richtigen Dinge zu lenken. Mit diesem Kanal kann man sehr hartnäckig andere dazu bringen, den Fokus auf dasselbe zu lenken wie man selbst.

> Für dich kann gelten: »Ich setze meinen Fokus gezielt ein, um Konzentration für meine Sache zu bekommen. Ich kann damit anderen beibringen, sich zu fokussieren.«

Kanal 10–20: Kanal der Bewusstheit
Verbindet die Zentren: Selbst und Kehle

Mit diesem Kanal trägst du ein hohes Potenzial für (Selbst-)Bewusstsein in dir. Du sprichst für dich selbst und hast einen Blick für höhere Ebenen, Spiritualität und Verbundenheit. Du erkennst die Vorgänge zwischen den Vorgängen, die Worte, die zwischen den Worten gesagt werden. Mit diesem Kanal hast du eine tiefe Selbstliebe in dir, die wiederum andere inspiriert, sich für das bewusste Sein zu öffnen. Ein großer Teil deines Lebens ist bestimmt durch Selbsterfahrung und Erkenntnis über dich und andere.

> Für dich kann gelten: »Ich erkenne, weil ich bin und reflektiere. Ich nutze mein Bewusstsein als Erfahrungsschatz und erkenne mich in der Tiefe.«

Kanal 10–34: Kanal der tiefen Überzeugung
Verbindet die Zentren: Selbst und Sakral

Mit diesem Kanal hast du die Kraft in dir, deinen Überzeugungen, Werten und deinem Glauben zu folgen. Auf andere wirkst du dadurch oft sehr unabhängig, frei und selbstwirksam. Dieser Kanal hilft dir, konsequent und in Selbstliebe deinen Weg zu gehen und dich nicht davon abbringen zu lassen.

> Für dich kann gelten: »Ich glaube an meinen Weg und gehe ihn kompromisslos und konsequent.«

Kanal 10–57: Kanal des Überlebens
Verbindet die Zentren: Selbst und Milz

Du besitzt mit diesem Kanal eine sehr hohe Intuition dafür, was zum Leben und Überleben wichtig ist. Deine Intuition weist dir eine Richtung im Leben und führt dich an Gefahren vorbei. Diese intuitive Kraft ist wie dein persönlicher Schutzengel, der dafür sorgt, dass du leicht und weise durch das Leben gehen und es gestalten kannst.

> Für dich kann gelten: »Ich vertraue meiner Intuition und weiß, was ich im Leben brauche. Ich werde zu jeder Zeit geschützt und getragen.«

Kanal 11–56: Kanal der Neugier
Verbindet die Zentren: Kehle und Verstand

Mit diesem Kanal bringt dich deine natürliche Neugier dazu, viele Dinge zu entdecken und Ideen an andere weiterzugeben. Durch diesen Kanal bist du vielfältig interessiert und immer auf der Suche, wo du Neues erfahren kannst. Deine Erfahrung gibst du gern über das gesprochene Wort an andere weiter; du kannst Menschen stundenlang unterhalten und deine Ideen teilen.

> Für dich kann gelten: »Ich folge meiner Neugier, um das Leben zu entdecken, und teile meine Erfahrungen mit anderen Menschen.«

Kanal 12–22: Kanal der Offenheit
Verbindet die Zentren: Emotion und Kehle

Mit diesem Kanal fühlst du dich in einer geselligen Runde sehr wohl und bist der geborene Erzähler, Charmeur und Unterhalter. Deine eindrucksvolle und emotionale Art zu sprechen macht dich zu jemandem, dem man gern zuhört und der für Menschen offen ist. Deine Emotion hilft dir, mit den Menschen auf Gefühlsebene zu sprechen. Sie kann aber auch dazu führen, dass du enormen Gefühlsschwankungen unterliegst und nur ein angenehmer Geselle bist, wenn du dich danach fühlst.

> Für dich kann gelten: »Ich lasse Menschen an meinen Geschichten teilhaben und lade jeden in meinen Raum ein, der mich sprechen hören möchte.«

Kanal 13–33: Kanal des Geschichtenerzählers
Verbindet die Zentren: Selbst und Kehle

Mit diesem Kanal bist du der Journalist des Lebens und berichtest anderen Menschen über Dinge, die du erlebt oder beobachtet hast. Dein Wissen ist unermesslich umfangreich und du kannst viele Dinge in Geschichten miteinander verknüpfen. Die Menschen hören dir gern zu, weil deine bildhafte Sprache und dein Redetalent sie tief in die Geschichten eintauchen lassen.

Für dich kann gelten: »Mit meinem Talent, Wissen und Erfahrungen zu verknüpfen, bin ich der Journalist des Lebens und berichte anderen über die tiefgreifenden Themen des Menschseins.«

Kanal 16–48: Kanal des talentierten Meisters
Verbindet die Zentren: Milz und Kehle

Mit diesem Kanal bist du in der Lage, deine Talente geschickt und ausdauernd auszuleben. Die intrinsische Motivation, deine Fähigkeiten zu verbessern, lässt dich die Dinge so oft wiederholen, bis es klappt. Mit diesem Kanal bist du Meister deiner Sache und kannst tief in das Wissen um dein Talent einsteigen.

Für dich kann gelten: »Ich nutze meine Talente und verfeinere sie durch Übung, bis ich Meister meiner Sache werde.«

Kanal 17–62: Kanal der Organisation
Verbindet die Zentren: Kehle und Verstand

Mit diesem Kanal bist du das geborene Organisationstalent und hast einen besonderen Weitblick für Strukturen. Du bist in der Lage, Informationen schnell zu erfassen und die richtigen Dinge zu veranlassen. Deine Kehle sorgt dafür, dass du sehr kommunikativ bist und wichtige Informationen weitergibst.

Für dich kann gelten: »Ich bringe Struktur und Ordnung und verarbeite Informationen schnell – so kann ich organisieren und steuern.«

Kanal 18–58: Kanal des konstruktiven Kritikers
Verbindet die Zentren: Wurzel und Milz

Mit diesem Kanal siehst du sofort, wo sich etwas besser machen oder justieren lässt. Du kannst schnell Dinge erfassen und besitzt ein gutes Urteilsvermögen. Dein Talent, Dinge zu optimieren, kann allerdings umschlagen, wenn du jeden und alles infrage stellst und bewertest, anstatt ein neutrales Urteil zu fällen.

> Für dich kann gelten: »Ich sehe, wo etwas nicht funktioniert, und teile meine Wahrnehmung, damit Verbesserung eintreten kann.«

Kanal 19–49: Kanal der Sensibilität
Verbindet die Zentren: Emotion und Wurzel

Mit diesem Kanal bist du ein sehr feinfühliges Wesen, das die Bedürfnisse und Emotionen anderer spürt. Der Druck, anderen helfen zu wollen, kann förderlich für andere sein, wenn du dich selbst genügend abgrenzt.

> Für dich kann gelten: »Ich spüre andere Menschen und bin so in der Lage, ihnen zu helfen, wenn ich die Ressourcen dafür habe.«

Kanal 20–34: Kanal des Charismas
Verbindet die Zentren: Sakral und Kehle

Mit diesem Kanal bist du sehr aktiv und schnell im Leben unterwegs. Dein Drang, spontan und aus dem Bauch heraus zu handeln, besitzt viel Kraft. Dieser Kanal möchte sich Ausdruck verschaffen und seine Energie in Aktivität lenken. Dich in Geduld zu üben und innezuhalten, kann dir allerdings schwerfallen.

> Für dich kann gelten: »Ich verschaffe mir Ausdruck durch mein Handeln und übe mich darin, den richtigen Moment zu finden.«

Kanal 20–57: Kanal des Improvisationstalents
Verbindet die Zentren: Kehle und Milz

Mit diesem Kanal findet man Lösungen und Ideen, wo andere im Trüben fischen. Mit diesem Kanal bist du das geborene Improvisationstalent, das nicht mehr tun muss, als auf seine Eingebungen zu warten und Lösungen zu präsentieren. Als Krisenfeuerwehr des Lebens hilfst du anderen Menschen oft aus der Klemme.

> Für dich kann gelten: »Ich bin die Krisenfeuerwehr des Lebens und finde Lösungen für andere Menschen.«

Kanal 21–45: Kanal des Materialisten
Verbindet die Zentren: Herz und Kehle

Mit diesem Kanal besitzt du die Geldlinie und somit die Fähigkeit zu Wohlstand und Reichtum. Deine natürliche Autonomie sorgt dafür, dass dir finanzielle Freiheit in die Wiege gelegt wurde. Mit diesem Kanal folgst du deinen eigenen Interessen sehr konkret und hast einen hohen Anspruch an die Gegenleistung Geld.

> Für dich kann gelten: »Ich bin ein natürlicher Anziehungspunkt für Geld und materiellen Reichtum, den meine Autonomie verkörpert.«

Kanal 23–43: Kanal des verrückten Professors
Verbindet die Zentren: Kehle und Verstand

Mit diesem Kanal lebst du in einer Genie-Welt und wirst manchmal als freakiger Sonderling gesehen. Wenn dein Timing für deine ungewöhnlich neuen Einsichten nicht richtig ist, dann stoßen andere dich von sich weg. Deine Einsichten, die wie Geistesblitze sein können, machen dich aber im richtigen Moment zum anerkannten Genie. Du lebst mit diesem Kanal ein hohes Potenzial des innovativen Denkens aus.

> Für dich kann gelten: »Ich bin ein Genie, das neues Wissen auf diese Welt bringt – auch wenn nicht alle an mich glauben, ich glaube an mich.«

Kanal 24–61 Kanal des Denkers
Verbindet die Zentren: Verstand und Krone

Mit diesem Kanal ist dein Verstand immer dabei, Lösungen und Erklärungen für alles Mögliche zu suchen. Du bekommst keine Ruhe in den Kopf, weil der Verstand alles durchdenkt. Dein Wissen und deine plötzlichen Erkenntnisse bringen Klarheit in dein Leben und das Leben anderer. Deine ausgeprägte Fähigkeit, abstrakt zu denken, macht dich zu einem gern gesehenen Gast.

> Für dich kann gelten: »Ich suche fortwährend Lösungen durch Denken, um Klarheit und Erkenntnisse zu bringen.«

Kanal 25–51: Kanal des Pioniers
Verbindet die Zentren: Herz und Selbst

Mit diesem Kanal weihst du andere in neue Lebenswege ein und verfügst über grenzenlosen Pioniergeist. Du spielst mit dem Unbekannten und es fordert dich heraus zu erfahren, wie es sich anfühlt, der Erste auf einem Gebiet zu sein.

Für dich kann gelten: »Ich bin der, der es neu und anders macht und sich in das Unbekannte stürzt, um anderen zu zeigen, wo die Reise hingeht.«

Kanal 26–44: Kanal des Mediators
Verbindet die Zentren: Milz und Herz

Mit diesem Kanal erfasst du die Worte zwischen den Worten und kannst ein idealer Vermittler in Beziehungen oder Gruppen sein. Deine Menschenkenntnis und dein Instinkt sagen dir genau, was die anderen brauchen und wo es Missverständnisse in der Kommunikation gibt. Dieses Talent kannst du nutzen, um Dinge gut zu verkaufen, weil du das Bedürfnis der Menschen für ein Produkt erspürst.

Für dich kann gelten: »Ich erkenne, was es braucht, und führe Menschen zusammen.«

Kanal 27–50: Kanal der Fürsorge (Mutter-Teresa-Kanal)
Verbindet die Zentren: Milz und Sakral

Mit diesem Kanal gibst du anderen Menschen viel. Du hilfst, versorgst, bemutterst, nährst sie und kümmerst dich darum, dass alle haben, was sie brauchen. Diese große Fürsorge beschützt die Menschen oder eine Gruppe. Du darfst aber darauf achten, dass eine Balance zwischen Geben und Nehmen entsteht.

Für dich kann gelten: »Ich umsorge und schütze andere und achte dabei auf mich.«

Kanal 28–38: Kanal der Gerechtigkeit
Verbindet die Zentren: Wurzel und Milz

Mit diesem Kanal besitzt du den unbedingten Drang, für Gerechtigkeit im Leben zu kämpfen. Dein ständiger Einsatz (oft unter Druck) für Werte und Individualität ist dein Lebenssinn, was dich oft eigensinnig und angriffslustig erscheinen lässt.

> Für dich kann gelten: »Ich trage Gerechtigkeit in die Welt und setze meine Kraft weise ein, um nachhaltige Veränderung zu bringen.«

Kanal 29–46: Kanal des Forschens
Verbindet die Zentren: Sakral und Selbst

Mit diesem Kanal besitzt du eine große Entschlossenheit, Dingen auf den Grund zu gehen. Dieses Durchhaltevermögen geht oft mit andauerndem Erfolg einher und ermöglicht es dir, immer tiefer zu forschen und da zu sein, wo du gebraucht wirst. Achtung – mit diesem Kanal neigst du dazu, überall dabei sein zu wollen und dich vorschnell einzuklinken!

> Für dich kann gelten: »Ich gehe auf den Grund der Dinge, indem ich dranbleibe, und folge meiner Strategie und Autorität, um herauszufinden, wo ich am besten forsche.«

Kanal 30–41: Kanal der Visionen
Verbindet die Zentren: Wurzel und Emotion

Mit diesem Kanal besitzt du die Fähigkeit, Dinge zu visualisieren, die es noch gar nicht gibt und die eine perfekte Sache darstellen. Dieser Kanal bringt es mit sich, große Fantasien und Träume zu haben und Neues erleben zu wollen.

> Für dich kann gelten: »Ich sehe die Zukunft der Welt und teile meine Visionen.«

Kanal 32–54: Kanal des Ehrgeizes (American-Dream-Kanal)
Verbindet die Zentren: Wurzel und Milz

Dieser Kanal steht für einen gesunden Ehrgeiz, der sich aber in inneren Druck verwandeln kann. Der unbedingte Wunsch, erfolgreich zu sein, birgt Scheitern in sich – bis du erkennst, was wirklich wichtig ist, um zum Ziel zu kommen.

> Für dich kann gelten: »Ich kann alles schaffen, was ich mir vornehme, und vertraue in meine Kraft und meinen Willen.«

Kanal 34–57: Kanal des Krisenmanagers
Verbindet die Zentren: Sakral und Milz

Mit diesem Kanal bist du intuitiver Lebenskünstler und Krisenfeuerwehr zugleich. Deine Intuition sorgt dafür, dass du den richtigen Weg findest und dich durchhangelst, bevor ein problematischer Umstand seine schädliche Wirkung entfalten kann.

> Für dich kann gelten: »Ich bin die Lösung, wenn es brennt, und helfe anderen und mir, den richtigen Weg zu finden.«

Kanal 35–36: Kanal des Abenteurers
Verbindet die Zentren: Emotion und Kehle

Mit diesem Kanal ist Ausprobieren Gesetz. Eine ständige Suche nach Abwechslung und Erlebnissen begleitet diesen Kanal. Mit ihm veränderst du dich ständig und springst mit viel Anlauf ins Leben hinein.

> Für dich kann gelten: »Ich muss alles selbst erfahren und ausprobieren, damit ich Erkenntnisse erlangen kann.«

Kanal 37–40: Kanal der Gemeinschaft
Verbindet die Zentren: Emotion und Herz

Mit diesem Kanal bist du ein Gemeinschaftsliebhaber und Familienmensch. Eine starke Gemeinschaft ist dir wichtig und du hältst sie zusammen wie Klebstoff. Das Wissen um Zuverlässigkeit und Loyalität begleiten diese Kanal-Energie, sodass du gern andere in der Gemeinschaft unterstützt und für sie da bist. Das schönste Gefühl ist es für dich, eine Gemeinschaft aufblühen und leben zu sehen.

> Für dich kann gelten: »Ich halte die Gemeinschaft zusammen, damit sie aufblühen kann.«

Kanal 39–55: Kanal der emotionalen Welle
Verbindet die Zentren: Wurzel und Emotion

Mit diesem Kanal wirkst du auf andere sehr launenhaft und wechselhaft. Deine Emotionen konfrontieren andere Menschen mit ihren Emotionen, was eine Dynamik in Gang bringt. Mit diesem Kanal hast du den Hang zur innigen Leidenschaft und möchtest diese teilen. In Phasen der Launenhaftigkeit benötigst du deinen eigenen Raum und Rückzug.

> Für dich kann gelten: »Ich lebe meine Emotionen frei aus und ziehe mich zurück, wenn mir danach ist.«

Kanal 42–53: Kanal des Zyklus
Verbindet die Zentren: Sakral und Wurzel

Mit diesem Kanal durchläufst du im Leben zyklische Entwicklungen, die einen Start- und einen Endpunkt haben. Wenn eine Sache beendet ist, entsteht Platz für einen neuen Zyklus. Mit diesem Kanal bist du den Zyklen der Natur, den Jahreszeiten und den Mondzyklen sehr verbunden und spürst diese tief.

> Für dich kann gelten: »Ich vertraue auf den Zyklus der Natur, der auch mein Leben bestimmt, und gebe mich dem Lebensfluss hin.«

Kanal 47–64: Kanal der Sinnsuche
Verbindet die Zentren: Verstand und Krone

Mit diesem Kanal stehst du unter dem inneren Druck, den tieferen Sinn in allem und der Vergangenheit zu verstehen und die Weisheit für das Leben zu finden. Das Leben ist mit diesem Kanal eine Suche nach der Wahrheit, die sich durch Erfahrungen und Selbsterkenntnis ändern kann.

> Für dich kann gelten: »Ich suche fortwährend den Sinn im Leben und verändere mein Weltbild immer wieder.«

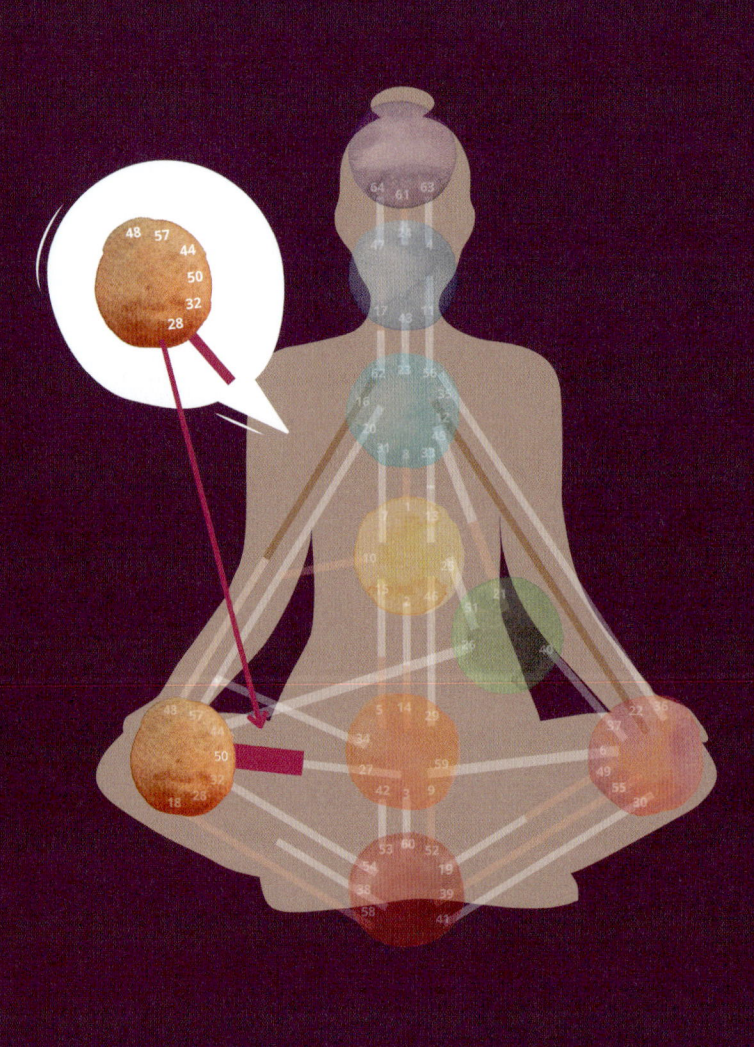

DIE 64 TORE
IM HUMAN DESIGN

Die Potenziale unserer Genetik

Im Human Design finden wir 64 Tore im Bodygraph (siehe ab Seite 247). Man nennt sie auch die 64 Genschlüssel (Gene Keys).

Jeder Mensch hat 26 der Tore im Chart aktiviert. Wir fühlen aber durch Aktivierungen über planetare Transite oder Mitmenschen kurzzeitig die 38 anderen Qualitäten. Jeweils zwei verbundene Tore ergeben einen Kanal und transportieren die Kanal-Energie, die du im vorherigen Kapitel kennengelernt hast.

Die wichtigsten Energien und Gaben aller Tore

Die Hauptelemente, die du mithilfe eines Potenzialtores erfahren kannst und auf die ich dieses Kapitel kürzen muss, damit du Stück für Stück verstehen kannst, sind:

- dein Antrieb, Verlangen und Bedürfnis mit diesem aktivierten Tor,
- deine Gabe durch die Aktivierung,
- dein Schatten, den du mit dem Tor auslebst.

Die Tore (Genschlüssel) sind eine Wissenschaft für sich und bringen unendlich viele weitere Faktoren mit sich. Diese grobe Übersicht dient dir dazu, einen Einblick in die Tor-Energie und deine zugehörigen Gaben zu finden, deckt aber bei Weitem die Komplexität der Tore nicht ab. Man sagt, unsere Gabe im Tor hänge eng mit unserem Schatten zusammen. Wenn wir lernen, unsere Schattenseiten anzunehmen und zu integrieren, dann tritt die Gabe mehr und mehr in den Vordergrund.

Nachfolgend wirst du einen Einblick in alle 64 Tore im Chart erhalten. Ich empfehle dir zunächst, alle deine Tore im Bodygraph zu markieren und dir dann die Gaben dazu durchzulesen.

Wenn du in dieses Thema tiefer eintauchen willst, empfehle ich dir die Lehren von Richard Rudd über die 64 Gene Keys und sein Buch über den goldenen Weg. Alle Buchempfehlungen findest du im Anhang.

Tor 1: Tor der Kreativität und des Ausdrucks
Antrieb/Bedürfnis: kunstvolles Ausleben deiner Persönlichkeit auf neuen Wegen und dadurch Inspiration für andere sein
Gabe: individuelle, neue Wege gehen
Schatten: Unordnung und Chaos, wenn du keinen effektiven Weg findest

Tor 2: Tor des höheren Wissens und der inneren Führung
Antrieb/Bedürfnis: anderen die Richtung weisen mit deinem höheren Wissen
Gabe: Orientierung, Richtungsweiser und Ratgeber für andere sein
Schatten: verloren gehen im Strudel der Verantwortung, umherschwirren, ohne richtungsweisend zu führen

Tor 3: Tor der Veränderung und Neuordnung
Antrieb/Bedürfnis: Veränderung erschaffen durch Innovation zum Verbessern des Lebens
Gabe: Innovator sein, rationales Denken
Schatten: überleben im Chaos der alten Systeme

Tor 4: Tor des logischen Denkens
Antrieb/Bedürfnis: Neuerungen für die Zukunft erkennen und mit den Menschen teilen
Gabe: das Leben logisch verstehen und Verständnis für alle Formen der Erkenntnis haben
Schatten: Zweifel an den eigenen Fähigkeiten und Intoleranz gegenüber anderen Thesen

Tor 5: Tor des Divine Timing (richtiger Zeitpunkt, Rhythmus)
Antrieb/Bedürfnis: deinen Rhythmus des Lebens erkennen und mit anderen teilen, sie ermächtigen, ihrem Rhythmus zu folgen
Gabe: Geduld, um auf den richtigen Zeitpunkt zu warten
Schatten: Ungeduld mit dir und dem Rhythmus anderer

Tor 6: Tor der Diplomatie
Antrieb/Bedürfnis: Annäherung schaffen durch Diplomatie und Besonnenheit
Gabe: diplomatisch handeln können, Mediation
Schatten: Konfliktbereitschaft, über Menschen richten

Tor 7: Tor des strategischen Führens
Antrieb/Bedürfnis: Struktur vorgeben und anderen Ordnung bringen, Ziele vorgeben
Gabe: natürliche Führung
Schatten: Härte und Disziplin zur Zielerreichung

Tor 8: Tor des Ermächtigens
Antrieb/Bedürfnis: anderen helfen, ihre Talente und Stärken in die richtige Form zu bringen
Gabe: Stil und Rahmen erkennen, in dem andere wirken können
Schatten: Selbstsabotage durch Angst vor Erfolg

Tor 9: Tor der Fokussierung
Antrieb/Bedürfnis: Konzentration auf eine Sache, die dir Lebenskraft bringt
Gabe: Aufmerksamkeit auf eine Sache lenken, die Genauigkeit braucht, um wachsen zu können
Schatten: Fokus verlieren, träge werden, zu viel gleichzeitig machen

Tor 10: Tor des authentischen Seins
Antrieb/Bedürfnis: deinen Weg gehen durch authentisches Sein und Dich-Zeigen
Gabe: Natürlichkeit authentisch ausleben und andere inspirieren
Schatten: egozentriertes Handeln und Besessensein vom eigenen Wesen

Tor 11: Tor der Ideenvielfalt
Antrieb/Bedürfnis: deine Ideen mit anderen teilen
Gabe: Idealismus und Begeisterung für neue Konzepte
Schatten: kein Vertrauen in eigene Ideen

Tor 12: Tor des emotionalen Sprechens
Antrieb/Bedürfnis: andere durch deine Worte mitreißen
Gabe: erkennen des richtigen Timings und Gefühls für deine Worte
Schatten: Eitelkeit durch deinen Ruhm bei den Zuhörenden

Tor 13: Tor des Zuhörens und Analysierens
Antrieb/Bedürfnis: Erfahrungen achtsam teilen und Erkenntnisse preisgeben
Gabe: Erfahrungen zusammenfassen und weitergeben
Schatten: konkurrierender Vergleich mit den Erfahrungen anderer und Pessimismus

Tor 14: Tor der Umsetzungskraft
Antrieb/Bedürfnis: deine Kraft und Ausdauer kompetent einsetzen
Gabe: Kompetenz und hohe Qualität in der Umsetzung
Schatten: Verlust von Enthusiasmus und von Freude bei der Umsetzung

Tor 15: Tor der Balance und der Extreme
Antrieb/Bedürfnis: Balance schaffen zwischen Menschen und unterschiedlichen Fähigkeiten
Gabe: sich gut auf wechselnde Bedingungen einstellen können, Balance finden in Extremen, Krisenmanagement
Schatten: Angst vor Eintönigkeit, Ruhe, Gleichgültigkeit und Ausgeglichenheit

Tor 16: Tor des Experten
Antrieb/Bedürfnis: Tiefe erreichen in deiner Sache und den Menschen zur Verfügung stellen
Gabe: Rundumblick und die Fähigkeit, Dinge auszufeilen; Meister werden in der eigenen Sache
Schatten: kopierbar sein durch Festhalten an Bestehendem

Tor 17: Tor der Meinungen
Antrieb/Bedürfnis: Empfindungen und Meinungen mitteilen
Gabe: Weitblick und Offenheit für die Meinungen anderer
Schatten: Dogmatismus und Verurteilung anderer

Tor 18: Tor der Korrektur
Antrieb/Bedürfnis: destruktive Muster finden und beheben, Veränderung einleiten
Gabe: ganzheitliche Betrachtung von Systemen und Menschen
Schatten: harsche Kritik und Freude am Kritisieren

Tor 19: Tor der Bedürfnisse
Antrieb/Bedürfnis: die Wünsche und das Verlangen anderer erkennen und befriedigen
Gabe: sensible Wahrnehmung von materiellen, emotionalen, menschlichen Bedürfnissen
Schatten: Abhängigkeit von äußeren Faktoren

Tor 20: Tor der Gegenwart
Antrieb/Bedürfnis: Druck, dein Leben auszukosten
Gabe: bewusstes Sein, Genuss im Moment
Schatten: Oberflächlichkeit

Tor 21: Tor der Kontrolle
Antrieb/Bedürfnis: Ordnung halten und leiten
Gabe: selbstbestimmt und mächtig handeln als Autorität
Schatten: Macht und Kontrollausübung

Tor 22: Tor des Mitgefühls
Antrieb/Bedürfnis: dich mitteilen und anderen zuhören
Gabe: anderen mit Mitgefühl ehrlich begegnen
Schatten: übergriffiges Mitteilen, das meist in emotionalen Kämpfen endet

Tor 23: Tor der Klarheit
Antrieb/Bedürfnis: Filtern und Verbinden von Informationen und Weitergabe über das Sprechen
Gabe: Vereinfachen und Übersetzen von komplexen Dingen
Schatten: Komplexität leben und alles zu schwer und undurchsichtig erklären

Tor 24: Tor der Reflexion
Antrieb/Bedürfnis: auf der Suche nach Selbsterkenntnis sein
Gabe: Ideenreichtum und die Fähigkeit, Dinge zu verknüpfen
Schatten: Unterdrückung neuer Erkenntnisse, Flucht in gewohnte Erkenntnisse und Abhängigkeiten

Tor 25: Tor des natürlichen Selbst
Antrieb/Bedürfnis: bedingungslose Selbstliebe
Gabe: das eigene Potenzial lieben und in sich Sicherheit finden
Schatten: Zerbrechlichkeit verneinen, Festhalten an Dingen und Menschen

Tor 26: Tor des Egoismus
Antrieb/Bedürfnis: etwas besitzen, haben, erreichen wollen
Gabe: Taktik und Geschicklichkeit im Erreichen von Dingen
Schatten: Kontrolle über das Leben, persönliche Vorteile suchen

Tor 27: Tor der Fürsorglichkeit
Antrieb/Bedürfnis: sich um etwas, eine Gruppe kümmern
Gabe: Selbstlosigkeit im Moment und Mitgefühl für Schwächere
Schatten: Aufopferung oder übertriebene Selbstpflege (besessene Fürsorglichkeit sich selbst gegenüber)

Tor 28: Tor des Risikos
Antrieb/Bedürfnis: Risiken eingehen, um Resultate zu erreichen
Gabe: ganzheitlicher Blick, gute Risikobewertung
Schatten: ziellos und fanatisch Risiken eingehen oder zurückgezogen nur auf Sicherheit setzen

Tor 29: Tor der Zustimmung
Antrieb/Bedürfnis: Ausdauer für eine zugesagte Unternehmung
Gabe: Engagement für die Sache, Übernahme von Verantwortung
Schatten: Unentschlossenheit, Verantwortung ablehnen, Stress durch übermäßige Belastung

Tor 30: Tor der Sehnsucht
Antrieb/Bedürfnis: andere Menschen und Dinge erfahren, Gefühle erleben
Gabe: Leichtigkeit im Empfangen und starkes Spüren aller emotionalen Ebenen
Schatten: unstillbares Verlangen, Wollust, Naivität

Tor 31: Tor der Führung
Antrieb/Bedürfnis: anderen die Richtung weisen
Gabe: natürliches Führungstalent, Kontinuität und Beständigkeit
Schatten: Manipulation, arrogante und verurteilende Führung, die nicht auf Augenhöhe basiert, Verleugnung des eigenen Führungstalents

Tor 32: Tor der Kontinuität
Antrieb/Bedürfnis: gesundes und sicheres Wachstum in alle Lebensbereiche bringen
Gabe: Dinge erhalten und Wertvolles bewahren, Beständigkeit
Schatten: grenzenlose Prinzipientreue, Hang zu Ideologie, Verlust der Kontinuität

Tor 33: Tor des Rückzugs
Antrieb/Bedürfnis: Geschehenes verarbeiten, um es dann zu teilen
Gabe: Konzentration im Erkenntnisprozess, strukturierte Gedankenwelt
Schatten: im Leid der Welt und in persönlichen Prozessen versinken, sich verschließen, Projektion des eigenen Schmerzes auf andere

Tor 34: Tor der Kraft
Antrieb/Bedürfnis: aus eigenem Antrieb handeln
Gabe: Kraft für sich und andere haben
Schatten: unterdrücken und dominieren oder sich zurückziehen und die eigene Kraft verleugnen

Tor 35: Tor des Fortschritts
Antrieb/Bedürfnis: Verlangen, Neues zu spüren und zu bewegen
Gabe: Gespür, wann Veränderung kommen muss
Schatten: Veränderungsdurst in Form von Manie oder Langeweile oder Starre aus Angst vor der Kraft der Veränderung

Tor 36: Tor der Krisen
Antrieb/Bedürfnis: Krisen erfahren wollen, um daran zu wachsen, natürliche Evolution durchlaufen
Gabe: Menschen in Krisen beistehen und verstehen
Schatten: Krisenkarussell anziehen (eine Krise jagt die nächste) oder Angst und Nervosität vor der eigenen Evolution

Tor 37: Tor der Augenhöhe
Antrieb/Bedürfnis: andere auf Augenhöhe unterstützen, dienen, sich verbinden
Gabe: Gespür für Gleichberechtigung und Gerechtigkeit
Schatten: Angst, für Überzeugungen einzustehen, oder Verlieren in den Ungerechtigkeiten und Grausamkeiten dieser Welt

Tor 38: Tor des Kämpfens und Rebellierens
Antrieb/Bedürfnis: für ein Ziel hartnäckig einstehen
Gabe: Standhaftigkeit auf einem rebellischen Weg
Schatten: Kampfeslust, Aggressivität oder den Mut verlieren, für sein Ziel einzustehen

Tor 39: Tor der Provokation
Antrieb/Bedürfnis: provozieren, um Reaktionen, Gefühle hervorzurufen, an anderen »rütteln«
Gabe: Handeln bei anderen erwirken
Schatten: Auslösen von Schmerz und Leid durch Provokation oder Verstecken vor der Konfrontation mit anderen

Tor 40: Tor der Verantwortungsabgabe
Antrieb/Bedürfnis: Unterstützung von anderen bei Gefühlen von Einsamkeit und Getrenntsein erhalten
Gabe: Verantwortung übernehmen, Hilfe leisten
Schatten: Erschöpfung durch alleiniges Tragen der Verantwortung oder arrogante Ablehnung der Hilfe anderer

Tor 41: Tor der Ahnung
Antrieb/Bedürfnis: Wissen erfahren und gezielt einsetzen, um Hoffnung zu aktivieren
Gabe: Vorahnung, Vorhersehen
Schatten: Realitätsverlust oder hyperaktives Handeln, um Fantasien umzusetzen

Tor 42: Tor des Wachstums
Antrieb/Bedürfnis: Kraft, Neues zu erkennen und zu vermehren
Gabe: Beobachtung und geschickte Ressourceneinteilung
Schatten: Stagnation durch Erwartungshaltung, Blockade des Kraftflusses aus Angst vor Veränderung

Tor 43: Tor der Eingebung
Antrieb/Bedürfnis: Wissen zur Transformation empfangen
Gabe: tief blicken, bis zum Ursprung der Information vordringen
Schatten: die innere Stimme übertönen, laut sein oder extremer Verfall in Sorge darüber, dass man aufgrund von Eingebungen und Erkenntnissen ausgestoßen wird

Tor 44: Tor der Kooperation
Antrieb/Bedürfnis: andere Menschen in ihren Beziehungen fördern
Gabe: Kooperationsfähigkeit, Interaktionsgenie
Schatten: Hemmung durch Mangel an Vertrauen in die eigenen Fähigkeiten oder übergriffige, verurteilende Einschätzung von Beziehungen

Tor 45: Tor des Besitzes
Antrieb/Bedürfnis: Ressourcen sammeln, besitzen, verteilen und managen
Gabe: Synergien bilden und Verbindungen schaffen, Handel
Schatten: Dominanz und Zurückhalten von Ressourcen, um Macht zu demonstrieren

Tor 46: Tor des Strebens
Antrieb/Bedürfnis: Streben nach Vollkommenheit und Vervollkommnung
Gabe: Chancen erkennen und den Weg des Strebens genießen
Schatten: übermäßige Seriosität bewirkt herzloses Vorgehen, Chancen übersehen, verneinen, um Streben zu vermeiden

Tor 47: Tor des Gesamtbildes
Antrieb/Bedürfnis: Sinn finden und zu einem Gesamtbild zusammenfügen
Gabe: Menschen Sinn vermitteln und sie transformieren
Schatten: Sinn nicht finden und hoffnungslos werden oder dogmatisch informieren über das Gesamtbild, Intoleranz

Tor 48: Tor der Tiefe
Antrieb/Bedürfnis: tieferen Sinn finden, Dingen auf den Grund gehen
Gabe: Schlagfertigkeit und Pfiffigkeit
Schatten: skrupelloses Manipulieren oder Sich-Fügen, Passivität

Tor 49: Tor der Prinzipien und Werte
Antrieb/Bedürfnis: Regeln folgen, die Sicherheit bedeuten
Gabe: Revolution, um dienliche Prinzipien zu erschaffen
Schatten: passive Annahme der geltenden Prinzipien und Regeln, totale Ablehnung neuer Werte

Tor 50: Tor der Werte
Antrieb/Bedürfnis: Werte bewahren zur Chaosprävention
Gabe: durch Gesetze und Regeln Gleichgewicht erschaffen
Schatten: korruptes Handeln, Umsetzen egoistischer Interessen oder extremes Verneinen jeglicher Werte

Tor 51: Tor des Wettbewerbs
Antrieb/Bedürfnis: nicht kopierbar sein, der/die Beste sein
Gabe: Willensstärke und das Ergreifen von Initiative
Schatten: kein Einsatz der Willenskraft führt in depressive Phasen oder Einsatz in falsche Projekte führt zu Erregung und Reizbarkeit

Tor 52: Tor der Stille
Antrieb/Bedürfnis: in der Stille erschaffen und Ruhe genießen
Gabe: Erfüllung in der selbst gewählten Ruhe finden
Schatten: Unruhe durch Stress und dadurch Verlust des Fokus in der Stille oder Stillstand ohne Aktivität des Erschaffens

Tor 53: Tor des Anfangs
Antrieb/Bedürfnis: helfen, den ersten Schritt zu tun
Gabe: Perspektiven und Aktionsradius anderer erweitern
Schatten: falscher Beweggrund, Menschen am Anfang zu helfen, etwa Erfolg und Geld

Tor 54: Tor des Ehrgeizes
Antrieb/Bedürfnis: Ambition, weiterzukommen
Gabe: zielgerichtetes Bestreben, Dinge global zu ändern
Schatten: Gier durch falschen Ehrgeiz, Zerstörung der reinen Ambition

Tor 55: Tor der Fülle
Antrieb/Bedürfnis: Zustand von Wohlstand und Reichtum
Gabe: frei sein von Erwartungen und dadurch Anziehung innerer und äußerer Fülle
Schatten: Opfer der eigenen Unfreiheit sein und andere beschuldigen, Grund für Unfreiheit zu sein

Tor 56: Tor der Anregung
Antrieb/Bedürfnis: Menschen Anregungen bieten
Gabe: Aufbereitung von Erfahrungen durch Erzählungen
Schatten: Überstimulation durch unsensibles Teilen von Erfahrungen, Überreizung

Tor 57: Tor der Weisheit
Antrieb/Bedürfnis: andere erwecken und aufmerksam machen
Gabe: der eigenen Intuition folgen
Schatten: Verneinung der Intuition und Erklären mit dem Verstand oder enorm hastiges Vermitteln der eigenen Weisheit

Tor 58: Tor der Lebensfreude
Antrieb/Bedürfnis: Lust, lebendig zu gestalten
Gabe: Lebendigkeit in Dinge bringen
Schatten: Unzufriedenheit im Sein und das Auge für Schönheit verlieren, Verdruss, Ablenkung durch Freude im Außen

Tor 59: Tor der Intimität
Antrieb/Bedürfnis: in Beziehung sein und anderen nah sein
Gabe: Nähe herstellen, um zu wachsen und zu erschaffen
Schatten: aufdringliches Herstellen und Aufzwingen von Nähe oder Bedürfnis an Nähe ignorieren

Tor 60: Tor der Entwicklung
Antrieb/Bedürfnis: Weiterentwicklung von Dingen, Menschen
Gabe: realistischer Blick auf langfristige Veränderung
Schatten: sich begrenzen in den Möglichkeiten der Entwicklung, in starren Strukturen und Denkmustern bleiben, Unbestimmtheit

Tor 61: Tor der inneren Mystik
Antrieb/Bedürfnis: Dinge sehen und erkennen, die andere nicht sehen
Gabe: Inspiration liefern durch neue, teils ungewöhnliche Erkenntnisse
Schatten: sich in Fantasien und Ausschmückungen verlieren, fanatischer Umgang mit eigenen Ideen und Erkenntnissen

Tor 62: Tor der Details
Antrieb/Bedürfnis: Präzision im Sichtbarmachen komplexer Dinge
Gabe: Genauigkeit mit Augenmerk auf wichtige Details
Schatten: Überschätzung des Intellekts, Pedanterie, Tüfteln bis ins letzte Detail, ohne Erkenntnisse zu teilen

Tor 63: Tor des Zweifels
Antrieb/Bedürfnis: Bewusstsein anderer durch Zweifel und Hinterfragen anregen
Gabe: Erkenntnis hinter dem Zweifel finden
Schatten: übermäßiger Selbstzweifel, dass man Dinge nicht infrage stellen darf, Anzweifeln des eigenen Intellekts und eigener Gedankengänge

Tor 64: Tor der Reflexion
Antrieb/Bedürfnis: Suche nach dem tiefen Sinn im Leben
Gabe: fantasievolles Erkennen der Puzzleteile des Lebens
Schatten: wirre Gedanken, die andere nicht teilen können, weil das Denken zu abstrakt vermittelt wird, oder Überforderung beim Einordnen der Erkenntnisse

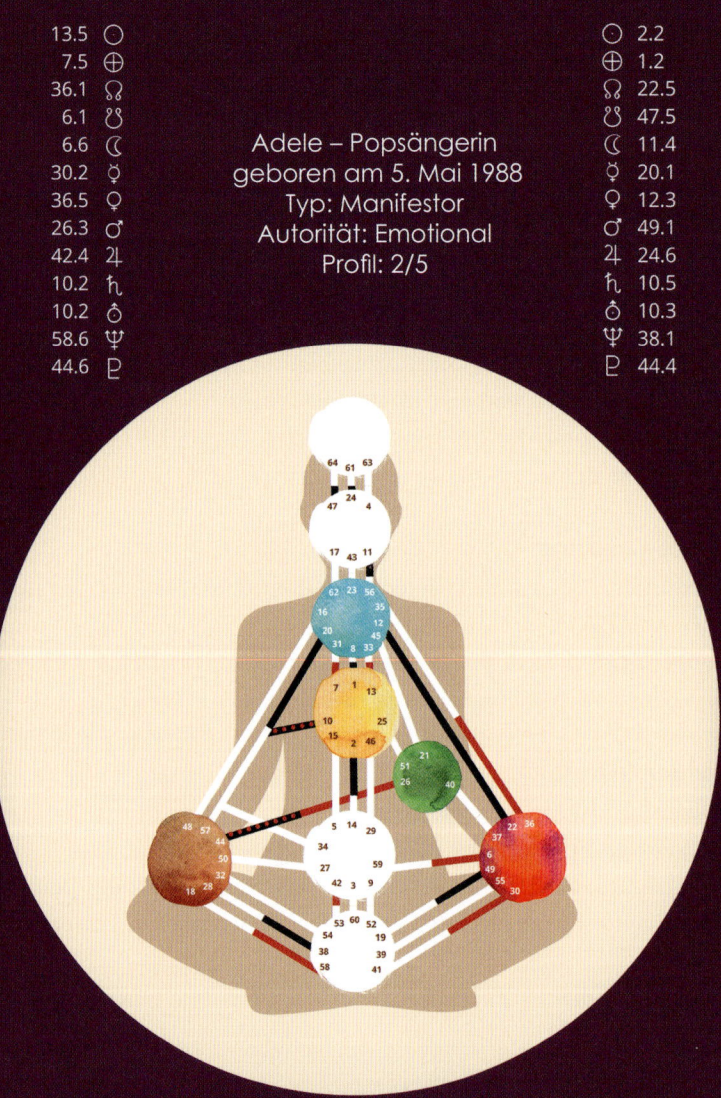

13.5	☉		☉	2.2
7.5	⊕		⊕	1.2
36.1	☊		☊	22.5
6.1	☋		☋	47.5
6.6	☾		☾	11.4
30.2	☿		☿	20.1
36.5	♀		♀	12.3
26.3	♂		♂	49.1
42.4	♃		♃	24.6
10.2	♄		♄	10.5
10.2	⛢		⛢	10.3
58.6	♆		♆	38.1
44.6	♇		♇	44.4

Adele – Popsängerin
geboren am 5. Mai 1988
Typ: Manifestor
Autorität: Emotional
Profil: 2/5

DIE GRUNDELEMENTE IM ZUSAMMENSPIEL
UND WEITERE ELEMENTE

Adele: Ihre Elemente im Human-Design-Chart

Die Erkenntnisse der Human Design Basics aus diesem Buch fasse ich anhand eines Beispiels zusammen. Dafür habe ich Adele, die bekannte Sängerin und Songwriterin, ausgewählt. Ihr Chart (siehe Seite 260) zeigt: Sie ist eine 2/5-Manifestorin.

Analyse des Charts

Ich folge zur Analyse ihres Charts der in diesem Buch dargestellten Struktur:

- Typ
- Strategie
- Autorität
- Linien und Profil
- Zentren
- Kanäle
- Tore

Energietyp

Die Singer-Songwriterin Adele ist eine Manifestorin. Das bedeutet, sie ist hier, um uns zu inspirieren, uns anzuzünden, ihr Licht leuchten zu lassen und sich über ihre Kehle auszudrücken. Genau das verkörpert sie mit ihrer Musik, sie bringt über ihre Stimme – mit einem definierten Kehlzentrum – Inspiration in die Welt. Schauen wir etwas tiefer in ihre Lebensgeschichte, dann spiegelt sie uns sehr deutlich, was ein Manifestor braucht, um nicht bei seinem Schattenthema zu landen: Dieser Energietyp braucht Freiheit und darf Erholungsphasen einhalten. Adele sagt, dass sie nach der Geburt ihres Kindes und schon vorher in eine Depression schlitterte. Ihre Kreativität, Energie und Inspiration versiegten. Gleichzeitig versagte ihre Stimme.

Warum? Manifestoren sind keine Ideenmaschinen, die wie der freudige Generator ohne Unterlass laufen können. Das wurde aber von Adele verlangt: noch ein Album, noch mehr Auftritte. Sie brannte aus und ihr Körper schickte Warnzeichen. Hinzu kam, dass ein Baby rund um die Uhr Aufmerksamkeit und Verfügbarkeit einfordert – Manifestoren-Mütter fühlen sich oft sehr unfrei. Wenn sie für ihre Elternschaft keinen Perspektivwechsel schaffen oder ihre Umwelt sie nicht unterstützt, entsteht Wut. Irgendwann ist der Punkt erreicht, an dem man resigniert: das Einfallstor für die Depression. Adele äußerte sich in Interviews, wie sie schließlich gesunden konnte: »allein«. Das ist der Regenerationsmodus des Manifestors: Alleinzeit – oft reichen für eine junge Mama zwei Stunden, um wieder bei sich anzukommen und ausgeglichen zu sein. Zum Glück erkannte Adele dies mit ihrem Kanal 10–20, dem Kanal des Bewusstseins, und suchte sich Hilfe.

Das ist das Extrem, in das Manifestoren fallen können, wenn sie sich ihres natürlichen Zyklus von High/Low versus Entspannung/Anspannung nicht bewusst sind. Der Manifestor wird angehalten, zu »generieren«; das geht auf Kosten seines natürlichen Inspirationsflusses. Alle Energie, die im Körper ist, wird darauf verwendet, einen Motor zu imitieren, den man nicht hat. Heute spricht Adele in Interviews offen darüber, dass sie auf sich hört und nur noch sich folgt, auch wenn das bedeutet, dass sie jemanden verärgert.

Strategie

Die Strategie des Manifestors ist es, zu informieren, und wenn das jemand tut, dann Adele. Sie informiert im öffentlichen Raum über ihren Gefühlszustand und spricht über ihren Erkenntnisweg. Sie lässt uns teilhaben und informiert, sodass man sie und ihre nächsten Schritte, ihr Wesen verstehen kann.

Autorität

Ihre emotionale Autorität ist für ihre Musik ein zusätzlicher hilfreicher Antreiber, ihre Songs und Texte entflammen durch die dahinterliegenden Emotionen unsere Herzen. Ihr definiertes Emotionszentrum, das mit der Kehle verbunden ist und Adele als Manifestorin definiert, lässt uns jedes Wort spüren und sie wird über ihre Texte zur vertrauten Fremden für uns. Es ist, als würde sie unsere Geschichte erzählen und uns damit auf einer tieferen Ebene erreichen, die wir beim Hören ihrer Songs fühlen. Ihre emotionalen Wellen verlaufen direkt ins Kehlzentrum, was bedeutet, dass sie über das Sprechen und Singen ihre Emotionen mitteilt und Energie und Druck loswerden kann.

Linienprofil

Mit einem 2/5er-Profil ist Adele jemand, der seine Heldenfähigkeiten, die in der 5er-Linie liegen, über ihr Talent aus der 2er-Linie in die Welt gibt. Ihr Talent lebt sie vorrangig allein aus, wenn ihre Songs entstehen. Sie teilt es mit ihrer 5er-Kraft in Form von Alben oder Tourneen mit der Welt. Die Magie passiert aber im Stillen. Adele war in ihrer gesamten Karriere aufgrund ihres Körpergewichts Projektionen anderer Menschen ausgesetzt. Das ist es, was der 5er-Linie passiert – es wurde ständig von ihr verlangt, dazu Stellung zu nehmen. Sie sagte dazu: »Ich mache Musik für die Ohren, nicht für die Augen«, und wies damit clever jegliche Projektion zurück. Typisch für die 5er-Linie, die zwar gern anderen hilft und sie rettet, aber auch darauf achtet, wann Menschen ihre Grenzen überschreiten. Das folgende Zitat beschreibt gut, dass sie sich bewusst aussucht, mit wem sie sich umgibt. Mit ihrer 2er-Linie ist das hauptsächlich ein kleiner Kreis von Menschen, die ihre Gaben fördern. Die 5er-Linie begibt sich nur punktuell nach draußen, zieht sich aber wieder zurück, wenn es zu viel ist: »Natürlich habe ich Unsicherheiten, aber ich verbringe meine Zeit nicht mit Menschen, die sie mir ständig vorhalten.«

Zentren

Aus den definierten Zentren im Bodygraph von Adele kann man herauslesen, dass sie über die definierte Milz einen intuitiven Zugang zu sich besitzt. Ihr Selbstwert und ihre Richtung im Leben sind klar definiert und an diesen Werten lässt sich nicht ohne Weiteres rütteln. Sie sagt: »Es gibt dich nur einmal – also warum solltest du so aussehen wollen wie alle anderen? Warum solltest du die gleiche Frisur und die gleiche Meinung haben wie alle anderen?«

Ihr Selbstzentrum, das Zentrum für Richtung, verschafft ihr Orientierung und Zielstrebigkeit. Ihr definiertes Herzzentrum sorgt dafür, dass sie diesen Weg kompromisslos geht.

Schauen wir uns die undefinierten Zentren an, so wird sehr deutlich, wie sich Druck in Adeles Körper äußert. Sie besitzt ein offenes Wurzel- und Sakralzentrum und kann hier den Druck anderer spüren und durch diesen sowohl angetrieben als auch in Stress versetzt werden. Das Wurzelzentrum kann angestaute Energie in Form von Materie anlagern, das sich als Körpergewicht niederschlägt. Gleichsam ist dieses Gewicht eine Abgrenzung von noch mehr äußerem Druck. Ich finde es faszinierend, wie Adeles körperlicher Zustand ihren inneren Zustand spiegelt, denn heute, deutlich schlanker und zufriedener, ist sie offensichtlich in ihrem Gleichgewicht angekommen. Ihrer Inspiration für die Musik kommen das offene

Kopf- und Kronenzentrum zugute. Denn hier setzt sie Ideen zusammen, lässt sich inspirieren und entwickelt dadurch Neues. Ihre Ideen teilt sie mit der Welt über ihre Musik und diverse Interviews.

Kanäle
Adeles Kanal 10–20 ist der Kanal der Bewusstheit und legt ein hohes Potenzial für (Selbst-)Bewusstsein in ihr an. Sie kann für sich selbst sprechen, erkennt aber auch höhere Zusammenhänge. Man nennt ihn deswegen den Kanal des Erwachens. Dieser Kanal inspiriert andere, eine höhere Selbstliebestufe zu erreichen. Passend ist, dass er dafür steht, dass der Großteil des Lebens durch Selbsterkenntnisse geprägt ist, die Adele eindrucksvoll in ihrer Musik verarbeitet und mit uns teilt (5er-Linie): »Egal wie du aussiehst – der Schlüssel, um glücklich zu sein, ist, mit dir glücklich zu sein.«

Mit dem Kanal 12–22, dem Kanal Offenheit, ist Adele die geborene Erzählerin und Entertainerin. Ihre starke emotionale Art, über Dinge zu sprechen, macht sie zu jemandem, dem man gern zuhört und der offen ist für Menschen aller Art. Dieser Kanal kann aber auch dazu führen, dass man großen Gefühlsschwankungen unterliegt bis hin zur Depression.

Mit dem Kanal 26–44, dem Kanal des Mediators, gilt für Adele, dass sie die Bedürfnisse anderer spürt und ein idealer Vermittler sein kann.

Mit den obigen Kanälen sind folgende Sätze verknüpft:

- Ich erkenne, was es braucht, und führe Menschen zusammen.
- Ich erkenne, weil ich bin und reflektiere. Ich nutze mein Bewusstsein als Erfahrungsschatz und erkenne mich selbst in der Tiefe.
- Ich lasse Menschen an meinen Geschichten teilhaben und lade jeden in meinen Raum ein, der mich sprechen höre möchte.

Tore
Einige der bedeutendsten Tore im Chart, die Adeles Leben und ihre Entwicklung eindrücklich widerspiegeln:

Tor 36 – Tor der Krisen
Antrieb/Bedürfnis: Krisen erfahren wollen, um daran zu wachsen, natürliche Evolution durchlaufen
Gabe: Menschen in Krisen beistehen und verstehen

Schatten: Krisenkarussell anziehen (eine Krise jagt die nächste) oder Angst und Nervosität vor der eigenen Evolution

Hier sieht man gut, dass Adele mit diesem Tor ihren Schatten ausgelebt hat, um ihn in die Gabe zu wandeln, anderen besser beistehen zu können. Sie informiert heute in der Öffentlichkeit über das Thema Depression.

Tor 49 – Tor der Prinzipien und Werte
Antrieb/Bedürfnis: Regeln folgen, die Sicherheit bedeuten
Gabe: Revolution, um dienliche Prinzipien zu erschaffen
Schatten: passive Annahme der geltenden Prinzipien und Regeln, totale Ablehnung neuer Werte

Adele erschafft mit ihrem Bewusstsein eindrücklich neue Werte und Blickwinkel auf die Welt und lebt hier ihre Gabe aus. Sie revolutioniert sanft, indem sie über ihre Musik informiert.

Tor 7 – Tor des strategischen Führens
Antrieb/Bedürfnis: Struktur vorgeben und anderen Ordnung bringen, Ziele vorgeben
Gabe: natürliche Führung
Schatten: Härte und Disziplin zur Zielerreichung

Adele vermittelt ihre natürliche Führungsqualität mittlerweile ohne jede Unsicherheit. Sie legt keine Härte mehr gegen sich an den Tag, sondern folgt ihrem Rhythmus, der für sie und andere Ordnung bedeutet.

> Anhand dieser Kurzanalyse, die nur die Grundlagen beinhaltet, kann man bereits erkennen, wie hilfreich es ist, sein Human Design, seinen Energiefluss, seinen Rhythmus zu kennen. Denn es bedeutet Prävention für unsere Gesundheit und wir erkennen, was uns guttut und was wir brauchen.
> Mit diesem Buch hast du alle Elemente, die ich gerade genutzt habe, an der Hand – los geht's, tauch ein in deine Analyse.

Weitere Elemente im Human Design

Wir haben uns in diesem Buch sozusagen den Makrokosmos des Human Design angeschaut. Der Mikrokosmos beinhaltet noch eine Menge mehr feines und wichtiges Wissen, das ich im Folgenden kurz ansprechen möchte. Die wichtigsten Basics zum Einstieg bleiben allerdings Typ, Strategie und Autorität – um es mit deutlichen Worten zu sagen: Wer nicht versteht, woraus sein Tortenboden gemacht ist, wird nie verstehen, auf welchem Fundament die Kirsche fußt und warum manche davon blau, tief eingesunken oder andere rot sind und wie sich ihr Geschmack entfaltet.

Kurzüberblick – was dein Chart noch zeigt

Du findest hier Elemente kurz beschrieben, die uns helfen, uns in der Tiefe zu verstehen. Außerdem wird deren Bedeutung für den Bodygraph genannt.

Gene Keys aus den 64 Toren

Die Gene Keys sind die Entschlüsselung jeder einzelnen Tor-Energie auf der Basis des I Ging. Allerdings sind die Gene Keys ein riesiger Bereich, der dich damit vertraut macht, wie du in deine Gaben kommst. Sie sind dein Trainingsplan dafür, welche Schattenthemen du integrieren darfst, damit deine Gabe voll ausgelebt werden kann, bis hin zur Erleuchtung (im Human Design Siddhi genannt). Es ist ein Deep Dive in deine DNA, der dir mitteilen kann, wie sie sich zusammensetzt. Die Gene Keys wurden von Richard Rudd über acht Jahre lang empfangen und dokumentiert.

Planeten

Die Planetenenergien tauchen unsere Potenziale, Schattenthemen und Grundenergie in bestimmte Energiewolken. Das bedeutet, dass jedes Tor einem Planeten zugeordnet ist und dieser Planet die Qualität und Eigenschaft des Tores individuell beeinflusst. Dieser große Anteil der Astrologie im Bodygraph erfordert ebenfalls Deep-Dive-Wissen um die Planeten und Energien, führt aber zu einem noch besseren Verständnis der feinen Auslebung unserer Energie.

Karma Keys – Transformationsschlüssel deiner Epigenetik

Die Karma Keys sind Doppel-Tor-Aktivierungen in deinem Bodygraph. Zum Beispiel Tor 64.2 linke Seite im Pluto und Tor 64.3 rechte Seite im Pluto. Sie zeigen uns an, welche epigenetischen und karmischen Faktoren aus dem Familien-, Seelen- und Ahnenkarma wir in diesem Leben transformieren können und welches Schattenthema im Tor dahintersteht. Wenn wir die Energie von der unbewussten in die bewusste Seite mitnehmen, können wir die Themen erkennen und nachhaltig transformieren. Die Karma Keys finden sich in den Planeten Uranus, Saturn, Pluto und Neptun und wurden im Jahr 2022 von Anja Hauer als Erweiterung des Human Design gechannelt. Hier kann dir das Kapitel im Buch über die Tore keine Auskunft geben.

Profilauslegung: Persönlich, überpersönlich, fixiert

Jedes Profil bringt je nach Zusammensetzung eine Bedeutung mit, die entweder sagt, dass du für deine persönliche Reise hier bist, dass du für das Kollektiv wichtige Aufgaben hast oder dein Profil fixiert ist, also du eine sehr stringente Lebensaufgabe hast. Ich persönliche empfinde das als Deep Dive, denn wichtig ist es erst mal, dein Grundprofil und die Energie zu verstehen. Auch hier gilt: Finde den richtigen Human Design Coach, Reader oder Analyst für dich, um einen guten Einstieg zu bekommen.

Die Variablen, Farben und Töne

Die Variablen sind die vier Pfeile, die du im Chart siehst und die entweder nach rechts oder links zeigen. Für mich sind die Variablen der wahre Mikrokosmos im Human Design, denn sie tragen zusätzlich die Ausprägungen der Farben und Töne in sich. Es gibt insgesamt 16 verschiedene Kombinationsmöglichkeiten der Richtungspfeile, der sechs Töne und Farben miteinander. Aus den Variablen kann man beispielsweise ablesen, ob ein Mensch frühmorgens nach dem Aufstehen gleich aktiv und voll da ist oder ob er Ruhe braucht und wenig Reize, um in den Tag zu starten. Das ist eine von drei Millionen Feinheiten in den Variablen. Sie können unter anderem Auskunft geben, wie wir lernen, in welchem Umfeld wir am besten leben und uns entfalten, ob wir Licht beim Essen brauchen, welcher »chemischen Zusammensetzung« unser Körper folgt und unendlich viel mehr. Die Variablen halten Details bereit, die nicht zu den Basics gehören, aber enorm viele Feinheiten in unser System bringen. Tipps zum Deep Dive findest du im Anhang.

Zentreneinteilung

Die Zentren im Human Design werden zusätzlich eingeteilt in verschiedene Energiearten. Hier können wir im Deep Dive erkennen, was uns zum Beispiel Druck macht und welche Energien uns antreiben. Diesem Wissen geht aber das Grundverständnis der Zentrenwirkungen im Chart voraus. Der Vollständigkeit halber hier die Ergänzung:

- Druckzentrum (Wurzel, Krone)
- Motorzentrum (Wurzel, Sakral, Herz, Emotion)
- Manifestationszentrum (Kehle)
- Bewusstseinszentrum (Verstand, Emotion, Milz)
- Magnetzentrum (Selbst)

Splits

Die Splits sagen dir, ob deine Energie durchlässig fließt, das heißt, alle definierten Zentren sind durch Kanäle verbunden, oder ob du »Splits«, Unterbrechungen, in deiner Energie hast. Wir können einen bis vier Splits haben (Single, Double, Triple, Quadruple Split), die im Grunde darüber entscheiden, ob wir von außen Split-Überbrücker benötigen (andere Menschen, Transite) oder ob wir bei anderen Menschen Splits überbrücken. Überbrückte Splits können uns in eine andere Energie versetzen, mit der wir beispielsweise mehr Klarheit oder Inspiration finden. Diese feine Auslebung im Design ist auch ein Deep-Dive-Thema, weil es ganz individuell davon abhängt, wie deine Grundenergie gestrickt ist.

Für alle weiterführenden Informationen empfehle ich dir meine Buchtipps am Ende des Buches und/oder den Weg zu einem professionellen Human Design Coach oder Analysten.

Schaltkreise

Im Human Design gibt es unterschiedliche Schaltkreise (Zusammensetzung von verschiedenen Kanälen), die uns ausführlich Informationen geben können, welchen Platz wir in der Gesellschaft einnehmen und welches übergeordnete Thema eine Rolle in unserem Dasein hat. Es gibt sechs Schaltkreise im Human Design:

- Schaltkreis des Zentrierens
- Schaltkreis des Wissens
- Schaltkreis des Sinnfindens

- Schaltkreis des Verstehens
- Schaltkreis des Stammes
- Schaltkreis des Schützens und Verteidigens

Kanal-Energien

Alle 36 Kanäle bringen eine übergeordnete Funktion mit sich, die unsere Grundenergie prägt. Es gibt drei verschiedene Kanalarten:

- 15 individuelle Kanäle
- 7 gemeinschaftliche Kanäle
- 14 kollektive Kanäle

Die Auslebung dieser Energie im Bodygraph ist für mich ebenfalls ein individueller Deep Dive. Denn nur die Kenntnis, dass du zwei kollektive Kanäle hast, verhilft dir noch nicht zu dem Wissen, wie dies bei deinem Typ zum Tragen kommt. Such dir hier gern Hilfe, wenn die Basics richtig sitzen. Deine Kanal-Energie-Magie kann sich erst entfalten, wenn du die Grunddinge erkannt und dekonditioniert hast. Es ist etwas, das automatisch gelebt wird, wenn du deiner Strategie und Autorität folgst.

Lebensthema (Inkarnationskreuz)

Jeder Mensch hat ein Lebensthema, das ihn begleitet, auch das Inkarnationskreuz genannt, in dem wir uns befinden. Es bedeutet, dass unser Leben durch eine gewisse Energie geprägt ist. Wir beleuchten dieses Thema von allen Seiten unseres Seins. Im Chart wird das Thema durch das Tor in deiner bewussten Sonne beschrieben. Im obersten Planeten auf der rechten (schwarzen) Seite steht eine Zahl, zum Beispiel 33.6 = das Tor 33 beschreibt dein Lebensthema. Die Auslebung und Auslesung des Lebensthemas hängt von weit mehr Faktoren ab (Linienaktivierung, Inkarnationsviertel, Typ et cetera), als ich im Kapitel der Tore beschrieben habe. Willst du hier tiefer tauchen, nimm dir bitte professionelle Hilfe dazu. Das Kapitel der Tore sagt nichts über dein Lebensthema aus.

Das PHS-System (Primary Health System): Körpergesundheit

Das PHS-System ist ein Teil des Human Design und beschäftigt sich mit den Hauptfaktoren deiner körperlichen Gesundheit. Das PHS kann dir unter anderem sagen,

- wie die optimale Ernährung für dich in deiner Energie aussieht,
- wie du Nahrung durch dein Energiesystem aufnimmst und verbrennst (Uhrzeit, Temperatur, Umfeld et cetera),
- welche Art Darmsystem du hast,
- welche Art von Sport/Bewegung dein Energiesystem braucht,
- welche Medikamente, Behandlungen, Supplemente du brauchst und verarbeiten kannst.

Das PHS gehört zur Dekonditionierungsarbeit unbedingt dazu, damit du deinen Körper transformieren kannst und in einen für dich gesunden Zustand gelangst.

Schlafende, hängende Tore

Das sind Tore, die an undefinierten Zentren hängen und definiert sind. Ihre Energie kommt erst zum Tragen, wenn dein Zentrum oder ein anderes Tor definiert werden. Darum schaut man sich im Basic Reading alle Tore an, die an definierten Zentren verortet sind. Diese Energie wird durch die Zentrumsdefinition gespeist und du kannst sie bewusster und klarer wahrnehmen.

Allgemeine Fragen zum Human Design und Ausblick

Das Human Design: Fragen und Antworten

Bevor wir im letzten Abschnitt des Buches dazu kommen, wie sich die Welt in den kommenden Jahren, Jahrzehnten und Jahrhunderten gemäß dem Human Design entwickeln wird, sollen hier prägnant die wichtigsten Fragen und Eckpunkte des Human Design zur Sprache kommen.

Wie grenzt sich das Human Design zu psychologischen und faktenbasierten Persönlichkeitsanalysen ab?
Um deine Essenz sichtbar zu machen, braucht es im Human Design keinen Test oder Fragebogen, der von vornherein begrenzt ist. Deine Essenz ist dir von Beginn an gegeben. Das Human Design ist also keine punktuelle psychologische Analyse, die unter Umständen durch Traumata, Konditionierungen, Glaubenssätze oder gesellschaftliche Meinungen in deinen Antworten verfälscht werden kann. Es beruht auf keiner allgemeingültigen These, wie Menschen funktionieren. Das Human Design ist in deinem Leben, es wird sich in seinen Grundfesten nicht verändern und in fünf oder zehn Jahren noch genauso sein wie jetzt.

Gibt es eine wissenschaftliche Grundlage des Human Design?
Neutrinos sind nach den Photonen die häufigsten Teilchen im Universum. Sie entstehen beispielsweise, wenn kosmische Strahlung auf die Erdatmosphäre trifft, oder bei Kernreaktionen der Sonne, aber auch auf der Erde in Kernkraftwerken (siehe Quelle im Anhang). Diese Strahlung setzt sich unter anderem aus den unterschiedlichen energetischen Frequenzen der Planeten zusammen, die uns in unserer Galaxie umgeben. Unsere Erde und unsere Körper stehen dauerhaft unter dem Einfluss von Neutrinos (hauptsächlich den Sonnen-Neutrinos). Das deckt sich mit der Annahme des Human Design, dass unsere bewusste Seite durch die kosmische Strahlung der Sonne zum jeweiligen Zeitpunkt unserer Geburt geprägt wird.

Bis 2002 ging die Wissenschaft davon aus, dass Neutrinos keine Masse haben und somit keine energetischen, elektrischen Prägungen oder einen Einfluss auf uns und unser Körpersystem ausüben können. Es gelang Arthur B. McDonald und Takaaki Kajita 2022, dies mit wissenschaftlichen Techniken nachzuweisen. Ein »Heureka-Moment« der Physik: Man erkannte, dass Neutrino-Teilchen einen dauerhaften Einfluss auf uns haben. »Neutrinos haben eine Masse. Auch wenn sie geschickt versuchen, diese zu kaschieren. Der Nobelpreis für Physik 2015 ehrt mit dem Nachweis der Neutrino-Oszillationen den allerersten Hinweis auf eine neue Physik« (siehe Anhang).

Empirische Studie der Human-Design-Begründer

Auch die Begründer des Human Design und diverse Forscher (Eleanor Haspel-Portner, Ph. D., Begründer Ra Uru Hu, Marvin M. Portner, M. D., Erik Memmert, Charles Haspel) stellten ihre Forschungen an. Es wurden dabei 5000 Datensätze einer Bodygraph-Software ausgewertet (Geburtsdaten von 1917 bis 1975) und die Ergebnisse im Jahr 2000 veröffentlicht. Ziel dieser Studie: »Die Körpergrafik des Human-Design-Systems wird zwar subjektiv als wertvoll erkannt; ein theoretisches System ist jedoch nur mit statistischen Methoden auf seine Wahrheit zu überprüfen. Aufgabe von *Rave Life Sciences* war die Dokumentation und Prüfung der Gültigkeit des Human Design und ihm beigeordneter Systeme. Dabei sollte untersucht werden, ob die Systeme der Probe exakter Tests standhalten. Erst nach dieser Prüfung können wir mit Sicherheit sagen, dass die Körpergrafik bedeutungsvolle Unterscheidungsmerkmale in der Gesamtbevölkerung deutlich macht.«

Einen Link zur Studie findest du im Anhang. Ihr Ergebnis ist die heutige prozentuale Typenverteilung, die man in der Human-Design-Literatur findet.

Wissenschaftliche Bestätigung der Existenz von Meridianen und Chakren

Einfach zusammengefasst, prägen die Neutrinos mit der kosmischen Energie unsere einzelnen »Bereiche« im Human Design und legen fest, ob beispielsweise Tore, Linien und Zentren definiert sind. Das System der Zentren und Linien beruht auf der Theorie, dass der Mensch ein Wesen mit sogenannten Energiezentren (neun Chakren) ist, die durch Leitbahnen (Meridiane) miteinander verbunden sind. Einen wissenschaftlichen Beleg für die Existenz der Meridiane und somit auch der Energiezentren versuchten koreanische Wissenschaftler 1970 zu erbringen. 2016 gelang es mit diversen Tests erstmals, dieses System (das bereits über Jahrtausende in asiatischen Kulturen überliefert wird) wissenschaftlich nachzuweisen und zu zeigen, welche positiven Auswirkungen die Stimulierung dieser Energiebahnen und Zentren hat.

»Die aktuellen koreanischen Forscher glauben jetzt, dass das **Primo-Gefäßsystem** in der Tat die physische Komponente des Akupunktur-Meridian-Systems ist. Ebenfalls wurde angedeutet, dass dieses System bei der Kanalisierung des Flusses von Energie und Informationen, weitergeleitet durch Biophotonen (elektromagnetische Wellen des Lichts) sowie DNA, beteiligt ist.« (Link im Anhang)

Das Human Design ist an dieser Stelle wie ein Nachtsichtgerät, das dir zeigen kann, welche Zentren, Linien und Aktivierungen (durch die Neutrinos) in dir angelegt sind. Es ist ein Fenster zur Prägung unserer Essenz. Das Human Design ist also kein beschränktes System oder gibt dir ein Lebensmodell vor. Es dient dazu, dass du die Informationen, die es dir liefert, nutzt, um dich zu erkennen, dich auszuprobieren und natürlich deinen Verstand auf dieser Reise mitzunehmen, denn wir Menschen mögen es einfach, wenn Dinge logisch sind.

Mein Appell: Konsens zwischen Wissenschaft und deiner Wahrnehmung
Es gibt viele Bereiche, die die Wissenschaft noch nicht erklären kann. Die Quantenphysik widmet sich derzeit vielen dieser energetischen Modelle und stellt wissenschaftlich anerkannte Studien auf, um diese zu belegen und greifbar zu machen. Spätestens nach den Forschungsergebnissen von Bruce Lipton und Anton Zeilinger weiß man, dass es in unserer Gesellschaft mehr Wahrnehmung gibt, als der Verstand zuordnen kann. Unser Unterbewusstsein nimmt pro Sekunde 11 Millionen Bits (Informationen) in unserer Umgebung wahr, wobei der bewusste Verstand bei 40 Bits an seine Grenze kommt. (Link im Anhang)

Für mich ist Fakt, dass jeder seine Wahrnehmung hat. Das Human Design bietet dir viele Hilfestellungen (ohne dir zu sagen »Du musst«), um Dinge zu erkennen, die in deinem Unbewussten liegen. Und, hey, wenn man davon ausgeht, dass wir alle unterschiedliche Neutrino-Prägungen haben, ist völlig klar, warum der eine den Weg so geht und der andere so. Diese Offenheit hat mich das Human Design gelehrt.

Wie steige ich am besten in das Human Design ein?

Der erste Schritt ist das bewusste Erkennen der persönlichen Energie. In diesem Buch hast du viel darüber erfahren, welcher Typ du bist, welcher Autorität du folgst, welche Linien eine große Rolle in deinem Leben spielen und welche Aspekte zum Tragen kommen. Der erste Schritt zum Einstieg in das Leben der eigenen reinen Energie ist es, dir dein Human-Design-Chart zu erstellen (im Anhang findest du Verweise auf Internetseiten, wo du dir deinen Bodygraph erstellen lassen kannst). Gleiche nun alle Dinge im Chart, die du erfahren hast, mit den Inhalten im Buch ab und tauche tiefer ein in das bewusste Wissen um deine reine Energie, um deine Essenz, mit der du geboren wurdest. Versuche, die Grundlagen zu erkennen, und reflektiere, inwieweit du Elemente deiner Energie bereits lebst und in welchen Bereichen du merkst, dass du noch nicht in deiner Essenz, deiner Aufgabe, deinem Higher Self angekommen bist. Der beste Einstieg in das Human Design ist, ein Bewusstsein dafür zu entwickeln, »wer ich bin und was alles Wunderbares in mir angelegt ist«. Ein Bewusstsein dafür, was meine Potenziale und Stärken sind und was meine Energie so besonders macht und von anderen unterscheidet. Ganz wichtig ist es, als ersten Schritt anzunehmen, dass man eine gewisse Größe besitzt und tatsächlich niemand Standardmensch ist, der keine große Aufgabe in diesem Leben hat. Ein Vergleich mit anderen Menschen ist, wenn man das Human Design kennengelernt hat, zwecklos.

Erprobe dein Chart

Jeder von uns bringt besondere Fähigkeiten mit und zwei Human-Design-Charts, die sich zu 70 Prozent ähnlich sind, kommen nur alle 40 000 Jahre auf die Welt. Das bedeutet: Der erste Schritt zum bewussten Leben ist die Annahme dessen, dass du besonders bist und dass deine Energie eine wichtige Aufgabe auf dieser Welt hat. Mit diesem ersten Erkennen hilfst du, andere zu inspirieren, es dir gleichzutun, und nimmst deine Aufgabe in diesem Leben an. Starte Stück für Stück mit kleinen Energie-Experimenten. Wenn du als Generator gelesen hast, dass du deine Grenzen wahren und Nein sagen darfst, um das Kollektiv aus dem Sklaventum zu befreien, dann nimm dir diesen Punkt und experimentiere damit. Fang an, im Privatleben, Berufsleben und in deinem Alltag Nein zu sagen, wenn du es fühlst. Fang an, dich zu fragen: »Möchte ich das? Wie fühle ich mich damit? Wie reagiert mein Körper auf diese Situation? Was möchte mir meine Energie sagen?« Beobachte, während du diese Experimente machst, was passiert. Wie veränderst du dich? Wie verändern sich Situationen und wie verändern sich die Menschen in deinem Umfeld dadurch, dass du anders handelst als sonst? Du kannst dazu idealerweise eine Art Journal schreiben mit regelmäßigen Reflexionsfragen wie zum Beispiel:

- Was hat sich verändert?
- Wie hat es sich währenddessen und danach angefühlt?
- Wie hat mein Körper reagiert?
- Wie habe ich sonst gehandelt?

Embodiment – lass Körper, Geist und Seele entscheiden

Wenn man in das Human Design einsteigt und beginnt, sich auf einer tieferen Ebene zu verstehen, ist es von Vorteil, nicht zu streng und zu dogmatisch mit sich selbst zu sein und den Dingen Raum zu geben, damit sie sich entfalten können. Unser Leben erleben wir, wir »ercharten« es nicht. Ganz wichtig in diesem Prozess ist es, vom Denken ins Fühlen zu kommen und wahrzunehmen, was einem der Körper sagen möchte. Wahrzunehmen, welche Entscheidungen für das eigene System am besten sind. An der Stelle ist es noch mal wichtig zu sagen, dass unser Energiesystem immer für dich entscheidet, auch wenn im ersten Moment der Verstand dazwischenhüpft und dir etwas anderes erzählt. Oder wenn deine Emotionen überkochen sollten. Dein System entscheidet immer für dich zum höchsten Wohle für deine Entwicklung und dein Wachstum. Deswegen lass den Kopf außen vor und vertraue auf das, was du fühlst und wahrnimmst. Embodiment ist das Integrieren von Wissen auf allen Ebenen unseres Seins, das heißt, Körper, Geist und Seele sind mit im Boot, wenn du dich dir zuwendest, und sollten Beachtung finden. Andernfalls ist das Human Design nur eine weitere Wissensansammlung in deinem Kopf, die aber dein Leben nicht nachhaltig ändern kann.

Wie kann ich mein Design leben?

Nach dem ersten Schritt, dem bewussten Erkennen, folgt im zweiten das Handeln. Das heißt, wenn du beim Lesen gemerkt hast, dass du bisher eher gegen deine Energie gelebt hast, es dann jetzt Zeit ist, anders zu handeln. Du folgst damit immer mehr den Dingen, die sich für dich wirklich gut anfühlen und die du aus deinem tiefsten Inneren möchtest. Du beginnst, ein neues Körpergefühl zu entwickeln und integrierst immer mehr deine Intuition, deine eigene Art und Weise, deine Energie zu leben.

Dazu eine kleine Intuitionsübung, bei der du das Körpergefühl einmal spüren und austesten kannst. Nimm dir dafür zwei leere weiße Blätter. Schreib auf das eine weiße Blatt »Feder« und auf das andere weiße Blatt schreibst du »eine Tonne«. Diese beiden Blätter zerknüllst du jetzt und wirfst sie in den Raum hinter dich. Du sammelst diese Blätter wieder auf, stellst dich mit beiden Beinen fest auf den Boden und lässt beide zerknüllte Zettel in jeweils einer Hand liegen. Jetzt schließ die Augen und spüre hinein, welcher der Zettel sich für dich leichter anfühlt. Diese Übung kannst du häufiger anwenden, damit du mehr und mehr deiner Autorität, Strategie und Energie folgst und merkst, wann dein Nervensystem antwortet und wie dein Körper reagiert. Bei manchen ist es eine Art Bauchgefühl oder das sakrale Klicken beim Generator. Bei anderen ist es ein kurzer Impuls aus dem Milzzentrum. Anderen wird es sehr warm und wieder andere Menschen sprechen oder haben eine Eingebung, welcher dieser Zettel der »leichtere« ist. Das Wichtige ist, bei dieser Übung in den Körper zu kommen und zu beobachten, wann der Kopf dazwischenplappert. Nimm dir diese Übung mit in deinen Alltag. Du kannst auf diese Zettel alle Dinge schreiben und ausprobieren, wie DU reagierst.

Was bedeutet Dekonditionierung im Human Design?

Dekonditionierung bedeutet das bewusste Erkennen und Auflösen von erlernten Mustern, Prägungen, Erziehungsgrundsätzen oder Glaubenssätzen, die wir mit uns tragen und die uns daran hindern, in unsere volle Kraft zu kommen und unser Potenzial zu leben. Nehmen wir das beste Beispiel für Konditionierung – das Experiment mit dem Pawlow'schen Hund. Immer, wenn er gefüttert wurde, ließ man eine Glocke ertönen, sodass er den Klang der Glocke mit dem Futter verband – wenn die Glocke klingelte, wusste er, dass es Futter gibt, und ging an die Klappe, durch die er das Futter erhielt. Er wurde darauf konditioniert, einen Ton mit Nahrungsaufnahme zu verbinden. Solche klassischen Konditionierungen haben wir alle erlebt, sie wurden uns über Familie, Lehrer, Freunde und Gesellschaft im Leben mitgegeben. Und über 95 Prozent dieser Prägungen sind gut für uns, beinhalten Werte und Normen, die wir zum Leben brauchen.

Das Chart gibt dir Hinweise darauf, in welchen Lebensbereichen du durch Blockaden, Ängste, genetisches Erbe, Konditionierungen aus der Kindheit und durch deinen Lebensweg noch nicht in deiner Kraft bist. Du musst dir das so vorstellen wie kleine verstopfte Wasserleitungen, die so vor sich hin tröpfeln. Die volle Wasserpower kommt nicht dort an, wo sie hingehört. Eine Dekonditionierung bedeutet, dass du dich langfristig von diesen Blockaden löst, indem du Glaubenssätze anschaust und Stück für Stück deine Kraft annimmst und lernst, diese Lebensbereiche zu wandeln. Das Schöne ist, dass wir mit dem Human Design nicht im Trüben fischen oder willkürlich Dinge lösen, sondern gezielt hinschauen und vorgehen können. Human Design ist dabei so individuell, dass nicht pauschal gearbeitet werden kann. Es werden die Dekonditionierungsmethoden angewendet, für die dein System empfänglich ist, denn auch das ist hochindividuell bei jedem Menschen.

Kann ich jetzt jedes Chart lesen?

Prinzipiell kannst du sehr grob jedes Human-Design-Chart mithilfe dieses Buches lesen oder auf deine Art interpretieren. Dieses Buch ist ein Grundlagenwerk, das es ermöglicht, in das Human Design tiefer einzutauchen und es zu verstehen, ohne alle technischen Aspekte des Human Design zu kennen. Das bedeutet: Du kannst Charts nehmen und Grundtypen, Profile, Linien, Autorität und Strategie nachlesen. Solltest du tiefer in das Thema einsteigen wollen, empfehle ich dir, einen professionell ausgebildeten Human Design Coach oder Analysten zu konsultieren, weil das umfassende Human Design noch viele weitere Aspekte beinhaltet, die in diesem Buch bei Weitem nicht erfasst sind. Mach aber bitte in jedem Fall das Experiment und schau dir das Chart von deinem Partner, deiner Familie und deinen Kindern an. Allein das Erkennen der unterschiedlichen Typen fördert Großzügigkeit in unseren Beziehungen und hilft uns zu verstehen, wer wir sind, warum wir unterschiedlich handeln und eine unterschiedliche Wahrnehmung haben.

Wie kann ich mein Wissen für mich einsetzen?

Deine Energie findet sich in allen Lebensbereichen wieder. Du nimmst deine Energie überallhin mit. Nimm die Erkenntnisse aus diesem Buch aktiv mit in dein Privatleben, in deine Beziehung zu deinem Partner oder in deinen Arbeitsalltag. Überprüfe, welche Rollen du hast, welche Energie von dir gefordert wird und ob sie mit deiner Essenz-Energie übereinstimmt. Mach wie oben erwähnt Experimente für dich und trage dein Wissen, deine Erkenntnisse nach außen oder schreibe sie auf. Wichtig ist, dass du Menschen darüber in Kenntnis setzt, wie sie am besten mit dir, mit deiner Energie und deinem Typ, umgehen können. So hilfst du dir selbst und uns allen zu friedvolleren Beziehungen und der Annahme der absoluten Einzigartigkeit eines jeden Menschen.

Human Evolution – wie entwickelt sich die Welt laut Human Design nach 2027 weiter?

Dieses Kapitel ist ein Sonderkapitel, das einen kurzen Einblick in die Zukunftsprognose des Human Design enthält. Das ist absoluter Human Design Deep Dive, aber ich empfand es als wichtig, dir das mitzugeben. Denn ab dem Jahr 2027 wird vermehrt ein neuer Energietyp unsere Welt bereichern und sie gründlich auf den Kopf stellen.

Der Konstellationswechsel läuft

Wir gehen aus astrologischer Sicht ab dem Jahr 2027 in ein neues Energiezeitalter. Ich möchte ein Bewusstsein dafür schaffen, wieso es so wichtig ist, dass wir jetzt hier sind. Ich möchte dir erklären, warum es kein Zufall ist, dass du jetzt dieses Buch in der Hand und Zugang zum Human Design gefunden hast. Es ist Teil eines Plans, den wir weder mit dem Kopf verstehen noch mit dem Verstand begreifen können. Man sagt, dass der neue Energietyp, der »Rave«, zwar körperlich noch ein Mensch ist, aber im Inneren und seiner Energie nach eine höher entwickelte Spezies darstellt. Der *Homo sapiens in transitus,* wie wir ihn jetzt kennen, wird zwar in den kommenden 400 Jahren noch geboren werden, aber immer weniger Platz auf dieser Erde einnehmen. Für alle, die jetzt Unsicherheit verspüren, dass ein Paradigmenwechsel ansteht (und das schon in naher Zukunft) – keine Angst, denn dieser Prozess dauert über 400 Jahre und hat bereits begonnen. Um das vorwegzunehmen: Niemand wird 2027 umfallen, es wird keinen großen Knall geben. Das Jahr beschreibt den Zeitpunkt einer sich ändernden Planetenkonstellation, die wiederum eine Wirkung auf uns hat. Diese Änderung bewirkt, dass wir in ein neues »Kreuz«-Evolutionszeitalter eintauchen, das Kreuz des schlafenden Phoenix (2027 bis 2438). Etwa alle 400 Jahre begleitet uns eine bestimmte Planetenkonstellation, die dafür sorgt, dass eine Evolution stattfindet. Zugegeben, eine Änderung vom Menschen hin zu dem »Rave« hat es in vergangenen Episoden nicht gegeben; aber genau das macht es ja für uns so spannend.

Aber, hey, hör doch gerade jetzt mal auf deine Strategie und deine Autorität – enthalten meine Aussagen eine Wahrheit für dich? Wenn ja, dann lies weiter.

Aus welcher Zeit kommen wir?

Wir kommen aus und befinden uns noch im Kreuz der Planung (1615 bis 2026), das für die Themen Wissenschaft, Logik, Verstand steht und dafür, dass wir durch Kontrolle und Disziplin Wissen erlangen können. In diesem Kreuz ging es vorrangig darum, das Leben zu analysieren und faktisch zu beleuchten. Großes Thema der letzten 400 Jahre war das Bilden von Gemeinschaften, womit Abgrenzungen und Grenzziehungen einhergehen, was wir sehr deutlich an der Aufteilung der Welt in Länder, Verbände et cetera sehen können. Dieses Kreuz hat seine Grundfeste im Thema Kontrolle. Diese sollen beziehungsweise sollten wir in all ihren Facetten erfahren, aber es neigt sich dem Ende zu. Du merkst beim Lesen schon, dass sich die aktuelle Welt bereits in den letzten Jahren verändert und die Komponenten Individualität, Fühlen, Intuition, Achtsamkeit, Natürlichkeit et cetera einen größeren Platz einnehmen. In dieser Zeit fand die Mutation unseres Systems vom siebenzum neunzentrigen Menschen statt, das heißt, die alten Chakrenlehren mit sieben Energiebereichen, die du vielleicht kennst, wurden bereits abgelöst hin zum neunzentrigen Menschen, die unser Bodygraph zur Verfügung stellt.

Wohin gehen wir?

Wir gehen, wie gesagt, in das Kreuz des schlafenden Phoenix (2027 bis 2438). Wie der Name gut ausdrückt, geht es darum, Altes zu verbrennen und mit Neuem zu verbinden und dadurch Transformation und Neugeburt, Wiedergeburt einzuleiten. Der Phoenix wird beschrieben als Zeitalter der Individualität, in dem wir endlich wieder mehr SEIN können, als TUN zu müssen. Jeder Mensch wird in dieser Zeit sein individuelles Sein ausleben und seine speziellen Gaben an die Welt geben, ohne dass man ihm sagt, welcher Beruf der beste für ihn ist. Tun, das nicht mehr dem Herzen entspringt, wird verschwinden und der Sinn dahinter einen immer größeren Stellenwert einnehmen. Denn Wissen haben wir genug gesammelt. Es ist erschöpft, alles mit dem Verstand erfahren zu wollen. Wir dürfen hier weitergehen.

Die Transformierung erkennen

So, und jetzt frag dich, ob dieses Buch womöglich damit zusammenhängt, in welches Zeitalter wir gehen und welche Energien bereits spürbar sind. Von dem Getriebensein des Tuns und Wissens gehen wir in die Zeit des Seins und Fühlens mit einer tieferen Verbundenheit zu uns selbst. Damit ändert sich das Prinzip des »höher, schneller, weiter« in »zu mir, für dich, für uns«. Deswegen sind die Projektoren die Wegweiser in eine neue Zeit – sie sind bereits jetzt mehr, als sie tun. Was man aktuell weiß (als Mensch, der im Kreuz der Planung geboren ist), ist, dass nichts bleiben wird, wie es war. Die eine Ära, mit der viel Leid, Gewalt, Grenzen, Getrenntsein, Rollen, Schmerz, Krieg und mehr Schein als Sein einhergingen, endet. Der Phoenix verbrennt alles.

Was ich fühle mit einem bereits weiterentwickelten Emotionszentrum für uns und diese neue Zeit:

- Es geht um das Wir und nicht um das Ego.
- Alle Zwänge, Druck, Enge und Systeme, die uns in unserer Individualität hindern, werden gehen.
- Business, Finanzsektor und Politik wird es nur noch zum höchsten Wohle aller geben.
- Armut, Hunger und Flüchtlingsströme werden abnehmen.
- Das Bewusstsein für andere Lebewesen wird so enorm steigen, dass wir keine tierischen Nahrungsmittel mehr zu uns nehmen werden (das sehen wir im Vegan-Boom seit mehreren Jahren).
- Die Sensibilität der Menschen nimmt stark zu (das sehen wir im wachsenden energetischen Heilungsbereich).
- Die Medizin der Zukunft wird Energie- und Frequenzmedizin sein.
- Alle Glaubenssätze und gesellschaftlichen Normen, die uns nicht dienen, werden verschwinden.
- Alles, was sich nicht authentisch zeigt, wie es ist, wird sofort aufgedeckt werden.
- Die Menschen werden einen Quantensprung zu mehr Selbst-Bewusstsein machen.
- Wütende innere Kinder werden weniger auf der Welt, weil das Bewusstsein steigt und alter Schmerz durch bewussten Umgang mit den eigenen Emotionen geheilt wird.
- Menschen besinnen sich, den Zyklen der Natur zu folgen.
- Es werden immer mehr autarke und dezentrale Gemeinschaften, Kommunen und Bedarfsgemeinschaften entstehen.
- Eigentum und Besitz rücken in den Hintergrund.
- Der Reichtum der neuen Zeit ist Bewusstsein und Anbindung.
- Hellsinne werden aktiviert und ein natürlicher Teil unseres Lebens werden.
- Hochsensibilität wird vermehrt Einzug halten, um die Welt stärker zu spüren und zu erfahren.
- Gewalt, Hass, Krieg et cetera verschwinden von unserem Planeten, weil die emotionalen Wellen abnehmen werden.
- Systeme werden dezentralisiert.
- Gemeinwohlökonomie breitet sich aus.

Alles, was ich aufzähle, sehen wir bereits in unterschiedlichen Bereichen, die sich etablieren – im Folgenden einiges zum Reflektieren, wie stark seit einigen Jahren diese Energie wahrnehmbar ist und wozu sie die Menschen antreibt:

- vegane, vegetarische Ernährung,
- Kryptowährung,
- dezentralisierte Systeme und Vertragsverwaltungen,
- bindungsorientierte Begleitung der Kinder,
- gewaltfreie Kommunikation,
- Trauma-Release-Programme,
- Coaches, Heiler, Energiemediziner, Reikimeister, Theta Healer und viele mehr, die gerade die Welt überschwemmen, weil wir sie brauchen werden,
- Human-Design-Boom – für mehr Selbsterkenntnis,
- Wunsch nach verbundenem Leben auf Höfen oder Dörfern (Thrive Villages),
- Praktiken wie Räuchern, Energiearbeit, Rituale nehmen stark zu,
- immer mehr Menschen kündigen ihre Jobs und Wohnsitze und erfahren die Welt,
- immer mehr Menschen merken, dass sie mehr sind, als man ihnen gesagt hat, und rebellieren gegen Regeln, die gegen unsere Natur sind,
- die neue Rechtsform der Purpose GmbH entsteht,
- bedingungsloses Grundeinkommen wird verwirklicht,
- das Bewusstsein für Meditation, Yoga et cetera wird immer größer,
- freie »Schulen des Lebens« entstehen.

Das sind nur einige Bereiche, die ich mit dem Zeitalter des Phoenix verbinde. In den kommenden Jahren werden wir vermehrt sehen, dass ein Festhalten an alten Strukturen, an Wissen und an Regeln, an Sicherheiten aufkommen wird. Wir sind aufgefordert, loszulassen und uns auf das Neue einzulassen. Da wir aber alle im Kreuz der Planung und Ordnung geboren wurden, fällt uns das natürlich zunehmend schwer. Keiner weiß, wie sich das Neue ausdrückt oder anfühlt, aber wir können bereits ein wenig spüren, dass sich unsere Welt verändern wird. Den Grundstein dafür legen wir bereits in den nächsten Jahren.

Der neue Energietyp: Rave

Ab dem Jahr 2027 werden Kinder geboren, die Mutationen eines neuen Energietypus aufweisen. Unser Emotionszentrum »emotet« weiter – wird erwachsen – und bringt uns auf eine neue Ebene des Fühlens, allerdings ohne emotionale Wellen. Mit dem Verschwinden der emotionalen Wellen verschwinden auch Gewalt, Hass, Krieg et cetera von unserem Planeten. Die Rave-Typen leben zwar noch in einem menschlichen Körper, aber ihr Wesen ist ganz anders. Was man bisher weiß über den neuen Typen und die Kinder, die uns diese Energie zugänglich machen:

- Sie wirken emotionslos, haben aber ein tiefes Fühlen in sich.
- Sie sind mit anderen telepathisch verbunden, vor allem mit demselben Typ.
- Sie besitzen eine hochsensible Art, was sich in empfindlicher Haut und Wahrnehmung ausdrückt.
- Sie haben ein schlechteres Sehvermögen, weil sie die Umwelt vorwiegend über andere Sinne erfahren.
- Sie besitzen direkten Zugang zu ihren Hellsinnen.
- Sie haben weniger Muskeln und werden größer, schmaler wachsen als wir Menschen jetzt.
- Sie sind losgelöst von dem Rest der Menschheit und werden ihre eigenen sozialen Gefüge gründen.
- Sie vertragen keine tierischen Produkte mehr und ernähren sich pflanzenbasiert, essen weniger und dafür reine Produkte.
- Sie wirken wie Menschen mit Autismus oder Asperger-Syndrom, ihre Gefühlswelt ist allerdings sehr stark ausgeprägt.
- Sie sind mehr am WIR interessiert als am ICH.
- Sie sind weniger fruchtbar.
- Sexualität tritt in den Hintergrund, die Triebsteuerung ist weitgehend ausgeschaltet.
- Sie verfügen über eine tiefe Verbundenheit mit der Natur und ihren Zyklen wie den Mondphasen.

Kurzum, der Rave-Typ empfindet die Welt in tiefer Verbundenheit. Gut vorstellen kannst du dir das, wenn du den Film *Avatar* anschaust: Auch hier sind die Wesen weniger von emotionalen Wellen getrieben, sondern leben im Verbund wertschätzend miteinander.

Wie werden wir auf diese Menschen reagieren? Vermutlich so, wie der Mensch aus dem Kreuz der Planung eben reagiert. Er wird diese Mutationen als krank abstempeln und versuchen, die Symptome zu behandeln. Ich hoffe für diese Wesen auf bewusste Eltern, die sich dem Human Design zuwenden und erkennen, dass wir uns nach wie vor in einer Human Evolution befinden und diese mit unserem Verstand nicht aufhalten können. Auf dass weniger Kampf und Widerstand und mehr Annahme für diese Energien geschieht.

Nachwort

Liebe Leserin, lieber Leser,

was für ein Prozess dieses Buch für mich als Manifestor war, kann ich gar nicht beschreiben. Aber meine 5/1er-Linie wollte dieses Thema unbedingt zugänglich machen und übersetzen. Ich denke, es ist mir mit meiner emotionalen Autorität auch gelungen. Spürst du, wie du mich verstehst? Wenn es jetzt klick gemacht hat, dann habe ich alles erreicht, was ich wollte. Ich möchte Danke sagen. Danke dafür, dass du auf der Suche nach Selbsterkenntnis bist und deinem inneren Ruf folgst. In diesem Buch konnte ich vielleicht fünf Prozent des Human Design sichtbar machen und bildhaft, verständlich erklären, was die Grundlagen dieser Erfahrungswissenschaft sind. Wie der Name schon sagt, passiert die eigentliche Magie erst dann, wenn wir das Wissen an uns und in Beziehungen mit anderen erfahren und anwenden. Ich fordere dich dazu auf, genau das zu tun und immer mehr du selbst zu werden. Denk daran, dass wir andere Menschen am besten mitnehmen können, wenn wir vorangehen und unsere Erkenntnisse verkörpern. Das Human Design soll dir in keiner Weise etwas aufzwingen, das du nicht bist oder sein willst. Hier gebe ich die Verantwortung an dich als Leser ab und appelliere an dein Gefühl, an deine Resonanz zum Thema. Prüfe, womit du in Resonanz gehst oder was dir nicht stimmig vorkommt, und finde deinen eigenen Weg, die erklärten Dinge anzunehmen. Und wenn du nur einen Bruchteil mitnehmen kannst, ist meine Aufgabe schon erfüllt.

Happy Deep Diving into yourself!
Anja

Anhang

Deinen Bodygraph kannst du dir kostenfrei erstellen unter:

www.phoenixhumandesign.de (deutsch)
www.jovianarchive.com
www.newsunware.com

Es gibt noch etliche Anbieter mehr, bitte suche dir den aus, der sich für dich gut anfühlt.

Quellen

Prozentuale Typenverteilung des Jovian Archive:
https://www.kaiaalline.com/blog/tag/initiate

Neutrinos:
https://www.spektrum.de/news/physiknobelpreis-fuer-den-nachweis-der-neutrinomasse/1369644

Forschungen über das Human-Design-System und Gesundheit von Eleanor Haspel-Portner, Ph. D., Ra Uru Hu, Marvin M. Portner, M. D., Erik Memmert, Charles Haspel:
http://www.humandesignsystem.de/news/RLS/prelim(1)_D.htm

Bestätigung von Meridianen und Energiebahnen:
https://saschaplanert.de/wissenschaft-bestaetigt-meridiane.html

Kapazität des Gehirns:
https://www.synektar.de/apropos/thalamus/

Buch-Empfehlungen

Chetan Parkyn: *Human Design. Entdecke die Person, die Du wirklich bist*, Lüchow bei Kamphausen, Bielefeld 2015

Peter Schöber: *Das Human Design-System. Die Zentren*, Ibera, Wien 2005

Christiane Tietze: *Spirit und Design. Authentisch leben – eine Einführung in das Human Design System*, Bookmundo direct, 2021

Ra Uru Hu: *Definitive Book of Human Design. The Science of Differentiation*, HDC Publishing, 2011

Karen Curry: *Understanding Human Design. The New Science of Astrology: Discover Who You Really Are*, Hierophant Publishing, 2013

Richard Rudd: *Die 64 Genschlüssel. Das Öffnen der verborgenen höheren Bestimmung in unserer DNA*, Jim Humble, 2016

Richard Rudd: *Genius. A guide to your Activation Sequence (Gene Keys Golden Path)*, Gene Keys, 2018

Richard Wilhelm: *I Ging. Das Buch der Wandlungen*, Diederichs, München 2011

Deepak Chopra: *Metahuman. Das Erwachen eines neuen Bewusstseins. Wie Sie Ihr unendliches Potenzial entfalten*, Irisiana, München 2020

Bruce Lipton: *Intelligente Zellen. Wie Erfahrungen unsere Gene steuern*, Koha, Isen 2016

Human-Design-Grundlagen erlernen

Die Autorin bietet Ausbildungen, Weiterbildungen und Seminare an, um das Human Design zu verstehen.

Dieses systemische Ausbildungskonzept vermittelt dir die Basiselemente des Human Design auf Fühl- und Wissensebene, damit du es wirklich verstehst, und gibt dir zusätzlich effektive Tools an die Hand, um das eigene Potenzial freizulegen. Diese Ausbildung ist deine persönliche transformative Reise, bei der du Tools der mentalen Arbeit und aktiven Dekonditionierung an die Hand bekommst, die du für dich oder deine Klienten anwenden kannst.

Mehr Infos dazu unter: www.phoenixhumandesign.de.

3. Auflage 2025
© 2022 by Irisiana Verlag, einem Unternehmen der Penguin Random House
Verlagsgruppe GmbH, Neumarkter Straße 28, 81673 München
produktsicherheit@penguinrandomhouse.de
(Vorstehende Angaben sind zugleich
Pflichtinformationen nach GPSR.)

Die Informationen in diesem Buch sind von Autorin und Verlag sorgfältig erwogen und geprüft, dennoch kann eine Garantie nicht übernommen werden. Eine Haftung der Autorin bzw. des Verlags und seiner Beauftragten für Personen-, Sach- und Vermögensschäden ist ausgeschlossen.

Der Verlag behält sich die Verwertung der urheberrechtlich geschützten Inhalte dieses Werkes für Zwecke des Text- und Data-Minings nach § 44b UrhG ausdrücklich vor. Jegliche unbefugte Nutzung ist hiermit ausgeschlossen.

Projektleitung: Inga Heckmann
Satz: Uhl+Massopust, Aalen
Lektorat: Martin Stiefenhofer und Inga Heckmann
Layout: Peilstöcker Design, Krailling
Korrektorat: Susanne Schneider
Illustrationen: Anja Hauer-Frey
Herstellung: Timo Wenda
Umschlaggestaltung und Abbildungen: Anja Hauer-Frey
Druck und Verarbeitung: Pixartprinting, Lavis
Printed in Italy

Penguin Random House Verlagsgruppe FSC® N001967

ISBN: 978-3-424-15436-8